中国出口贸易及对外直接投资潜力研究

——基于贸易投资便利化的视角

才凌惠 著

WUHAN UNIVERSITY PRESS
武汉大学出版社

图书在版编目(CIP)数据

中国出口贸易及对外直接投资潜力研究:基于贸易投资便利化的视角/才凌惠著.—武汉:武汉大学出版社,2021.6
ISBN 978-7-307-22320-2

Ⅰ.中… Ⅱ.才… Ⅲ.①出口贸易—研究—中国 ②对外投资—直接投资—研究—中国 Ⅳ.①F752.62 ②F832.6

中国版本图书馆 CIP 数据核字(2021)第 091143 号

责任编辑:宋丽娜　　责任校对:汪欣怡　　版式设计:马　佳

出版发行:**武汉大学出版社**　(430072　武昌　珞珈山)
(电子邮箱:cbs22@ whu.edu.cn　网址:www.wdp. com.cn)
印刷:广东虎彩云印刷有限公司
开本:787×1092　1/16　印张:11　字数:254 千字　插页:1
版次:2021 年 6 月第 1 版　2021 年 6 月第 1 次印刷
ISBN 978-7-307-22320-2　定价:48.00 元

目　　录

导　　论

第一节　研究背景及研究意义

一、研究背景

随着世界各国贸易、投资活动趋于频繁和普遍，贸易和对外直接投资作为全球范围内资源配置的两种重要方式，已成为各国在国际舞台参演的主要形式。商品的跨国流动是国际贸易的具体表现形式，而资本长期的跨国流动则是对外直接投资的具体表现形式。在宏观层面，一国的贸易和对外直接投资政策往往相互影响、相互制约；在中观层面，产业的贸易和对外直接投资行为在发展中互动；在微观层面，跨国公司在进行贸易和对外直接投资时需要作出准确的决策。由此可知，贸易和对外直接投资已逐渐演变为相辅相成的关系。伴随我国"走出去"战略和"一带一路"倡议的推进实施，东道国贸易投资便利化水平的改善和提升，我国与世界各国的贸易、投资合作逐渐加深。目前，我国正在探索与外国市场建立全新的合作模式，随着一系列专项建设和领域合作的扩大开展，不仅释放出了我国在制造业、基础设施建设等领域形成的优势，也为国内电子信息技术、能源环保、海洋工程、文化教育等产业提供了新的发展动力，与此同时，还可以提高我国与其他国家在更高水平、更深层次的贸易和投资合作。

从全球经济发展来看，当今世界呈现出政治多极化、经济全球化、文化多样化、社会信息化的整体趋势。尽管当前的经济形势有所改善，但一些国家保护主义倾向的上升增加了全球经济的不稳定性，给世界经济的快速发展造成了阻碍，例如强调"个人利益"的美国政府忽视国际合作，频频采取单边主义的做法。此外，涵盖主要发达国家的跨太平洋战略经济伙伴协定(TPP)、跨大西洋贸易与投资伙伴协定(TTIP)试图改变由世界贸易组织(World Trade Organization，简称 WTO)等传统国际组织主导的国际经济体系，使包括我国在内的发展中国家面临被边缘化的威胁。在世界经济复苏乏力、局部冲突频发、全球性问题加剧的外部环境背景下，我国正逐步步入"调结构稳增长"经济新常态，如何通过出口贸易和对外直接投资实现经济结构在对称态基础上的可持续发展，如何优化出口贸易和对外直接投资结构以及提升出口贸易及对外直接投资效率，已成为目前我国经济发展亟待解决的重要问题。

面对以上复杂多变的国际、国内新形势，为促进和保持我国经济长期健康稳定发展，不仅需要谋求国内人均生产总值的持续增长，还需要通过增加对外经济合作来拉动国内经济的提升。那么，我国应该结合自身的产能优势，在出口贸易和对外直接投资效率较低、潜力较大的国家，扩大出口贸易和直接投资规模；应该坚定不移地实施“走出去”战略和“一带一路”倡议，根据各个国家的贸易投资便利化水平建立更加合理、有针对性的出口贸易和对外直接投资合作新模式。

二、研究意义

我国在改革开放的伟大历史进程中，出口贸易和对外直接投资持续快速发展，形成了全方位的开放新格局。在全球贸易、投资一体化加深的同时，各国在贸易投资便利化方面的探索正逐渐改善着国际贸易和直接投资市场的环境，东道国透明、稳定和便利的贸易、投资市场环境对我国的出口贸易和对外直接投资效率有显著的影响。为了提高我国的出口贸易和对外直接投资效率，需要基于东道国贸易投资便利化的视角对出口贸易及对外直接投资潜力进行预测，再根据潜力规模大小有针对性地进行贸易出口和对外直接投资。高效率的出口贸易和对外直接投资对于我国优化资源配置和经济转型具有重要的理论意义和现实意义。

（一）理论意义

在出口贸易方面，我国出口贸易在内生动力增强等因素推动下总体形势向好，但由于东道国的不稳定因素增加，使得我国对不同国家的出口贸易潜力有一定差异。在对外直接投资方面，相较于发达国家，我国起步较晚，但“走出去”战略和“一带一路”倡议的实施为优化我国的对外直接投资布局创造了有利条件，除此之外，东道国迥异的市场环境又使得我国对各东道国的直接投资潜力存在较大的差别。贸易投资便利化可以表征出东道国的贸易、投资市场环境，研究贸易投资便利化水平对实现我国出口贸易及对外直接投资潜力具有十分重要的理论意义。目前，贸易投资便利化研究并没有形成统一、完善的体系，国际组织和国内外学者大多分别对贸易便利化和投资便利化进行研究，或是将部分指标直接合并，然而贸易与投资行为的同步性却对贸易投资便利化水平的综合研究提出了要求。可见，传统国际贸易和国际直接投资理论面临着诸多挑战，贸易、投资相融合的市场环境为新型国际贸易和国际直接投资关系理论的形成奠定了基础，进而为贸易投资便利化的研究提供了新机遇。基于贸易投资便利化的视角对我国出口贸易及对外直接投资潜力进行研究，能在丰富贸易投资便利化理论研究的同时，为我国出口贸易及对外直接投资潜力的研究提供新的理论视角。

基于国际贸易、国际直接投资及交易费用等相关理论可知，东道国贸易投资便利化条件会影响我国的出口贸易潜力和对外直接投资潜力。以东道国的贸易投资便利化水平为视角，预测出我国对每个国家的出口贸易潜力及对外直接投资潜力，能使我国快速实现对各个国家高效、精准的出口贸易和对外直接投资。在相关研究还较欠缺的背景下，东道国贸易投资便利化为研究我国出口贸易和对外直接投资的潜力问题提供了一个较新的视角，能够帮助我们更加全面、深入地了解东道国贸易、投资市场环境对我国出口贸易和直接投资的影响。在此基础上，可以给我国出口贸易及对外直接投资规模的扩大提供强有力的理论支撑。

(二)现实意义

十九大报告中对我国经济高质量发展提出了“必须坚持质量第一、效益优先，以供给侧结构性改革为主线，推动经济发展质量变革、效率变革、动力变革，提高全要素生产率……不断增强我国经济创新力和竞争力”的要求。目前，我国的出口贸易及对外直接投资面临着效率变革的新机遇。为降低我国出口贸易和对外直接投资的效率损失，提高出口贸易及对外直接投资的效率，我国对各国出口贸易和直接投资需要选择合适的规模。在经济新常态下，提升我国出口贸易和对外直接投资效率被认为是促进我国经济增长、优化产业结构、增强市场竞争力的新推动力。我国在进行出口贸易和对外直接投资时，东道国差异化的政治、经济、文化水平会影响我国的出口贸易与对外直接投资规模，而贸易投资便利化水平既可以在一定程度上反映东道国的政治、经济和文化水平，也可以体现东道国对贸易与外商直接投资的喜好程度。因此，需要根据东道国的市场环境量化分析我国的出口贸易和对外直接投资潜力。现阶段，我国出口贸易和对外直接投资主要面临以下问题：东道国的贸易投资环境如何；我国应在哪个国家或区位进行出口贸易或对外直接投资；我国在各个国家的出口贸易规模及对外直接投资规模是多少，可拓展的潜力是多少。

本书针对以上问题，首先对东道国的贸易投资便利化水平进行测算，然后基于贸易投资便利化视角研究我国的出口贸易效率损失和对外直接投资效率损失，最后对我国出口贸易及对外直接投资的效率及潜力进行预测并分析。通过对效率及潜力的预测和分析，最终达到精准调控出口贸易、选择对外直接投资区位，提升我国出口贸易效率及对外直接投资效率，实现提升我国出口贸易潜力及对外直接投资潜力的目的。本书的研究将有助于了解东道国的贸易投资便利化水平，扩大我国出口贸易和对外直接投资的规模，促进我国与世界各国的市场融合、资源的高效配置、资本的有序流动，推动我国与各国建立更高水平、更大范围、更深层次的经贸合作，进一步推进“走出去”战略和“一带一路”倡议的有效实施。

第二节　研究内容、研究方法及技术路线图

一、研究内容

为研究我国出口贸易潜力及对外直接投资潜力，本书以东道国贸易投资便利化为视角，沿着效率损失—效率—潜力的研究思路，使用随机前沿引力模型进行详细的分析。

本书首先利用主成分分析法对东道国贸易投资便利化水平进行测度；然后，研究东道国贸易投资便利化对我国出口贸易效率损失及对外直接投资效率损失的影响；接着，预测并分析我国出口贸易及对外直接投资的效率和潜力；最后，基于效率和潜力的预测与分析，为我国出口贸易及对外直接投资提供合理建议。本书除导论外共包含7章内容。

导论部分主要介绍了研究背景和研究意义，并在此基础上提出系统的研究思路，介绍了所应用的研究方法，构建了整体的研究框架，阐述了研究的主要创新点和研究展望。

第一章是理论基础及文献综述。介绍了有关国际贸易、国际直接投资和交易费用的相关理论，系统阐述了国内外学者对于贸易投资便利化指标体系构建的相关研究、出口贸易影响因素的相关研究、直接投资区位选择的相关研究、贸易潜力和对外直接投资潜力的相关研究。在对已有学术观点进行学习借鉴、归纳总结和简要评述的基础上，确定本书的研究视角和切入点。

第二章是中国出口贸易及对外直接投资现状分析。首先，对我国出口贸易的现状进行分析，提出我国出口贸易存在的问题；然后，分析我国对外直接投资的现状，提出对外直接投资存在的问题；最后，分析我国与“一带一路”沿线国家经贸、投资合作现状，并提出“一带一路”倡议面临的风险与挑战。

第三章是贸易投资便利化影响出口贸易及对外直接投资的作用机理。首先，从国际贸易、国际直接投资的一般关系理论和贸易便利化、投资便利化的内涵重合两方面对贸易投资便利指标体系构建的作用机理进行分析；然后，分别分析贸易投资便利化影响出口贸易潜力的作用机理和贸易投资便利化影响对外直接投资潜力的作用机理。

第四章是贸易投资便利化指标体系构建及测度分析。首先，分析国际组织对贸易便利化和投资便利化体系的研究；然后，在借鉴国内外学者研究的基础上构建贸易投资便利化体系，并进行测算；最后，对东道国的贸易投资便利化指标进行分析。

第五章是贸易投资便利化影响中国出口贸易潜力实证分析。通过随机前沿贸易引力模型分析东道国贸易投资便利化对我国出口贸易效率损失的影响，并对我国的出口贸易效率及潜力进行预测，基于贸易投资便利化视角分析我国出口贸易潜力，分别从总样本和分样本(发达国家和地区与发展中国家；“一带一路”沿线国家和非“一带一路”沿线国家)进行分析。

第六章是贸易投资便利化影响我国对外直接投资潜力实证分析。通过随机前沿投资引力模型分析东道国贸易投资便利化对我国直接投资效率损失的影响，并对我国的直接投资效率及潜力进行预测。基于贸易投资便利化视角分析我国对外直接投资潜力，分别从总样本和分样本(发达国家和地区与发展中国家；“一带一路”沿线国家和非“一带一路”沿线国家)进行分析。

第七章是研究结论及对策建议。基于前文的分析做出概括性的结论，系统梳理本书的研究观点，为我国的出口贸易和对外直接投资提供建议。

二、研究方法

本书在借鉴国内外相关研究的基础上，运用国际贸易理论、国际直接投资理论和交易费用理论，综合考虑东道国贸易投资便利化水平现状，使用理论和实证相结合的方式进行深入研究；在广泛搜集数据的基础上建立我国出口贸易效率损失及对外直接投资效率损失影响因素的实证模型，通过计量工具对相关研究进行检验分析和验证。本书具体的研究方法如下。

（一）定性分析和定量分析相结合

在对已有文献进行整理和分析的基础上，本书构建了贸易投资便利化指标体系，选取基础设施质量、制度环境、海关环境、市场准入、营商环境、科学与技术环境、政治环境 7 个一级指标，通过主成分分析法确定权重并测算，详细分析了东道国贸易投资便利化水平的现状。在研究我国出口贸易潜力和对外直接投资潜力的过程中，采用随机前沿模型（SFA 模型）与引力模型相结合的方法，对我国出口贸易及对外直接投资的效率和潜力进行预测和分析。

（二）规范分析和实证分析相结合

在研究我国出口贸易潜力和对外直接投资潜力时，首先运用数学推导和演进的方法，对随机前沿引力模型进行扩展，且为确保实证回归结果的稳健性，分别建立随机效应模型、时不变随机前沿模型和时变随机前沿模型进行对比分析。借鉴 Battese & Coelli（1995）一步法的研究方法，选取时变模型对影响效率损失项的东道国贸易投资便利化指数进行分析，并预测我国出口贸易和对外直接投资效率及潜力。

（三）比较分析法

为扩大我国出口贸易及对外直接投资规模，选择合理区位，需要进行对比分析。按照经济发展水平将所选取的国家和地区分为发达国家和地区及发展中国家；按照目前我国提出的“一带一路”倡议将所选取的国家分为“一带一路”沿线国家和非“一带一路”沿线国家。分别比较分析发达国家和地区及发展中国家、“一带一路”沿线国家和非“一带一路”沿线国家的贸易投资便利化水平，并在此基础上，分别对比分析我国出口贸易及对外直接投资的效率和潜力。

三、技术路线图

本书研究技术路线，如图 0-1 所示。

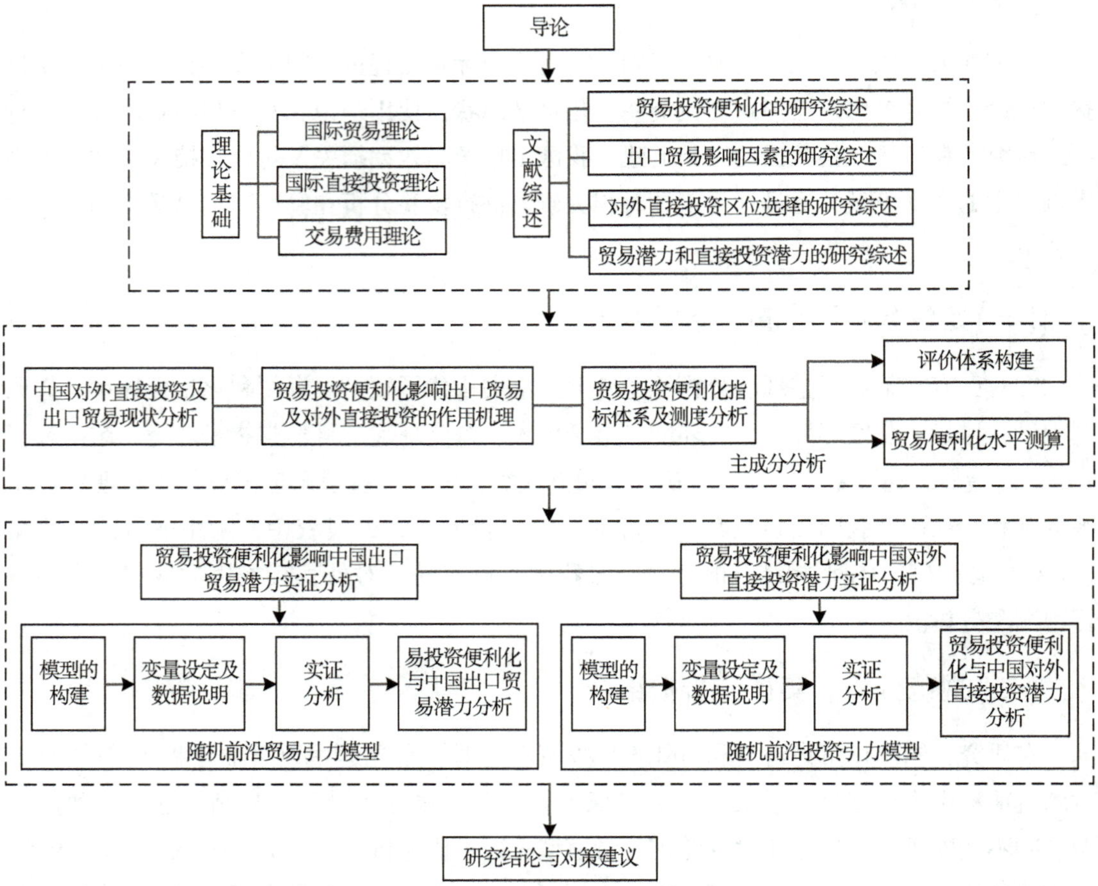

图 0-1　技术路线图

第三节　本书的创新点与不足

一、本书的创新点

鉴于国内外研究现状，本书基于贸易投资便利化的视角，研究我国对各东道国的出口贸易潜力和直接投资潜力，在理论框架的基础上进行实证分析。具体的创新点体现在以下几个方面。

一是重新构建贸易投资便利化指标体系，并对东道国的贸易投资便利化水平进行分析。已有研究主要是对贸易便利化或投资便利化指标体系的构建，但是对贸易投资便利化指标体系进行测度分析的研究相对匮乏。本书在参考贸易便利化及投资便利化指标体系构建的基础上，创新性地选取基础设施质量、制度环境、海关环境、市场准入、营商环境、科学与技术环境、政治环境 7 个一级指标对贸易投资便利化指标体系进行重塑。其中，政治环境作为反映贸易投资便利化的重要指标长期被相关研究忽视，特别是在当前东道国政治不稳定因素增加的环境下，将政治环境指标加入贸易投资便利化进行研究显得尤为重要。

二是基于贸易投资便利化视角，利用随机前沿引力模型研究我国出口贸易和对外直接投资效率及潜力问题。已有部分学者在利用随机前沿引力模型研究要素禀赋、自由贸易协定、东道国制度水平等变量对贸易或投资效率损失影响的基础上，进一步分析了贸易或对外直接投资潜力，但基于贸易投资便利化视角对潜力进行分析的研究较缺乏。东道国贸易投资便利化水平是影响出口贸易及对外直接投资效率损失的重要因素，而效率损失阻碍了潜力的实现，因此，本书创新性地将贸易投资便利化纳入我国出口贸易及对外直接投资潜力的研究。

三是分样本分析我国出口贸易及对外直接投资的效率和潜力，精准规划实现我国高效出口贸易和对外直接投资。现有文献大多是对总体样本贸易及对外直接投资潜力的预测分析，较少进行分样本对比分析。本书在进行总样本分析后，又将样本分为发达国家和地区及发展中国家，以及“一带一路”沿线国家和非“一带一路”沿线国家进行对比分析，并最终根据总样本和分样本的研究结论提出更有利于提高我国出口贸易及对外直接投资效率，扩大出口贸易及对外直接投资规模的对策建议。

二、本书的不足之处

本书尚存在以下不足之处。

一是，由于数据的可获得性，本书主要对 116 个国家和地区的贸易投资便利化水平进行了评测，且在出口贸易和对外直接投资的研究中主要选取其中的 107 个国家和地区，这可能会影响本书的实证分析效果和研究结论的适用性。在后续研究中可尽量选取更多国家进行分析，使实证结果的有效性提升。

二是，本书主要从出口贸易及对外直接投资两方面研究了我国对东道国商品、资本等要素的输出，但忽略了我国对东道国商品、资本等要素的输入，即我国进口贸易和外商对我国直接投资的问题。目前，我国的贸易顺差较大，贸易进出口平衡问题是学者们关注的热点问题之一。因此，在后续的研究中，可以增加对我国进口贸易效率及潜力的研究，并对比分析我国对东道国出口贸易和进口贸易的效率及潜力。在直接投资方面，也可以将我国对外直接投资和外商对我国的直接投资进行对比分析。

第一章　理论基础及文献综述

当前，我国正处于国民经济稳中向好的有序发展阶段，但在国际贸易、投资市场上仍面临着风险与挑战，贸易摩擦及对外直接投资增速放缓等问题亟待解决。围绕研究主题，本章在对国际贸易理论、国际直接投资理论和交易费用理论进行归纳的同时，对贸易投资便利化、出口贸易及对外直接投资的相关研究进行综述和评价。

第一节　理论基础

一、国际贸易理论

国际贸易理论不仅研究了国际商品和服务在各国、各地区之间交换的原因、过程及结果，还探究了生产要素的国际流动和技术知识的国际传递。国际贸易理论主要包括传统国际贸易理论、新国际贸易理论和马克思主义国家贸易理论三个部分，可为贸易投资便利化研究奠定理论基础。同时，我国是社会主义国家，也是全球范围内贸易规模最大的发展中国家，国际贸易理论还能为我国出口贸易研究提供理论指导。图 1-1 列出了比较有代表性的国际贸易理论，本书对主要的理论进行了梳理，为后续研究夯实了理论依据。

(一)传统国际贸易理论

绝对优势理论，由国际贸易理论的创始人亚当·斯密(1776)首次提出，该理论对国际贸易发生的原因、格局及利益进行了阐述。亚当·斯密认为，两国间国际贸易的产生是由生产商品劳动生产率绝对差别造成的。每个国家由于国内自然环境和技术水平的差异，在两种商品的生产过程中会对其中一种商品生产具有绝对优势，当该国将全部生产要素集中到拥有绝对优势商品的生产上来，再与他国进行交换，则各国资源都能被有效利用，每一个国家都能从中获益①。绝对优势理论说明国际分工可以使资源有效利用，国际贸易可以增加贸易双方的利益。然而，当一国的经济落后且技术不发达，生产两种商品都处于劣势时，还会不会发生贸易？贸易能够使落后国受益？亚当·斯密的绝对优势理论并没有进行解答，但贸易的产生不仅仅是基于一种商品生产上的绝对优势。

---

① 英国古典经济学家亚当·斯密(Adam Smith)在《国民财富的性质与原因的研究》(简称《国富论》)一书中首次提出了绝对优势理论。

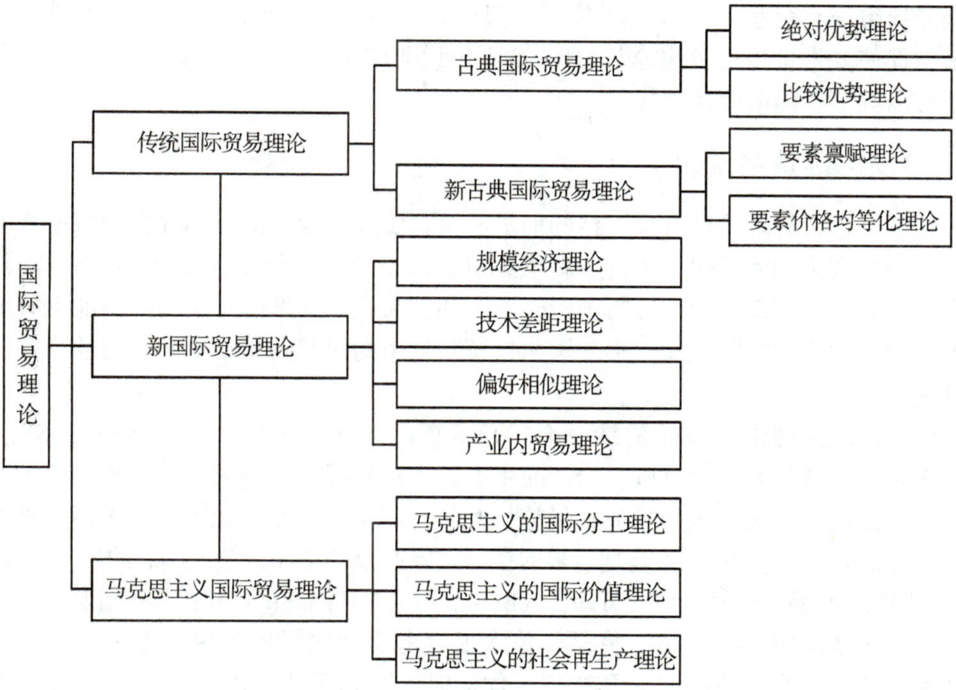

图 1-1 国际贸易理论概况图

随后，古典经济学家大卫·李嘉图(1817)回答了亚当·斯密绝对优势理论的遗留问题，首次提出了比较优势贸易理论。他认为，即使一国在两种商品的生产过程中于另一个国家来说都处于劣势，只要劣势程度不同，两个国家仍然可以通过国际贸易获取利益①。根据比较优势原理，处于劣势的国家在劣势程度较低的商品生产方面具有比较优势，处于优势的国家在优势程度较高的商品生产方面具有比较优势，两个国家只需要分别出口处于比较优势的商品即可获利。亚当·斯密的绝对优势理论和大卫·李嘉图的比较优势理论都是将劳动力作为唯一投入要素，无论是绝对优势还是比较优势，都来源于劳动生产率的差异。当劳动生产率不存在差异时，国际贸易如何进行呢？

20 世纪初期，赫克歇尔和俄林(1933)提出了要素禀赋理论(H-O 理论)，回答了当劳动生产率不存在差异时国际贸易发生的原因。H-O 理论指出，当两个国家的劳动生产率完全相同时，生产要素禀赋差异和各种商品在生产过程中所使用要素比例差异能够产生比较优势，进而产生国际贸易②。20 世纪 40 年代，萨缪尔森(1948)在 H-O 理论的基础上，提

① 大卫·李嘉图(David Ricardo)在其代表作《政治经济学及赋税原理》中提出了比较成本贸易理论，也被称为“比较优势贸易理论”。

② 赫克歇尔-俄林的要素禀赋理论(Heckscher-Ohiln theory，简称“H-O 理论”)，在 1933 年出版的《地区间贸易与国际贸易》一书中提出。

出要素价格均等化理论(H-O-S 理论)。H-O-S 理论指出，各国的要素缺乏流动性，但要素价格差异导致国际贸易可以替代部分要素流动，从而逐渐缩小商品价格在各国之间的差异，最终促使要素价格趋于均等①。H-O-S 理论说明国际贸易不仅可以实现资源的合理配置，还可以调节各国的经济结构。

(二)新国际贸易理论

传统的国际贸易理论都有很严格的前提假设，然而在现实的国际社会经济中并不存在传统国际贸易理论的完美假设条件。新国际贸易理论放松了许多假设条件，从规模经济、需求和产品差异化等多个角度分析了国际分工和贸易模式，新国际贸易理论能更好地解释目前国际贸易发生的实际规律，为我国出口贸易效率的提升及出口贸易潜力的预测提供了更多理论基础。

规模经济贸易理论为国际贸易理论打开了新的篇章，保罗·克鲁格曼(1985)认为，规模经济是国际贸易发生的基础，当产品生产发生规模报酬递增时，生产规模的扩大可以降低单位产品成本、提升该产品成本优势，此时有利于进行专业化生产，进而促进产品的出口②。当前我国的许多产品产量居世界首位，随着产量的增加，单位产品的生产成本降低，扩大了我国的出口贸易规模。由此可知，规模经济理论对中国的出口贸易具有借鉴意义。

美国经济学家波斯纳(1961)将科学技术因素考虑到国际贸易中，提出了技术差距理论。波斯纳认为，当贸易出口国具有技术优势时，有利于贸易出口国出口贸易规模的扩大，则技术发达国家更容易和技术落后国家发生出口贸易，当贸易双方的技术差距逐渐缩小时，贸易出口国将逐渐失去该产品的出口贸易市场③。技术差距理论打破了传统国际贸易理论中比较优势的静态性，认为动态的技术差异对国际贸易产生了较大的影响。可见，当我国对东道国进行出口贸易时，东道国科学与技术环境的变化对我国出口贸易潜力有较大的影响。

林德(1961)将进口国的需求引入国际贸易理论，提出了偏好相似理论。林德认为，贸易进口国的需求是出口贸易产生的动因，当贸易双方的经济发展程度越接近，人均收入水平越相似，相互的产品需求越强，贸易发生的可能性就越大④。这一理论很好地解释了发达国家之间的贸易量远远超过发达国家与发展中国家的贸易量这一现象，且林德从进口国需求理论视角分析了国际贸易产生的原因，对我国出口贸易潜力研究有很大的借鉴作用。

---

① 保罗·萨缪尔森在 H-O 理论的基础上提出了要素均等化理论，亦成为赫-俄-萨定理，简称“H-O-S 理论”。

② 著名经济学家克鲁格曼(Paul Krugman)在与艾瀚南(Helpman Elhanan)合著的《市场结构与对外贸易》一书中提出规模经济贸易理论。

③ 美国经济学家波斯纳(Michael V. Posner)在《国际贸易与技术变化》一文中提出国际贸易技术差距理论。

④ 瑞典经济学家斯戴芬·伯伦斯坦·林德(Staffan B. Linder)在其论文《论贸易和转变》中提出偏好相似理论。

在国际贸易理论不断发展过程中，出现了一种和传统贸易理论结论相悖的现象，即国际贸易大多发生在发达国家之间，而不是发达国家与发展中国家之间；且发达国家间的贸易又出现了既进口又出口同类产品的现象。为了解释这种现象，国际经济学界产生了一种新的理论——产业内贸易理论。20 世纪 70 年代中期，格鲁贝尔和劳埃德(1975)系统提出了产业内贸易理论，并指出技术差距、开发研究、产品异质性与产品生命周期的结合，以及人力资本密集度差异与收入分配差异的结合是导致产业内贸易产生的重要原因，产业内贸易理论很好地解释了发达国家之间的贸易现象。

(三)马克思主义国际贸易理论

马克思主义国际贸易理论主要包括的国际分工理论、国际价值理论和社会再生产理论三部分。国际分工是指由各个不同国家组成的“国际社会”的“社会内部分工”。马克思与恩格斯指出，“各民族之间的相互关系取决于每一个民族的生产力、分工和内部交往的发展程度。这个原理是公认的。然而，不仅一个民族与其他民族的关系，而且一个民族本身的整个内部结构都取决于它的生产以及内部和外部交往的发展程度。一个民族的生产力水平，最明显的表现在该民族分工的发展程度上”①。马克思和恩格斯认为，贸易交换的基础是国际分工，国际分工只有在不断专业化和深化的基础上才有利于国际贸易的大规模进行。贸易出口国可以发挥本国在自然资源、技术水平、资金、劳动力等要素方面的优势，生产具有比较成本优势的产品，通过国际贸易的方式扩大国内的生产规模。

在国际价值理论中，马克思认为，商品的价值作为凝结在商品中的一般、无差别的人类抽象劳动，只有在包括民族经济活动在内的世界市场上，才能够完全展现出来。马克思指出：“价值规律在国际上的应用还会由于下述情况而发生更大的变化：只要生产率较高的国家没有因竞争而被迫把它们的商品的出售价格降低到和商品的价值相等的程度，生产效率较高的国民劳动在世界市场上也被算作强度较大的劳动。”②一国商品的交换价值不是由一国社会必要劳动时间决定的，而是由国际社会必要劳动时间决定的。在国际市场上，进行商品交换的不同国家存在差异，落后国家创造的同类产品即使具有较低的劳动生产率也可以进行国际交换，其在参与国际交换的过程中提升了该商品的国际价值水平。

马克思主义的社会再生产理论指出，社会生产在各部类间以及每个部类内部必须保持一定的比例关系，如此社会再生产才能顺利进行。由于国家间存在生产水平、科学技术、自然资源等方面的差异，各国社会总产品的实际实物构成往往与扩大再生产的发展及技术改造所需要的实物构成存在一定的差距，因此，无法在一国范围内实现实物的社会扩大再生产。通过国际贸易实物形态转换可以实现社会再生产比例关系的客观要求，由此可知，国际贸易可以通过社会再生产促进一国经济快速发展。

我国社会主义扩大再生产是在经济全球化和生产国际化高速发展的背景下展开的。随着科学技术的快速发展，需要通过增加国家间的交流合作和信息传递来达到提升生产力和

① 马克思、恩格斯：《马克思恩格斯全集》(第 3 卷)，人民出版社 1960 年版，第 25 页。
② 马克思：《资本论》(第 1 卷)，人民出版社 2004 年版，第 610 页。

节约社会劳动的目的。因此，我国需要积极参与和利用国际分工，将国际资源和国内资源相结合，有效利用国内外资源的同时，发挥本国的优势。与此同时，只有根据贸易过程中国内外市场的供给与需求，将国内外资源和市场适当、有机地结合起来，我国的经济才有可能建立起超越本国经济内在力量的扩大再生产规模，取得较快的发展速度和较好的经济效益。

传统国际贸易理论认为，商品价格差异是引致两国之间贸易发生的直接原因，而相对要素禀赋差异是贸易产生的根本原因；新国际贸易理论认为，规模经济、需求和产品差异化是产生贸易的重要原因；马克思主义国际贸易理论认为，社会分工与扩大再生产等因素促使产生国际贸易。通过归纳总结传统国际贸易理论、新国际贸易理论和马克思主义国际贸易理论，可以给贸易投资便利化的研究以及出口贸易潜力的分析提供理论基础。

二、国际直接投资理论

随着国际直接投资的快速发展，学者们开始对国际直接投资理论展开广泛的研究，国际直接投资理论又可以称为“对外直接投资理论”。国际货币基金组织(International Monetary Fund，简称 IMF)对国际直接投资的定义为：投资人在母国以外的国家或地区经营企业并获取长期利益的一种投资。IMF 认为，国际直接投资行为的目的在于对企业经营管理拥有有效控制权。我国在《对外直接投资统计制度》中将中国对外直接投资定义为我国企业或团体在国外及中国港澳台地区以现金、实物和无形资产等方式进行的投资，并以控制东道国及中国港澳台企业经营管理权为核心的经济活动。由此可知，国际直接投资的特点是：第一，强调投资国长期盈利的特征；第二，强调对被投资国企业的实际控制管理权。目前，主要的国际直接投资理论包括垄断优势理论、产品生命周期理论、比较优势理论、内部化理论和国际生产折衷理论。

(一)垄断优势理论

垄断优势理论最先由 Hymer(1960)提出，用来解释国际直接投资的问题，而后，Kindleberger(1974)对垄断优势理论进行了补充和系统的阐述。Hymer 以美国对外直接投资企业为研究对象，提出了垄断优势理论。垄断优势理论认为，对外直接投资产生的原因是该企业拥有比东道国同类企业更有力的垄断优势，且该企业可以通过在国外进行生产来获取更大的利益①。Hymer 还指出，由于贸易过程中存在贸易壁垒，阻碍了国际贸易的顺利进行，减少了贸易带来的优势，从而导致具有垄断优势的企业和组织通过对外直接投资形式进入国际市场。

对外直接投资的垄断优势可以分为 4 类。第一类，产品市场不完全的垄断优势。这种优势通常是由跨国公司生产差异化产品的能力所引起的，差异化产品主要可以体现在商标、销售技术与渠道、对价格的操作等方面。第二类，要素市场不完全的垄断优势。要素

---

① 美国经济学家斯蒂芬·海默(Stephen Hymer)在博士论文《国内企业的国际化经营：对外直接投资的研究》中，率先对传统理论提出了挑战，首次提出垄断优势理论。

市场主要包括技术要素、资本要素、管理及信息要素。其中，技术要素的垄断体现在技术及专利，使得跨国公司可以生产出与众不同的产品；资本要素的垄断是指跨国公司在资本市场具有较高的信用评级，能够较快地进行融资；管理及信息要素的垄断是指跨国公司在生产销售过程中具有管理方式、营销方式、信息获取方式等方面的优势。第三类，规模经济的垄断优势。跨国企业投入巨额初始资本为谋取规模经济，最重要的是对区位进行精准选择，规避投资国与东道国对企业规模的限制，以便扩大市场份额。第四类，政府干预的垄断优势。投资国可以从东道国市场准入、关税、利率等方面的便利条件中获得垄断优势。基于对外直接投资的垄断优势可知，产品差异化、知识产权、政府干预等垄断因素影响着对外直接投资。由东道国投资便利化条件来看，东道国政府的市场准入、关税等干预行为是母国对外直接投资的重要影响因素。

(二)产品生命周期理论

产品生命周期理论是由美国经济学家弗农(1966)最先提出的，他同 Hymer 一样，以美国的对外直接投资企业为研究对象，研究发现，美国企业对外直接投资的变动和产品生命周期有着紧密的联系，他将国际直接投资、国际贸易和产品生命周期结合起来进行分析。在商品的创新、成熟和标准化三个不同阶段，投资国与发达国家、发展中国家的国际贸易及国际直接投资关系存在较大的差异①。

产品生命周期理论的特点是：将企业对外直接投资与产品的生命周期相结合，增加了时间效应，并对企业的对外直接投资进行动态分析；主要解释了发达投资国对外直接投资从发达国家向发展中国家转变的过程。产品生命周期理论以发达投资国对外直接投资现状为研究对象，可以看出国际贸易和国际直接投资的替代关系，但是，我国作为发展中国家，我国的贸易与对外直接投资并不能完全用生产生命周期理论来解释。

(三)比较优势理论

日本小岛清教授(1977)首次提出比较优势理论，也被称为“边际产业扩张理论”②。小岛清认为，以美国为研究对象的垄断优势理论和产品生命周期理论并不适用于日本的对外直接投资行为，美国与日本对外直接投资行为具有明显的三点差异。其一，美国对外直接投资大多集中于拥有先进技术的制造业部门，且对外直接投资多处于国内具有比较优势的企业或部门；日本对外直接投资大多集中于技术水平较低的自然资源开发和劳动力密集型行业，而这些行业大多是在国内具有比较劣势的企业或部门。其二，美国是贸易替代型对外直接投资，日本是贸易创造型对外直接投资。其三，美国对外直接投资大多以独资为主，日本对外直接投资大多以合资为主。基于此，小岛清提出了符合日本国情的对外直接投资新观点。

---

① 美国哈佛大学教授雷蒙德·弗农(Raymond Vernon)在其《产品周期中的国际投资与国际贸易》一文中首次提出产品生命周期理论。

② 日本经济学家小岛清(Kiyoshi Kojima)在《对外直接投资论》中提出边际产业扩张理论。

小岛清认为，对外直接投资行为可以增大投资国和东道国的成本差距，创造新的比较成本格局。小岛清提出的比较优势理论的主要内容是：当一个国家在某些产业的生产上具有比较劣势，则应该通过对外直接投资的方式转移这种产业。这些处于比较劣势的产业通常是指劳动密集型产业，包括某些行业中装配或生产特定部件的劳动密集的生产环节或工序等。尽管这些产业在母国并不具备优势，但有可能在东道国具有比较优势。

(四)内部化理论

Buckley 等人(1976)提出了内部化理论，不同于垄断优势理论、产品生命周期理论和比较优势理论，内部化理论并不是以某一国家为研究对象，而是以多国为研究对象的理论结果。内部化理论认为：当由于市场信息不完全等因素导致的供需无法正常交换时，可以通过企业内部市场替代企业外部市场的方式来解决，且母国企业的对外直接投资可以看作企业内部化超越国界的具体表现①。企业将外部市场内部化的过程中需要考虑 4 个主要因素：一是产业特定要素，包括规模经济要素、产品生产结构要素和外部市场结构要素；二是区位特定要素，包括宗教要素、民族文化差异要素、距离差异要素等；三是国家特定要素，包括东道国的政治制度要素、营商环境要素、法律环境要素等；四是公司特定要素，主要是指企业的管理能力要素。

内部化理论指出，企业在外部市场进行买卖无法确保企业的盈利特性，这是因为市场上信息不完全会导致产生交易费用，不但不能获益，还有可能产生更多附加成本。因此，企业可以通过对外直接投资的手段将外部市场内部化，来克服企业外部市场的附加成本，弥补由于市场交易费用造成的损失和风险。该理论认为，市场不完全并非是由规模经济和关税壁垒等行为造成的，而是由于某些市场失效和垄断势力的存在。

(五)国际生产折衷理论

基于各种国际直接投资理论，邓宁(1977，1981)提出了国际生产折衷理论，综合、全面地分析了企业对外直接投资的动机。邓宁认为，企业要对外直接投资，必须同时具备所有权、内部化和区位三种优势；而出口则只需拥有所有权和内部化优势；如果企业只拥有所有权优势，那只能选择技术转让方式②。其中，所有权优势包括独占无形资产所产生的优势和企业规模经济所产生的优势两个方面。内部化优势是跨国公司通过其所有权优势来降低或消除交易成本的能力，且根源在于外部市场的失效。区位优势是东道国方面的优势，东道国的优势通常分为短时间内很难发生变化的要素禀赋优势和较为灵活变化的经济政治制度优势两个方面，要素禀赋优势包括自然资源和地理位置等，经济政治制度优势包括良好的基础设施环境、便利的贸易投资制度等。

---

① 英国雷丁大学学者巴克利(Peter. J. Buckley)、卡森(Mark Casson)与加拿大学者拉格曼(A. M. Rugman)在《跨国公司的未来》一书中提出内部化理论。

② 英国经济学家邓宁(Dunning)在《贸易、经济活动的区位与跨国企业：折衷理论的探索》一书中提出国际生产折衷理论，并在《国际生产与跨国企业》一文中对国际生产折衷理论进行了系统的阐述。

国际生产折衷理论认为，应该将国际贸易和国际直接投资两种经济活动结合起来进行分析和研究。邓宁提出的国际生产折衷理论具有3个特点：其一，国际生产折衷理论是在垄断优势理论、比较优势理论和内部化理论等国际直接投资理论的基础上发展起来的；其二，它与直接投资的所有权形式有关；其三，它不仅解释了投资行为产生的原因，同时也解释了出口贸易和技术转让等行为产生的原因。

无论是以美国为研究对象的垄断优势理论和产品生命周期理论、以日本为研究对象的比较优势理论，还是不以单一国家为研究对象的内部化理论和国际生产折衷理论，都是主要从母国企业内在条件和东道国市场环境两方面进行研究。尽管以美、日两国为研究对象的理论与我国对外直接投资发展现状并不完全契合，但是对我国对外直接投资发展有着很好的借鉴作用。本书将基于垄断优势理论中东道国政府干预优势、内部化理论和国际生产折衷理论中东道国区位优势等内容研究东道国贸易投资便利化条件对我国对外直接投资潜力的影响。

三、交易费用理论

国际贸易与国际直接投资是国家之间经济合作的重要方式，由于每个国家在政治、经济、文化及贸易投资便利化等方面存在差异，使得在贸易、投资过程中存在交易费用的问题。当国家之间进行贸易和投资的交易费用较低时，国际贸易和国际直接投资发生的机会较大，反之，当交易费用较高时，国际贸易和国际直接投资发生的机会较小。各个东道国为了增加与其他国家的贸易、投资合作，需要通过消除贸易、投资障碍，提升贸易、投资便利化水平来降低交易费用。科斯最先提出交易费用的思想，他对交易费用的定义是：交易完成后，买卖双方在交易前后所产生的各种与此交易相关的成本，主要包括契约签订和实施过程中的谈判、讨价还价、拟定契约、实施监管等费用①。除科斯外，许多学者对交易费用进行了研究，Williamson(2007)研究认为，交易费用是经济运作过程中所需付出的费用，由事前交易费用和事后交易费用两部分构成，其中，事前交易费用包括草拟合同费用、谈判费用等，事后交易费用包括不适应费用、讨价还价费用、运转费用等。张五常(2000)认为，交易费用是除了直接发生在物质生产过程中的成本外的一切费用，是识别、考核、讨价还价及仲裁机构等费用的总和。尽管学者们从不同的角度对交易费用进行了界定，但事实上都是指交易流通过程中所发生的费用。

Williamson在对交易费用进一步研究后，发现交易费用的主要决定因素包括人的因素、与特定交易有关的因素和交易市场环境因素三部分。现实生活中人既是“经济人”也是“契约人”，他们表现为有限理性和机会主义行为，且人是交易过程中的主要决定因素，因此交易费用会受其影响；交易行为发生在经济市场中，市场环境和交易过程中资产的专用性、交易的不确定性、交易频率等特性都会对交易费用产生重要影响。国际贸易和国际直接投资等交易行为发生时，会产生除生产成本外的其他交易费用，交易费用会间接影响母国与东道国进行出口贸易和对外直接投资的效率。

---

① 诺贝尔经济学奖得主科斯(Coase, R. H.)在《企业的性质》一文中提出交易费用理论。

第二节 文献综述

根据研究目的的不同，本节主要对四类文献进行研究评述，首先，对贸易投资便利化进行分析；其次，关于出口贸易影响因素的综述分析；再次，关于对外直接投资区位选择的综述分析；最后，关于贸易、投资效率及潜力的研究归纳。现有文献大多对贸易便利化和投资便利化指标体系分别进行分析，并分别研究东道国贸易便利化与出口贸易的关系和东道国投资便利化与对外直接投资的关系。

一、贸易投资便利化的研究综述

伴随贸易、投资一体化进程的加深，增强国际贸易自由化、投资便利度，协调、简化进出口贸易程序和投资规则等问题已经成为全球贸易、投资领域关注的重点。在国际市场上，随着商品、资本等要素流动的迅速发展，贸易投资便利化逐渐成为新的研究热点。对贸易便利化的定义，世界贸易组织(1998)认为，贸易便利化是指国际贸易程序(包括国际货物贸易流动所需要收集、提供、沟通及处理数据的活动、做法和手续)的简化和协调。亚太经合组织(Asia-Pacific Economic Cooperation，简称 APEC)(2002)对贸易便利化的定义是：一般是指通过使用新技术或其他措施，简化贸易程序、清除贸易障碍，进而降低交易费用，推动货物和服务更好地流通。亚太经合组织对投资便利化的定义为：政府通过改善投资周期中全部阶段的环境，使国际投资管理的有效性和效率达到最大，从而吸引外国直接投资。

目前，国内外学者及国际组织并未对贸易投资便利化进行界定，基于国际组织对贸易便利化和投资便利化的定义，本书认为，贸易投资便利化即为包括贸易和投资在内的国际经济合作提供便利，通过简化和协调经济合作程序、清除经济合作过程中的障碍，达到提高经济合作效率的目的。对贸易便利化的研究主要包括贸易便利化指标体系构建和测算，贸易便利化对进出口贸易的影响。国内外学者对投资便利化的研究主要包括投资便利化指标体系构建和测算，投资便利化对直接投资的影响。在贸易便利化和投资便利化研究的基础上，部分学者对贸易投资便利化进行了初步研究。

(一)贸易便利化指标体系研究

在贸易便利化指标体系构建方面，世界经济论坛(World Economic Forum，简称 WEF)和世界银行(World Bank，简称 WB)两大经济组织共同合作构建的贸易便利化评价体系是目前国内外学者使用的主要的评价框架。2008 年，世界经济论坛在《全球贸易促进报告》(*The Global Enabling Trade Report*，简称 GETR)中发布了贸易便利化评价体系，不但包括世界银行公布的基础设施、贸易环境和政府效率三大指标，还将市场准入作为一级指标放入贸易便利化评价体系。在国内外学者的研究中，Wilson(2003)用海关环境、监管环境、港口效率和电子商务数据 4 个一级指标来衡量贸易便利化；张晓静和李梁(2015)从市场准入、边境管理、运输和基础设施、商务环境 4 个方面构建贸易便利化指标体系；毛艳华和杨思维(2015)以海上丝绸之路沿线国家为研究对象，采用交通通信设施、市场准入、跨境管理和商业环境4个维度对其贸易便利化水平进行评估；Nguyen(2016)从进口时间、出口时间、进口成本及出口成本等方面对贸易便利化水平进行评估；刘俊和张亚斌(2016)选取口岸效率、海关环境、电子商务、金融支持和政府管理5项指标衡量丝绸之路沿线国家贸易便利化水平。尽管贸易便利化的指标选取并不完全一致，但基本上是参考世界经济论坛和世界银行发布的评价框架。

关于贸易便利化对进出口贸易的影响研究。Wilson(2003)用一个包括关税和其他标准变量的引力模型更深入地分析了亚太地区贸易便利化与贸易流动的关系。其研究认为，提高港口效率对贸易流动有积极的影响，在海关和电子商务方面的改进可以扩大贸易规模。张晓静和李梁(2015)利用拓展的贸易引力模型，识别出在不同区域，不同贸易便利化措施对我国出口影响的异质性。Nguyen(2016)进一步研究了东盟成员国贸易便利化措施的有效性，并指出东道国贸易便利化条件的改善具有提升贸易竞争力、增加外商直接投资、促进母国经济增长等优势。刘俊和张亚斌(2016)基于空间计量引力模型和地理加权回归(GWR)模型研究了各国贸易便利化水平对我国贸易流量影响的空间特征，发现各国经济总量、人口规模、对外依存度、贸易便利化等因素在空间上对我国的贸易流量呈现出显著的正向效应；人均GDP差距、贸易距离在空间上对贸易流量产生显著的负向效应。地理加权分析结果表明，各国贸易便利化水平改善的贸易效应在空间上差异显著，且表现出自西向东的空间梯度特征。Sahoo(2017)探索了印度贸易便利化的具体措施及贸易便利化对贸易的促进作用，并指出希望通过放宽营商措施，吸引外商投资的方式来提高印度本国的贸易便利化水平。罗翊烜和扈钟方(2017)基于引力模型探究发现贸易便利化对我国出口贸易有显著的促进作用，我国应确保维持与“一带一路”沿线贸易便利化程度较高国家的贸易往来，并推动中亚、西亚和南亚地区的基础设施建设，提升贸易便利化，促进贸易增长。宋伟良和贾秀录(2019)研究发现，贸易便利化水平是影响我国出口贸易的重要因素。其中，G20国家的贸易便利化水平越高，我国出口到该国的贸易额越大，产品种类越多。温雪等人(2019)指出，可以通过提高我国国内的贸易便利化水平来促进我国广西与东盟国家的贸易规模。杨逢珉和程凯(2019)研究了贸易便利化与出口产品质量的关系，并指出贸易便利化对出口产品质量总体表现为抑制作用，但是随着进口国收入水平的降低，贸易便利化对出口产品质量的抑制作用逐渐降低，最后对出口产品质量表现为促进作用。基于以上学者的研究，发现贸易便利化条件的改善对进出口贸易的规模和质量均产生很大的影响。

(二)投资便利化指标体系研究

在投资便利化指标体系构建方面，2003年，世界银行发布的《营商环境报告》(*Doing Business Report*，简称DB)从企业视角出发，构建了一套比较完整的企业营商环境评价体系，成为衡量投资便利化的主要评价体系，其中包括企业创建、执照办理、供电获取、资产登记、信贷获取、保护中小投资者、税款缴纳、跨境交易、合同执行、破产办理、劳动市场监管11个指标。黄光灿和王珏(2016)从基础设施、金融环境、规制环节和科教环境

4个维度测算了投资便利化水平。张亚斌(2016)选取了基础设施质量、商业投资环境、信息技术应用、金融服务效率、制度供给质量5个一级指标，运用均值主成分分析法测度了“一带一路”沿线50个亚欧非国家的投资便利化水平。投资便利化指标体系的构建是在贸易便利化指标体系研究的基础上形成并发展起来的，相较于贸易便利化指标选取的完整性，投资便利化指标的选取存在局限性。

关于投资便利化对直接投资的影响研究。Sauvant(2016)认为，投资便利化、监管制度和经济环境是外国直接投资的决定因素，投资便利化除了促进外商直接投资外，还会改善外商投资获益水平。杨立强等(2016)认为，投资便利化是推动“一带一路”沿线国家跨境资本流动的重要因素。黄光灿和王珏(2016)运用灰色关联法分析了基础设施、金融环境、规制环境及科教环境等投资便利化指标与中国对外直接投资存量的关联度，研究表明，基础设施的关联度始终最大，规制环境的关联度排名逐步上升。张亚斌(2016)基于拓展引力模型分析了投资便利化对我国对外直接投资的影响，同时考察了不同地区投资便利化改革释放我国投资潜力的能力。朱明侠和左思明(2019)认为，东道国投资便利化水平对我国对外直接投资的区位选择和战略规划有重要的作用。综上所述，东道国投资便利化的改善可以影响外商直接投资。

(三)贸易投资便利化相关研究

现阶段，对于贸易投资便利化指标体系的构建并没有形成统一的标准，部分学者将贸易便利化和投资便利化的指标整合，研究贸易投资便利化的相关问题。其中，崔日明和黄婉莹(2016，2017)采用市场准入、运输和基础设施、规制环境、营商环境、边境管理5个一级指标构建贸易投资便利化指标体系，并利用拓展引力模型实证分析“一带一路”沿线国家贸易投资便利化水平对我国出口贸易流量的影响。研究发现，东道国贸易投资便利化水平对我国出口贸易有显著的促进作用，其中运输和基础设施指标对我国出口贸易流量的影响最大。此外，还有学者对贸易投资便利化的问题进行定性研究。张建平和樊子嫣(2016)认为，可以从推进基础设施建设，组建“贸易投资便利化委员会”，促进“一带一路”各国“单一窗口”建设等方面改善东道国贸易投资便利化状况，进而创建良好的市场环境。林珊(2017)指出，全球价值链的发展对贸易投资便利化的要求是：降低中间产品的贸易成本、鼓励外资进入、促进服务贸易自由化和便利化。王江和吴莉(2018)认为，可以从进一步减少负面清单数目，推动对外贸易投资的开放；加快制度创新，探索高度集成的贸易投资监管制度；加强国际间合作，大力推动互联互通等方面来改善我国的贸易投资便利化水平。

二、出口贸易影响因素的研究综述

目前，国内外众多学者大多基于拓展的引力模型对出口贸易进行研究，对出口贸易影响因素的研究主要集中于3个方面：一是出口国自身因素对出口贸易的影响；二是进口国政治、经济和文化环境等因素对出口国出口贸易的影响；三是国际市场因素对出口国出口贸易的影响。

有关出口国自身因素的研究主要围绕企业技术强度、国内税费、环境规制等方面进行。Dhanaraj 和 Beamish(2003)以资源理论为基础，研究发现企业规模和技术强度对出口贸易产生较大影响。Freund 和 Weinhold(2004)以互联网技术对不同距离国家的出口贸易关系为研究对象，发现互联网技术并没有直接影响出口贸易，而是通过削减交易费用来促进出口贸易。Blind 和 Jungmittag(2005)研究了创新和国际标准对德国及英国出口贸易的影响，其中国际标准对德国及英国的出口贸易均有显著影响，但国内的创新能力只对德国的出口贸易有显著的促进作用。毛其淋和盛斌(2014)研究发现，我国贸易自由化程度对我国制造业出口有显著的影响。范子英和田彬彬(2014)以加工贸易为研究对象，研究发现出口退税率显著抑制了我国出口商品的增长率。傅京燕和赵春梅(2014)运用固定效应向量分解模型实证分析了环境规制对我国出口贸易比较优势的影响，研究发现内生环境规制可以显著提升五类污染密集型行业的出口贸易比较优势。黄崇杰(2015)研究发现，我国的环境规制强度与出口贸易之间具有显著的负相关关系。汪发元等人(2018)应用时空模型研究发现，我国的技术创新、金融发展水平对出口贸易技术水平有显著的正向影响。

关于进口国的政治、经济、文化环境等因素对出口国的出口贸易影响，许和连和赖明勇(2002)认为，外商直接投资对我国的出口贸易产生了积极的促进作用，且对工业制成品出口的影响显著大于初级产品，说明外商直接投资改善了我国出口商品的贸易结构。Baier 和 Bergstrand(2007)指出，自由贸易协定对贸易流动有显著的影响，签订自由贸易协定可以在 10 年左右的时间促使双方的贸易量增加一番。谢孟军(2013)通过扩展的引力模型分别研究了东道国政治制度、经济制度和法律制度对中国出口贸易的影响，研究发现，我国的出口贸易偏向制度质量高的国家。冯丹卿等人(2013)以我国制造企业为研究对象，利用 Probit 和 Tobit 模型研究发现外商直接投资的存在会增强我国制造业的出口倾向和出口强度，但外资的进入速度却负向影响出口倾向和出口强度。龚新蜀和张晓倩(2014)以我国农产品出口数据为研究对象，发现中亚五国的市场规模对我国农产品的出口具有显著作用。王孝松等人(2014)在对我国出口贸易研究的过程中发现，贸易伙伴国发起的反倾销措施显著抑制我国出口贸易的增长。Campi 和 Dueñas(2019)研究发现，在贸易协定中加入知识产权章节对增加双边贸易具有显著的促进作用。

除贸易进口国和出口国的环境因素对出口国出口贸易产生重要影响外，国际市场上汇率、金融危机等因素对出口贸易也产生显著的影响。强永昌(1999)研究发现汇率变动对国家出口贸易具有重要作用，其中，汇率变动的短期贸易效果主要是通过出口商品价格竞争能力的强化来实现的，长期贸易效果则是以潜在比较优势的显化来实现的。方世建和付文林(2001)研究发现，人民币实际汇率升值会降低中国的出口。胡求光和李洪英(2010)通过对比金融危机前后中国的经济形势，发现金融危机对中国出口贸易有负面影响，但影响持续的时间并不能确定。

三、对外直接投资区位选择的研究综述

对外直接投资(Outward Foreign Direct Investment，简称 OFDI)的相关研究一直是经济学家和学者们探讨的热点问题，母国如何对东道国进行投资以及东道国如何吸引外资是世

界各国研究的重点。基于研究视角的选择，对外直接投资区位选择的主要动因包括两部分：一是基于邓宁国际折衷理论提出的自然资源、市场、技术和战略资产寻求动机；二是基于东道国制度环境、基础设施质量、公司集聚效应等其他因素。

对自然资源、市场、技术和战略资产的寻求是对外直接投资的主要动机和目的，国内外学者对此已进行了深入的探讨和研究。Ramasamy 等(2012)采用泊松回归模型研究发现：国有企业的对外直接投资具有资源寻求动机，且具有喜好高风险政治环境的特点；私有企业具有市场寻求动机和战略寻求动机。蒋冠宏和蒋殿春(2012)基于国家层面数据研究发现，我国的对外直接投资具有市场、资源和战略资产寻求动机，且东道国制度环境对资源寻求性对外直接投资有显著影响。Samford(2014)研究发现，墨西哥地方政党控制、社会稳定和国家权威有效性等因素对外国直接投资有显著影响。Seyoum(2015)通过我国对埃塞俄比亚的直接投资发现，市场准入动机在投资区位决策中具有重要的影响力，东道国政府对外国直接投资的激励方案影响其选址决策。Lee 等(2016)研究了服务业和制造业在进行对外直接投资时区位选择的特征，服务业的市场寻求动机更强，制造业的资源寻求动机更强。Simone 和 Uva(2017)指出，市场规模、劳动力技能和农业生产能力对匈牙利对外直接投资的区位选择有显著影响。Rasciute 和 Downward(2017)认为，技术强度是影响欧洲对外直接投资区位选择的重要因素。汪晶晶等(2017)运用条件 Logit 模型研究发现，自然资源、市场规模对我国农业对外直接投资影响较大。田原和李建军(2018)研究发现，我国有较强的资源寻求偏好，国家资源丰富可抵消制度不健全对我国对外直接投资的阻碍作用。Lavado(2018)认为，外国直接投资的区位选择主要受到东道国技术供应有关因素的吸引。

除了对资源、技术和市场等因素的寻求动机外，东道国的制度环境是影响母国对外直接投资区位选择的重要因素。Cuervo(2006)研究了腐败对外国直接投资的影响。他认为，政府管制腐败可能导致外国直接投资减少，但腐败带来的溢出效应也可能使高水平腐败国家的外国直接投资增加。Dijkstra 等(2011)研究发现，污染企业倾向于在宽松环境管制的国家进行投资。Wisniewski(2014)探讨了政治因素对外国直接投资区位选择的作用，更多的外国直接投资流向了总统制度国家。Godine(2015)以拉丁美洲数据为例，引入腐败距离变量，研究了腐败距离对外国直接投资的影响。Colen 等(2016)指出，在不同的行业中，双边投资协定吸引外国直接投资的能力是有差异的。陈兆源(2016)认为，东道国制度禀赋、双边投资协定是影响我国企业进行直接投资的重要因素。杨娇辉等(2016)运用面板分位数模型考察了东道国制度风险与我国对外直接投资区位分布之间的关系，结果证明我国的“制度风险偏好”很大程度上是由我国对外直接投资更多流向经济发展水平较低、资源丰富的地区造成的。Keeley 和 Ikeda(2017)认为，东道国的政策导向对母国的直接投资区位选择有重要的影响。张瑞良(2018)研究发现，管制性制度距离和规范性制度距离对企业的区位选择有负向影响，传统影响因素对我国企业在“一带一路”沿线国家的选择行为仍然重要。付韶军(2018)认为，东道国的监管治理和法律法规对我国对外直接投资有显著的正向效应。

东道国基础设施的便利程度也是母国对外直接投资的重要影响因素。Mataloni(2011)

研究认为，外国直接投资的区位选择大多与提高生产力的特性有关，如便利的交通基础设施、专业技能等因素。Mukim 和 Nunnenkamp(2012)研究发现，基础设施条件是外国投资者在印度地区进行直接投资的决定性因素。Paul 等(2014)分析了中东欧国家对外直接投资的区位选择，其中基础设施、机构质量、劳动力市场和税收是吸引外国直接投资的重要因素。Du 和 Zhang(2017)认为，基础设施建设情况对我国在“一带一路”沿线国家直接投资产生很大的影响。

由于企业之间存在横向或垂直的联系，使企业对外直接投资存在一定的集聚效应，未进行投资的企业偏好对已有企业选择的区位进行投资。Pelegrin & Bolancé(2008)认为，在制造业中，集聚效应是对外国直接投资区位选择的最强大拉动因素。Boubacar(2016)分析了跨国企业在空间上的相互依赖关系(第三国效应，垂直关系)及外国直接投资的外溢效应。Jones(2017)通过元分析表明集聚经济对对外直接投资区位选择的重要影响，且外国直接投资区位选择受东道国的影响远远大于母国。Belkhodja(2017)采用 Logit 模型分析了我国对外直接投资的影响因素，研究发现知识产权保护、集聚经济、教育投资和地区生产总值对我国对外直接投资的区位选择产生重要影响。De Beule 等(2018)分析了我国制造企业在欧洲进行直接投资的区位选择决策，发现他国企业的投资决策对我国对外直接投资区位选择有持久的影响。Bösenberg 等(2018)指出，跨国企业间的横向联系和垂直联系与跨国企业对外直接投资有显著正向影响。Shen(2018)认为，空间依赖性影响德国企业对外直接投资区位选择。

除上述研究外，国内外学者还从其他角度对外国直接投资区位选择进行了深入研究。在产权方面，Xu(2017)研究了东道国产权制度和承包机构对投资流动的影响，并认为相比承保机构变量，东道国产权制度对外国直接投资的影响更重要。Yoo 和 Reimann(2017)研究发现，发展中国家的企业倾向投资拥有强技术和弱产权保护的发达国家。在边界效应方面，Rasciute 和 Pentecost(2010)基于 Logit 模型研究发现了国家边界环境对中东欧对外直接投资的重要作用。Dimitropoulou 等(2013)通过多项 Logit 模型和条件 Logit 模型研究发现，区域专业化和人力资源是影响外国直接投资区位选择的重要因素。Schäffler(2017)对德国在捷克的直接投资进行研究，发现边界作用是吸引德国对捷克进行直接投资的重要因素。Jones 等(2017)研究了边界成本对外国直接投资区位选择的影响，低边界成本可吸引更多外国直接投资。在地理、经济、心理等距离方面，陈伟光和郭晴(2016)认为，东道国人均 GDP 和地理距离是影响区位选择的重要因素。Palmero(2013)研究发现，在不同心理距离条件下，语言的差异阻碍对外直接投资，教育距离的差异促进对外直接投资。Blanc 等(2014)基于经济距离发现城市间外国直接投资的空间依赖特性。Jáč(2017)认为，地理位置、税率、劳动力成本、投资激励政策等因素是吸引外商直接投资的重要因素。

四、贸易潜力和对外直接投资潜力的研究综述

(一)贸易潜力与对外直接投资潜力概念的界定

潜力是指在外部环境或特定条件许可时，可以通过一定的经验发展成为现实的能力。

经济学对于潜力的研究源于经济的发展和技术的进步，学者们最初是对生产潜力进行研究。生产潜力是指在给定投入和技术的状态下所能获得的最优产出，但由于效率损失因素的存在，导致很难在现实情况下实现最优产出。

对于贸易潜力概念的界定，Armstrong(2007)认为，贸易潜力是在自由贸易条件下，不存在任何贸易障碍时所能达到的最大贸易流量。施炳展和李坤望(2009)认为，贸易潜力是在技术进步和贸易环境日益改善情况下产生的贸易最优值。章启明(2018)认为，贸易潜力是生产潜力在贸易环境中的衍生形式，贸易潜力衡量的是特定要素组合下，贸易水平可能达到的最优结果，技术发展、产业构成、经济规模、消费能力等因素都对一个国家的贸易潜力产生重要影响。刘用明等人(2018)认为，贸易潜力即最优贸易前沿值。基于以上学者对贸易潜力概念的界定，本书认为，我国的出口贸易潜力是指在迥异的贸易、投资环境条件下，我国出口贸易所能形成的最优规模，即我国出口贸易前沿值。

对于对外直接投资潜力概念的界定，马坤(2010)认为，对外直接投资潜力是在雄厚投资基础和正确发展方向的前提下，母国表现出的明显投资发展趋势和巨大投资获利空间。李计广和李彦莉(2015)认为，对外直接投资潜力是由东道国的贸易量、市场规模、经济发展水平以及政策转变所引起的直接投资潜在变化。基于对外直接投资潜力概念的界定，本书认为，我国的对外直接投资潜力是指在差异化的东道国市场环境下，我国对东道国直接投资所能形成的最优规模，即我国对外直接投资前沿水平。

(二)贸易潜力的相关研究

国内外学者围绕贸易潜力进行了大量的研究，对贸易潜力的预测与分析主要分为3部分：一是通过计算特定的贸易潜力指数来进行衡量；二是通过拓展引力模型进行贸易潜力分析；三是通过随机前沿引力模型进行贸易潜力分析。

特定的贸易潜力指数主要有贸易结合度(Trade Intergration，简称TI)、显示性比较优势指数(Revealed Comparative Advantage Index，简称RCA指数)和贸易互补性指数(Trade Complementarity Index，简称TCI)。杨希燕和王笛(2005)基于TI、TCI和RCA指数对中俄贸易进行实证分析，研究发现中俄间贸易互补性极强，且贸易双方贸易潜力巨大。孙会敏和张越杰(2015)基于RCA指数和TCI研究发现我国和新西兰贸易空间很大，贸易潜力未充分开发。龙海雯和施本植(2016)采用测算贸易双方的RCA指数和相对贸易优势指数的方法，计算出我国与中东欧国家的贸易潜力，研究发现，我国对波兰、黑山和马其顿等国的出口贸易具有较大的潜力。通过指数法对贸易潜力进行分析只能了解双方贸易的相互关系和潜力相对规模大小，无法准确得知潜力的具体数值，也很难分析出哪些因素对贸易潜力产生了影响。

引力模型一直是研究贸易问题的重要模型，学者们通过拓展的引力模型分析贸易影响因素并对贸易量进行预测，然后将实际值与预测值之比看作贸易潜力指数，进而来分析贸易潜力。在此基础上，许多学者对贸易潜力指数的范围进行了细致的划分。刘青峰和姜书竹(2002)认为，贸易潜力可以分为3类：当实际值与预测值之比大于1.2，称为“潜力再造型”；介于0.8~1.2，称为“潜力开拓性”；小于0.8，属于“潜力巨大型”。除此之外，盛斌(2004)将贸易潜力指标划分为“贸易过度”“潜力开拓”“贸易不足”三类。学者们运用拓展的贸易引力模型对贸易潜力进行了研究，Nilsson(2000)运用引力模型研究了中东欧国家与欧盟的贸易潜力，并进行对比分析。孔庆峰(2015)利用拓展的贸易引力模型，基于贸易便利化视角对贸易潜力进行了分析。刘倩等人(2018)通过贸易引力模型预测了我国新疆与亚欧经济联盟之间的出口贸易额，并参考刘青峰和姜书竹的分类方式对贸易潜力指数进行了分析。汤春玲和邵敬岚(2018)基于拓展的引力模型对我国出口贸易影响因素进行分析后对我国出口贸易值进行预测，并计算出我国的出口贸易潜力指数。综上所述，通过拓展引力模型无法分析实际值与预测值的差异产生的原因。

为了准确地预测贸易潜力的规模，了解影响贸易潜力与实际值之间差异的因素，学者们将随机前沿模型(Stochastic Frontier Approach，简称 SFA)与引力模型相结合。在随机前沿贸易引力模型中，贸易的实际值是由贸易前沿值和贸易效率损失项(非效率项)共同决定的，通过贸易效率损失可以计算出贸易效率，再预测出贸易潜力。陈琳等人(2018)利用 SFA 测算出我国在 1980—2015 年对世界 153 个国家的贸易效率及潜力。张艳艳和于津平(2018)利用随机前沿贸易引力模型分析了影响出口贸易非效率的因素，并计算出我国对“一带一路”沿线 64 个国家的出口效率。曹安等人(2018)采用 SFA 贸易引力模型，研究发现清关程序的效率、基础设施质量、经济自由度、政治稳定性以及是否签订自由贸易协定对我国出口贸易非效率及潜力有显著的影响。叶祥松和李苏苏(2018)通过 SFA 贸易引力模型定量计算了我国进出口贸易效率，研究发现我国具有较大的出口潜力，其中，影响我国对外贸易效率损失的因素主要包括关税水平、自由贸易协定、通关程序负担、金融发展水平、政府效能和基础设施质量等。李村璞等人(2018)运用时变 SFA 引力模型研究发现了航空运输货运量、货币自由度、财务自由度等变量对我国出口贸易效率损失具有显著的影响，进而预测了我国对东南亚国家的出口贸易潜力，且对东南亚国家的出口贸易潜力具有很大的拓展空间。周曙东和郑建(2018)利用 SFA 研究发现我国与 RCEP① 伙伴国的贸易效率较低，潜力较大，且进口清关时间、班轮运输、货币与金融自由度、政府支出与效率和自由贸易协定等变量对贸易效率损失有不同程度的影响。陈继勇和李知睿(2019)利用随机前沿引力模型和一步法模型对“中巴经济走廊”周边国家的贸易潜力及影响因素进行了研究，研究结果表明，贸易非效率是影响出口贸易潜力实现的最主要原因，政治风险增加了出口贸易非效率，经济自由度等因素减少了出口贸易非效率。

(三)对外直接投资潜力的相关研究

参考贸易潜力研究的方式，学者们大多采用随机前沿引力模型研究对外直接投资潜力的相关问题。在 SFA 投资引力模型中，对外直接投资的实际值是由对外直接投资前沿值

① 区域全面经济伙伴关系(Regional Comprehensive Economic Partnership，简称 RCEP)，即由东盟十国发起，邀请中国、日本、韩国、澳大利亚、新西兰、印度共同参加(“10+6”)，通过削减关税及非关税壁垒，建立 16 国统一市场的自由贸易协定。它是由东盟国家首次提出，并以东盟为主导的区域经济一体化合作，是成员国间相互开放市场、实施区域经济一体化的组织形式。

和对外直接投资效率损失项(非效率项)共同决定的，通过对外直接投资效率损失可以预测对外直接投资效率及潜力，其中效率损失与效率是负相关关系。部分学者只对投资效率损失影响因素进行了分析，并没有对潜力进行预测。Stack 等人(2015)指出，外国直接投资是由水平和垂直动机共同决定的，东道国的贸易、投资自由化进程和基础设施发展显著影响外国直接投资的效率损失。崔娜(2017)利用随机前沿模型，考察了东道国制度对投资效率损失的影响，研究发现，我国对部分国家的投资效率较低，效率提升的空间较大。胡浩等人(2017)利用 SFA 分析了我国对外直接投资效率损失的影响因素，东道国内部冲突、贸易自由度、投资自由度与我国投资效率损失有显著影响。季凯文和周吉(2018)研究发现，东道国经济自由度、政治稳定与政府效率、法律和腐败监管程度、劳动力丰裕程度与直接投资效率正相关，通讯基础设施条件则表现为负相关。

对直接投资效率损失影响因素进行分析后可预测直接投资效率及潜力的大小。李计广和李彦莉(2015)运用 SFA 前沿模型研究发现，我国对欧盟平均直接投资效率仅为 0.44，直接投资潜力仍有待开发，且公民话语权、政府问责制、政治稳定性、政府效率与直接投资效率呈正效应，与预期相反的是，监管质量、法律规则、腐败的控制度与直接投资效率显示出负效应。Fan(2016)研究认为，东道国的贸易壁垒是影响我国直接投资效率的重要因素，且我国对“一带一路”沿线国家的直接投资具有较大的潜力。李计广等人(2016)研究发现，我国对“一带一路”沿线国家的直接投资效率均较低，说明我国对“一带一路”沿线国家的直接投资仍具有巨大的潜力。程中海和南楠(2017)运用 SFA 引力模型预测了我国对“一带一路”沿线国家的直接投资效率及潜力，并认为自由贸易协定、双边投资协定、贸易依存度、对腐败的控制程度、政府效率、监管质量均是影响我国直接投资潜力的重要因素。宋林等(2017)在“一带一路”倡议背景下，采用异质性随机前沿引力模型对我国对外直接投资的效率进行了测度。程中海和南楠(2018)利用 SFA 分析了我国对外直接投资的效率及潜力，阐释了东道国制度环境因素对我国对外直接投资效率的影响。

五、文献评述

本章回顾了贸易投资便利化的相关研究，梳理了出口贸易影响因素、对外直接投资区位选择以及贸易潜力和对外直接投资潜力的相关研究文献。已有文献对本书基于贸易投资便利化视角研究出口贸易和对外直接投资潜力提供了宝贵的理论基础和实证经验，但仍然可以从以下几个方面进行深入细化的研究。

第一，贸易投资便利化是国际经济合作不断发展进程中十分重要的问题。近年来，国内外学者及国际组织围绕贸易便利化和投资便利化展开了大量研究，且主要集中于研究贸易便利化指标体系和投资便利化指标体系的构建，以及贸易便利化对贸易的影响和投资便利化对投资的影响。已有学者在对贸易投资便利化指标体系进行研究时主要偏向于选取贸易便利化的相关指标，忽略了投资便利化指标的特殊性；又或者是直接对贸易便利化和投资便利化指标进行简单的加总。在对贸易投资便利化指标体系进行构建时，需要在借鉴国际组织及国内外研究人员提出的贸易便利化和投资便利化指标体系框架基础上，充分且综合地考虑贸易便利化与投资便利化的共性以及二者的独特性。为全面、客观地反映一国的贸易投资便利化水平，亟需对贸易投资便利化指标体系进行重塑。

第二，对贸易潜力的研究主要分为3个途径：一是通过贸易潜力指数进行分析，但此方法无法准确地了解贸易潜力规模；二是通过拓展贸易引力模型直接对贸易规模进行预测，将实际值与预测值之比作为贸易潜力评价指标，但通过拓展贸易引力模型无法解释实际值与预测值之间差额产生的原因；三是通过随机前沿模型和贸易引力模型相结合的方法对贸易效率损失进行研究后，再对贸易效率及潜力进行预测分析，随机前沿贸易引力模型的方法对贸易潜力的研究更加具体和深入。继续进行文献梳理分析发现，影响母国出口贸易效率损失的因素应是短期内可发生变化的东道国贸易环境变量，但已有文献对贸易效率损失影响因素的研究大多集中于东道国的要素禀赋、自由贸易协定、东道国制度水平、经济规模、基础设施质量等指标。这些指标并不能综合表征贸易东道国在短期内可发生变化的贸易环境，而贸易投资便利化变量能够规避这一问题。此外，国内外学者还从出口国环境、进口国环境和国际市场环境三方面对出口贸易影响因素进行了归纳总结，发现贸易投资便利化的部分构成指标对出口贸易有一定影响。因此，本书选择通过研究贸易投资便利化对我国出口贸易效率损失的影响，进而对出口贸易潜力进行预测分析。

第三，对外直接投资的研究集中于对外直接投资的区位选择，并主要从两个方面进行分析：一是基于邓宁国际折衷理论提出的自然资源、市场、技术和战略资产寻求动机；二是基于东道国制度环境、基础设施质量、公司集聚效应等其他因素。由此可知，贸易投资便利化的部分构成指标影响对外直接投资的区位选择。对外直接投资潜力的相关研究主要采用随机前沿投资引力模型的方法，且所选变量不能综合反映东道国在短期内可发生变化的投资环境，而贸易投资便利化指标可以达到这一效果。本书将主要研究东道国贸易投资便利化对直接投资效率损失的影响，进而分析我国对外直接投资效率及潜力。

第四，现有文献主要是对总样本贸易潜力和直接投资潜力进行预测分析，很少有学者对发达国家和发展中国家、“一带一路”沿线国家和非“一带一路”沿线国家样本进行分类对比分析。发达国家和发展中国家在政治、经济、文化及贸易投资便利化等方面的差异性导致我国的出口贸易和对外直接投资潜力有很大的区别，与此同时，在我国“一带一路”倡议的推进实施过程中，我国的出口贸易和对外直接投资潜力也有很强的方向性，因此需要对这些样本进行对比分析。

第二章　中国出口贸易及对外直接投资现状分析

在我国改革开放的伟大历史进程中，对外贸易始终扮演着重要的角色，我国的出口贸易总量不断增长，结构不断优化，创造了我国经济发展的奇迹。相较于对外贸易，我国的对外直接投资起步较晚，但在改革开放的背景下，我国的对外直接投资也取得了快速的发展。2008年，金融危机的爆发使全球经济遭遇重创，我国的出口贸易和对外直接投资也受到了严重的影响。现阶段，全球经济温和增长，国际市场需求总体回暖，我国经济处于稳中有进的增长状态。伴随“走出去”战略和“一带一路”倡议的提出，我国进一步加大了对外开放的步伐，出口贸易和对外直接投资取得了显著的成绩。“走出去”战略和“一带一路”倡议为我国经济发展做出了巨大的贡献，为世界经济的复苏也做出了重要贡献。

第一节　中国出口贸易现状分析

社会主义建设取得的伟大成绩和我国出口贸易的发展有着密不可分的联系，在社会主义中国近70年的对外贸易发展历程中，我国的出口贸易发生了巨大的变化。出口贸易是国民经济的重要组成部分和推动力量，对促进经济增长、增加税收、创造就业和推动产业升级都有着至关重要的作用。一直以来，党中央、国务院都十分重视我国的出口贸易工作，希望通过营造良好营商环境、提升企业竞争能力等行动实现我国从贸易大国向贸易强国转变。现阶段，我国的出口贸易面临着新的发展机遇，同时也存在困难和挑战，国际市场需求总体持续增长，但贸易保护主义加剧。随着供给侧结构性改革的不断深化，我国的出口贸易内生动力持续增强，东道国的贸易自由性与便利性将为我国出口贸易提供良好的环境。

一、中国出口贸易的发展概况

1949年中华人民共和国的成立是我国对外贸易的重要里程碑，标志着我国对外贸易的新开端。随后，我国对外贸易主要经历了4个时期：一是国民经济恢复期(1949—1952年)；二是“第一个五年计划”时期(1953—1957年)；三是“第二个五年计划”和国民经济调整期(1958—1965年)；四是“十年动乱”和拨乱反正期(1966—1978年)。总体而言，改革开放前期，我国的出口贸易规模较小，实行高度集中的行政管理计划体制，国家垄断出口贸易的管理。改革开放后，我国的出口贸易进入快速增长的新时期，本书将改革开放至今的我国出口贸易经历分为3个阶段进行分析：一是改革开放后的新时期(1978—2001

年)；二是加入世界贸易组织后的快速发展时期(2002—2008 年)；三是经济危机后的新时期(2009 年至今)，并分别对 3 个时期我国及世界的出口贸易现状进行分析。

(一)改革开放后的新时期(1978—2001 年)

我国出口贸易在改革开放后呈现高速增长的态势，出口贸易规模从 1978 年 68.13 亿美元增长至 2001 年的 2721.60 亿美元，增长了近 40 倍。国内生产总值从 1978 年的 1495.41 亿美元增长至 2001 年的 13393.96 亿美元，增长了 8.96 倍，出口贸易对推动整个经济的快速发展起着日益重要的作用。在改革开放的大背景下，我国积极参与贸易全球化，使得我国开始在国际贸易的舞台崭露头角。由图 2-1 可知，我国的出口贸易额逐年增加，尽管出口贸易额增长率呈现出不稳定的波动状态，但 1979—2001 年(除 1996 年)我国的出口贸易额增长率始终高于世界整体的出口贸易额增长率。1978—2001 年，我国的出口贸易额年均增长率为 17.39%。1979 年，我国的出口贸易额增长率达到 24 年来的最大值 40.10%，随后在 1984 年、1987 年、1990 年、1992 年、1994 年、1997 年和 2000 年分别达到峰值，且出口贸易额增长率的波动情况与世界出口贸易额增长率的波动状态基本相同，说明我国的出口贸易规模符合经济全球化的发展进程，且我国出口贸易规模容易受到全球贸易及经济的影响。

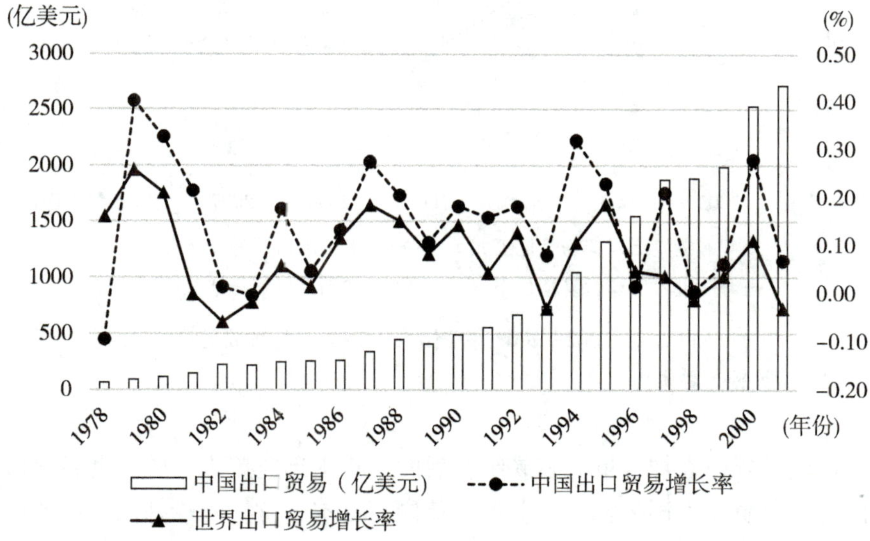

图 2-1　1978—2001 年中国及世界出口贸易额走势

资料来源：世界银行数据库。

(二)加入世界贸易组织后的快速发展期(2002—2008 年)

2001 年 12 月，我国正式加入世界贸易组织，出口贸易的发展焕发出勃勃生机，出口贸易的产业结构更加优化，出口贸易产业结构从资源密集型产品出口逐渐向工业制成品产品出口转化，但是其中劳动密集型的粗加工工业制成品出口占比较大，资本或技术密集型工业制成品出口所占比重较小。2002—2008 年是我国出口贸易发展速率最快的时期，出口贸易额年均增长率达到 27.98%，且由图 2-2 可知，我国出口贸易额增长率的走势与世界出口贸易额增长率的走势基本相同，我国的出口贸易额增长率在 2002—2018 年一直高于世界出口贸易额增长率，说明我国的出口贸易在世界出口贸易中所占的比重越来越大。2002 年，我国的出口贸易额为 3330.02 亿美元，增长率为 22.40%；2004 年，我国的出口贸易额增长率达到 2002—2008 年的最大值，为 35.58%，出口贸易额为 6073.57 亿美元。2002—2004 年，我国的出口贸易急速增长，2004 年以后，我国的出口贸易额增长速率逐渐放缓。2007 年，我国的出口贸易额首次突破 1 万亿美元关卡，出口贸易额为 12570.53 亿美元，增长率为 26.75%。

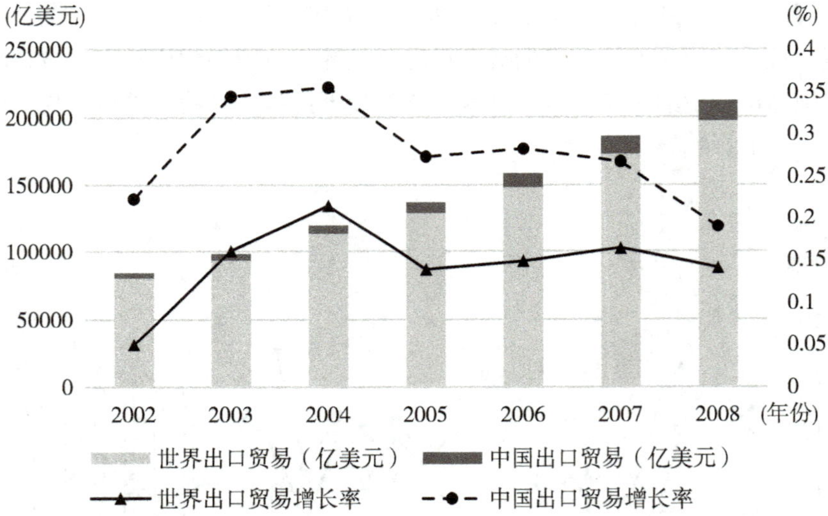

图 2-2　2002—2008 年中国及世界出口贸易额走势

资料来源：世界银行数据库。

我国出口贸易规模在加入世界贸易组织后的 7 年内迅速扩张，成为世界出口贸易大国之一。与同为出口贸易大国的德国、美国、英国、日本、意大利、韩国、俄罗斯和法国等国家一样，为世界出口贸易做出了巨大的贡献。由图 2-3 可知，美国作为超级强国，其出口贸易额在 2002—2008 年一直处于世界第一的位置，德国、英国、日本、意大利、韩国、法国等国家的出口贸易在 2002—2008 年处于相对稳定的状态，出口贸易规模整体上变动较小。与其他贸易大国相比，我国出口贸易额占世界出口贸易额的比例在 2002—2008 年呈现出逐渐增加的态势。

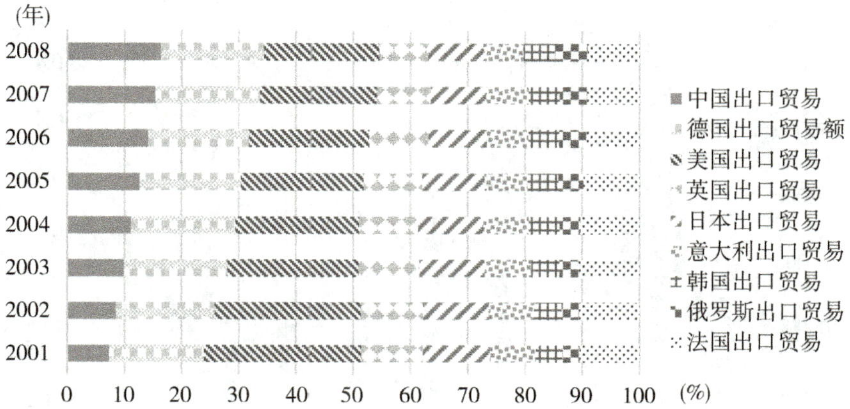

图 2-3　2002—2008 年贸易大国的出口贸易额分布占比

资料来源：世界银行数据库。

(三)经济危机后的波动期(2009 年至今)

2008 年，由美国次贷危机引发的全球性经济危机导致世界经济出现萎缩，我国的出口贸易也受到了极大的影响，从 2002—2008 年的“加速性增长”阶段步入“波动性增长”阶段。我国的出口贸易额从 1978 年的 68.13 亿美元增长至 2017 年的 24178.49 亿美元，增长了近 355 倍，年均增速达到 16.25%。2009—2017 年，世界出口贸易额年均增速为 4.72%，我国出口贸易额年均增速为 8.60%，在经济危机后的波动期，我国的出口贸易增长率高于世界的出口贸易增长率。由图 2-4 可知，2009 年，世界出口贸易额和我国出口贸易额均急速下跌，世界出口贸易额为 158902.26 亿美元，同比下降 19.45%；我国出口贸易总额为 12497.24 亿美元，同比下降 16.42%。2010 年，世界出口贸易情况得到改善，世界出口贸易额上升至 189373.05 亿美元，同比增长 19.16%；我国出口贸易额上升至 16024.75，同比增长 28.23%，整体出口贸易情况得到了改善。2010 年以来，我国的出口贸易额增长率出现了波动性下降趋势，2015—2016 年我国出口贸易额增长率为负值，与世界出口贸易额增长率整体走势相悖，我国的出口贸易规模开始缩减。2017 年，全球经济温和增长，国际市场需求回暖，我国经济延续稳中向好态势发展。从 2009 年至今的出口贸易额整体情况来看，我国的出口贸易额增长率与世界的出口贸易额增长率走势相符，说明我国的出口贸易情况极易受到世界经济发展及各国经济状况的影响。

从国际贸易大国的出口贸易额比较来看，2009 年以来，我国逐渐成为仅次于美国和德国的出口贸易大国，我国的出口贸易情况好于全球主要的经济体和新兴市场国家。我国出口贸易持续快速发展，结构不断优化，到了 2013 年，我国已跃居世界出口贸易第一大国，出口贸易额高达 23542.49 亿美元，我国与美国的出口贸易额差距较小，整体上并不

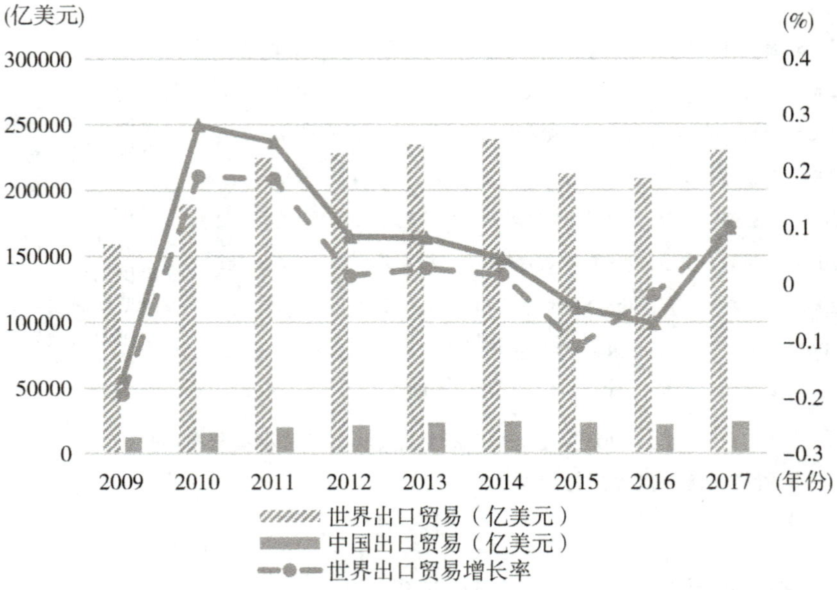

图 2-4　2009—2017 年中国及世界出口贸易额走势

资料来源：世界银行数据库。

存在较大的差别。除此之外，英国、日本、意大利、韩国、俄罗斯、法国等贸易大国的出口贸易水平相对比较稳定，截至 2016 年，我国的出口贸易额是英国出口贸易总额的 3 倍左右，是俄罗斯出口贸易额的 7 倍左右，由此可见，我国的出口贸易在国际贸易市场上占有十分重要的地位。表 2-1 展示了 2008—2016 年主要贸易大国的出口贸易额和排名情况。

表 2-1　**2009—2016 年主要贸易大国的出口贸易额及排名(单位：亿美元)**

国家	2009 年	排名	2010 年	排名	2011 年	排名	2012 年	排名
中国	12497.24	3	16024.75	2	20062.97	2	21750.81	2
美国	15877.42	1	18523.35	1	21063.71	1	21981.82	1
德国	12920.81	2	14437.35	3	16841.32	3	16296.14	3
英国	6226.03	6	6887.55	6	7992.78	6	7914.97	5
日本	6550.17	5	8571.10	4	9190.01	4	9022.42	4
意大利	4911.50	7	5352.64	8	6147.43	8	5925.45	9
韩国	4288.68	8	5408.96	7	6703.43	7	6889.33	7
俄罗斯	3415.84	9	4455.13	9	5739.92	9	5941.93	8
法国	6681.31	4	7079.10	5	8132.50	5	7837.58	6

续表

国家	2013 年	排名	2014 年	排名	2015 年	排名	2016 年	排名
中国	23542. 49	1	24628. 39	1	23620. 93	1	21999. 68	2
美国	22766. 08	2	23736. 48	2	22649. 16	2	22145. 66	1
德国	17035. 62	3	17781. 75	3	15823. 12	3	16039. 33	3
英国	8127. 95	6	8538. 75	4	7901. 07	4	7490. 04	5
日本	8205. 53	5	8507. 77	5	7730. 29	5	7977. 81	4
意大利	6149. 15	8	6305. 98	8	5485. 04	8	5541. 25	8
韩国	7033. 96	7	7095. 56	7	6268. 99	7	5982. 39	7
俄罗斯	5924. 97	9	5582. 83	9	3914. 51	9	3301. 62	9
法国	8254. 66	4	8461. 43	6	7459. 12	6	7433. 73	6

资料来源：世界银行数据库。

二、中国出口贸易的区域分布

我国的出口贸易区域分布反映出我国与其他国家之间经济贸易的联系程度，从出口贸易市场结构来看，我国的贸易伙伴已经由改革开放初期的十几个国家和地区发展到目前的231个国家和地区，亚洲地区的东盟国家、金砖四国、日本，欧洲的英国、德国以及北美的美国均是我国的主要贸易伙伴，世界贸易市场多元化格局逐渐形成。2006—2016年，我国对亚洲地区的货物出口贸易量占我国出口贸易总量的近50%，且2006—2014年我国对亚洲货物出口贸易额逐年增加，2014年以后我国对亚洲货物出口贸易开始有所减少，货物出口贸易额从2006年的4557. 27亿美元上升至2016年的10411. 17亿美元，年均增速8. 61%。我国对亚洲的货物出口贸易额始终位于对六大洲之首。我国对北美洲和欧洲地区的货物出口贸易量分别占我国出口贸易总量的20%左右，其中，对北美洲的货物出口贸易额从2006年的2191. 14亿美元上升至2016年的4128. 49亿美元，年均增速6. 54%；对欧洲的货物出口贸易额从2006年的2153. 70亿美元上升至2016年的3899. 17亿美元，年均增速6. 12%。2006—2014年，我国对欧洲的货物出口贸易额大于对北美洲，2014年以后，随着货物出口贸易结构的优化和贸易市场的转变，我国对北美洲的货物出口贸易额逐渐高于我国对欧洲的货物出口贸易额。2006—2016年，我国对拉丁美洲的货物出口贸易额从2006年的360. 28亿美元增长至2016年的1139. 36亿美元，年均增速为12. 20%；我国对非洲的货物出口贸易额从2006年的266. 88亿美元增长至2016年的922. 72亿美元，年均增速为13. 21%；我国对太平洋及太平洋群岛的货物出口贸易额从2006年的160. 09亿美元增长至2016年的475. 49亿美元，年均增速为11. 50%。尽管我国对拉丁美洲、非洲、大洋洲及太平洋群岛地区的货物出口贸易额增速均大于对亚洲、北美洲和欧洲，但我国对拉丁美洲、非洲、大洋洲及太平洋群岛地区的货物出口贸易额只占我国货物出口贸易总额的10%左右，说明我国对拉丁美洲、非洲、大洋洲及太平洋群岛地区的出口贸易潜力仍有待开发，需要根据东道国的需求进行精准货物出口贸易，扩大我国对拉丁美洲、非洲、大洋洲及太平洋群岛地区的货物出口贸易规模。由图2-5可知，2006—2016年，我国的出口贸易区域分布是动态变化的，但整体变化较小，且在各大洲之间货物出口贸易比例分配不均。

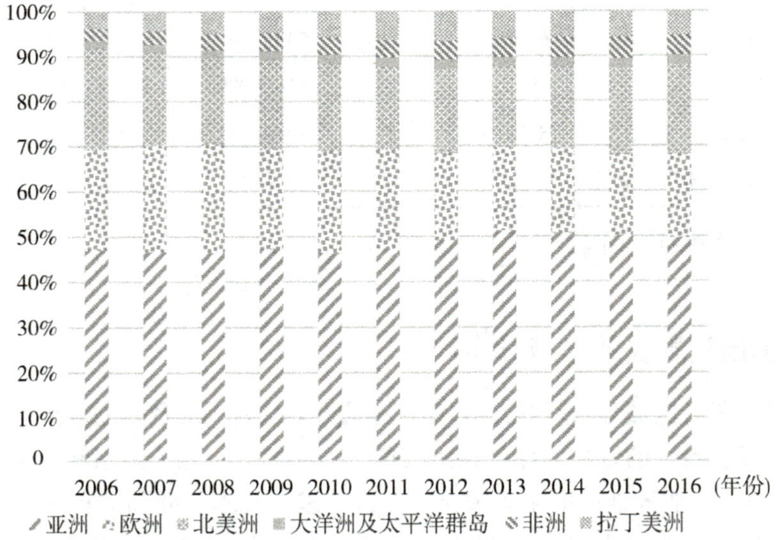

图2-5　2006—2016年中国对各大洲的货物出口贸易区域分布占比

资料来源：中国国家统计局。

进入21世纪以来，我国对新兴市场和发展中国家的出口贸易持续较快发展。受2008年经济危机的影响，我国对发展中国家出口贸易额从2008年的2706.88亿美元降至2009年的2391.14亿美元，同比下降11.66%。但随着整体经济的复苏，我国对发展中国家的出口贸易额又出现了持续增长的态势，2015年后又有了下跌的趋势。从近10年的数据来看，我国对发展中国家的出口贸易额从2007年的2031.86亿美元增长至2016年的5309.14亿美元，年均增速11.26%。近几年，我国对发达国家和地区的出口贸易呈低速增长状态，这是由于发达国家和地区的经济复苏缓慢导致进口需求疲软造成的。由图2-6可知，我国对发达国家和地区的出口贸易增长率低于发展中国家的增长率，但我国对发达国家和地区的出口贸易额远远大于发展中国家。2007年，我国对发达国家和地区的出口贸易额为10145.71亿美元，是对发展中国家出口贸易额的近5倍；2016年，我国对发达国家和地区的出口贸易额为15666.66亿美元，是对发展中国家出口贸易额的近3倍。我国对发达国家和地区及发展中国家的出口贸易差距正逐渐缩小，但对发展中国家的出口贸易水平仍有待提升。

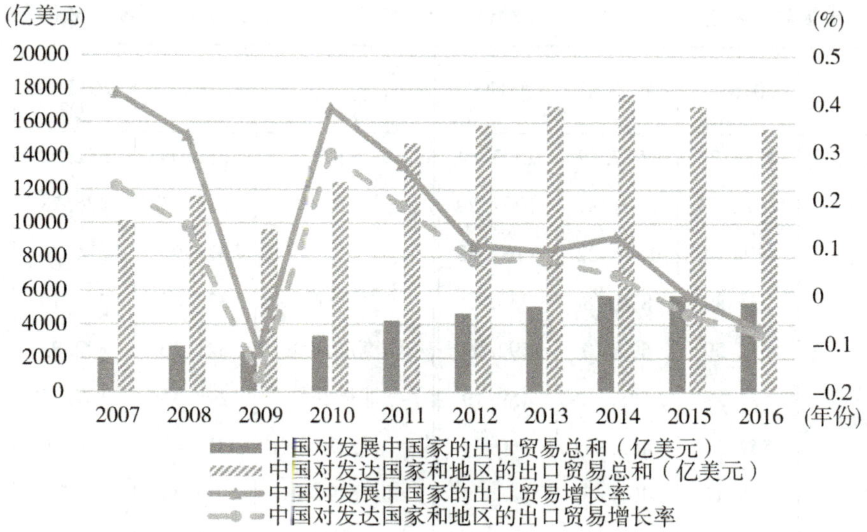

图 2-6 2006—2016 年中国对发达国家和地区及发展中国家①的出口贸易对比

资料来源：根据中国国家统计局公开数据整理所得。

寻找优质的贸易伙伴能为我国出口贸易创造有利条件。我国对主要贸易伙伴国或地区的出口贸易额，见表 2-2。在发达国家和地区中，美国、我国香港和日本排前三名；在发展中国家中，越南、印度、泰国排前三名。美国一直以来是我国最大的出口贸易国，然而 2008—2016 年我国对美国的出口贸易额年均增长率仅为 4.81%；对日本、韩国、德国等国出口贸易额的年均增长率也较低，分别为 1.21%、2.67%、1.09%。越南作为我国在发展中国家中最大的出口贸易国，对其出口贸易额的年均增长率为 16.78%；我国对泰国、墨西哥、菲律宾等国出口贸易额的年均增长率分别为 10.34%、9.88%、14.06%。我国对发展中国家的出口贸易额增长率明显高于对发达国家和地区。2016 年，我国对贸易出口额排名前 10② 的发达国家和地区的出口贸易额占我国对世界出口贸易额的 51.83%，我国对贸易出口额排名前 10 的发展中国家的出口贸易额仅占我国对世界出口贸易额的 7.12%。我国对亚洲国家的出口贸易额占我国对世界出口贸易额的 47.32%。尽管我国对发展中国家的出口贸易额仍低于对发达国家和地区，但随着发展中国家对贸易的需求量明显增加，我国的出口贸易正逐渐转向发展中国家。

① 图 2-6 中发达国家和地区的数据是由 60 个发达国家和地区的出口贸易总额构成的，发展中国家的数据是由 168 个发展中国家的出口贸易总额构成的。2016 年，联合国公布的人类发展指数（Human Development Index，简称 HDI）成为国际货币基金组织或美国中央情报局定义发达国家的基准，并认为 HDI 超过 0.800 即该国具有非常高的人类发展水平。因此，按照 2016 年联合国对国家以人类发展水平位为分组标准，将 HDI 得分高于或等于 0.800 的国家定义为发达国家，低于 0.800 的国家定义为发展中国家。

② 以 2016 年的出口贸易额为基准对我国出口贸易排名前 10 的发达国家和地区及发展中国家进行选取，并分别进行分析。

表 2-2　中国对排名前 10 的发达国家和地区以及发展中国家和地区的出口贸易总额(万美元)

发达国家(地区)	2016 年	2012 年	2008 年	发展中国家(地区)	2016 年	2012 年	2008 年
美国	3852.71	3517.77	2523.84	越南	611.04	342.08	151.22
中国香港	2872.53	3234.31	1907.29	印度	584.15	476.78	315.85
日本	1294.10	1516.22	1161.32	泰国	371.95	311.96	156.36
韩国	937.29	876.78	739.32	墨西哥	323.67	275.15	138.66
德国	652.59	692.10	592.09	印度尼西亚	321.26	342.83	171.93
荷兰	574.59	588.97	459.19	菲律宾	298.43	167.31	91.32
英国	557.21	462.97	360.73	巴西	219.79	334.20	188.07
新加坡	445.12	407.42	323.06	巴基斯坦	172.34	92.75	60.51
中国台湾	402.41	367.77	258.77	土耳其	166.90	155.85	106.06
马来西亚	376.72	365.25	214.55	伊朗	164.17	115.97	81.63
世界	21999.68	21750.81	14953.17	世界	21999.68	21750.81	14953.17

数据来源：中国国家统计局。

三、中国出口贸易的商品结构变化

我国出口贸易是商品贸易出口和服务贸易出口的总和。其中，我国商品贸易出口在 20 世纪 80 年代实现了由初级产品为主向工业化制成品为主的转变；20 世纪 90 年代实现了由轻纺产品为主向机电产品为主的转变；进入 21 世纪以来，以信息技术为代表的高新技术产品的出口占比不断提升。与此同时，我国的服务贸易出口从 20 世纪 80 年代开始取得了一定的发展，但是整体发展进程缓慢。我们选取国际上公认的《联合国国际贸易标准分类》(Standard International Trade Classification，简称 SITC)为标准，将商品贸易出口分为 10 大类，分别是食品及主要供食用的活动物类，饮料及烟类，非食用原料类，矿物燃料、润滑油及有关原料类，动、植物油脂及蜡类，化学品及有关产品类，轻纺产品、橡胶制品、矿冶产品及其制品类，机械及运输设备类，杂项制品类以及未分类的其他商品。按照 SITC，食品及主要供食用的活动物类，饮料及烟类，非食用原料类，矿物燃料、润滑油及有关原料类，动、植物油脂及蜡类初级产品属于资源密集型产品；轻纺产品、橡胶制品、矿冶产品及其制品类和杂项制品类工业制成品属于劳动密集型产品；化学品及有关产品类和机械及运输设备类工业制成品属于资本或技术密集型产品。由图 2-7 可知，我国资本或技术密集型产品出口额从 1980 年的 19.63 亿美元增长至 2015 年的 11886.98 亿美元，增长了近 606 倍；劳动密集型产品的出口额从 1980 年的 68.35 亿美元增长至 2015 年的 9784.62 亿美元，增长了近 143 倍，无论是资本或技术密集型产品出口还是劳动密集型产品出口，其规模均持续高速增加。2000年是我国工业制成品出口结构的转折点。2000年以前，我国劳动密集型产品出口额高于资本或技术密集型产品出口额；2000年以后，资本或技术密集型产品出口额高于劳动密集型产品出口额。我国资源密集型产品出口从20世纪80年代的主导地位逐渐衰退，资源密集型产品出口和服务贸易出口均呈现出缓慢上升的态势，资源密集型产品出口额的年均增长率为6.97%，服务贸易出口的年均增长率为13.22%。

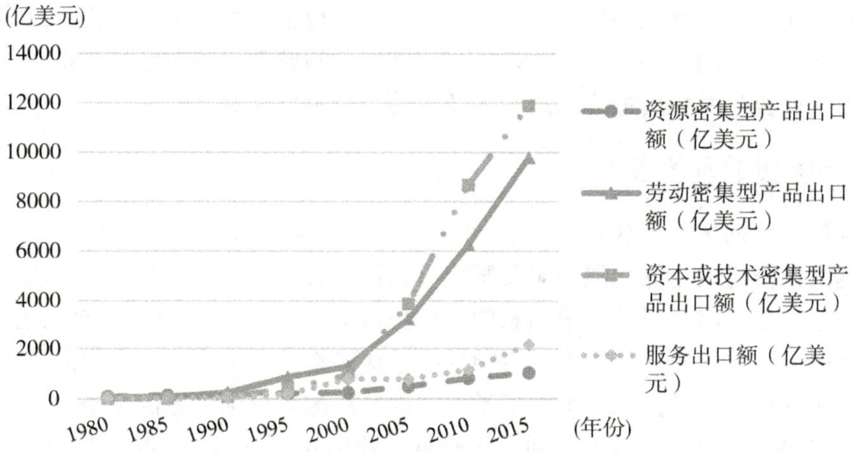

图2-7 中国货物出口贸易产品结构走势

资料来源：中国国家统计局。

我国近10年的商品出口贸易主要以工业制成品出口为主，从工业制成品的出口结构来看，以机械及运输设备产品出口为主导，占工业制成品出口额的50%左右。2007—2016年，我国机械及运输设备产品出口额先上升至2014年的最大值10705.04亿美元，后又呈现出下降的趋势；轻纺产品、橡胶制品、矿冶产品及其制品出口占工业制成品出口的比例由2007年的19.05%下降至2016年的17.68%，平均出口额为3071.99亿美元；化学品及有关产品占工业制成品出口的比例由2007年的5.23%上升至2016年的6.14%，平均出口额为1023.28亿美元，整体变动较小。

四、中国出口贸易存在的问题

20世纪90年代以来，我国已成为世界上的贸易顺差大国。2017年，我国贸易顺差高达4225亿美元。在世界经济持续复苏的背景下，我国出口贸易总体形势向好。然而，频繁的贸易往来也为出口贸易带来了风险和冲击，这主要是由国内外环境共同决定的。

（一）贸易摩擦加剧

贸易摩擦问题在我国出口贸易过程中逐渐凸显。在加入世界贸易组织后的十多年里，我国是世界上遭受反倾销调查数量最多的国家。我国产品所遭受的反补贴、技术性贸易壁垒、绿色贸易壁垒等不平等的标准成为制约我国商品出口贸易的主要因素，我国服务贸易遭受的不平等的劳工和社会标准待遇给我国的服务出口贸易带来了巨大的影响。贸易保护主义的增加严重制约着我国的出口贸易，尽管当前国际经济缓慢复苏，但部分国家的贸易保护主义势头变强，为我国乃至世界贸易带来了不确定性。其中，美国的单边保护主义行为无视世界贸易组织的规定，过分强调美国利益，威胁着全球的经济贸易。2018 年 3 月，美国以进口的钢铁和铝产品威胁美国安全为由，分别对钢铁和铝产品加收 25%和 10%的关税，然而却排除了加拿大和墨西哥等国，税收政策也主要面向钢铁和铝产品出口大国的我国。除此之外，美国又多次调整关税为我国制造贸易摩擦，美国加征进口关税的行为害人损己，单方面提高关税后最终的承受人还是美国的消费者和企业。

(二)国际贸易环境复杂

经济全球化下的贸易开放在一定程度上削弱了我国对国家生产要素控制和保护的能力，且发达国家推行的全球化战略对我国出口贸易的有效进行产生了深层次影响。发达国家所推行的全球化战略是对发展中国家的资源掠夺和资本扩张。为巩固自己的垄断地位，在贸易分工中，发达国家凭借国内的科学与技术优势将发展中国家置于国际分工梯度的中下层，而处于高层次的发达国家削弱了类似我国这样的发展中国家的竞争力，使我国的出口贸易严重依赖发达国家，整体盈利水平较低。我国希望通过“一带一路”倡议拉动出口贸易的政策又受到了发达国家的质疑，发达国家将我国的“双赢”倡议视作影响其经济发展的“挑战”，发达国家的一系列贸易制裁行为严重制约了我国的出口贸易。美国、加拿大、英国等发达国家的加息行为为金融市场的运行带来了新的风险，整体金融市场的不稳定容易引发资本市场、商品市场的剧烈波动。2017 年底，全球债务①攀升至 237 万亿美元。在全球利率走高的背景下，一些经济体的还债压力突出，导致国内需求走势低迷，从而间接影响了我国的出口贸易。一个国家的贸易投资便利化水平会直接制约我国出口贸易的额度和数量，我国应根据各国的便利化水平进行出口贸易。

(三)贸易结构不均衡

贸易结构风险包括贸易产品结构风险和贸易市场结构风险。从贸易产品结构风险来看，我国的商品出口贸易规模远远高于服务出口贸易规模，我国的商品出口贸易经历了从资源密集型产品出口为主导向劳动密集型产品出口为主导再向资本或技术型产品出口为主导的三阶段转变。目前，我国的机械及运输设备出口占我国商品出口贸易总额的 50%左右，过于单一的贸易结构在降低我国在国际市场上的贸易竞争力的同时还会抑制国内产业结构的升级。从贸易市场结构来看，我国的贸易伙伴过于集中。首先，我国的出口贸易主要集中于亚洲地区；其次，我国对发达国家的出口贸易额远远高于对发展中国家，我国对

① 此处的全球债务包括四部分：政府债务、金融机构债务、非金融机构债务、家庭债务。

出口贸易额排名前 10 的发达国家的出口贸易额占我国出口总额的一半左右。由此可知，我国的出口贸易市场结构已经比较失衡，贸易市场结构应该由主要依赖发达国家的一元结构向发达国家和发展中国家均衡贸易的二元结构转换，同时还应响应“走出去”战略，突破亚洲市场，更多地进入世界各国的贸易舞台。

第二节　中国对外直接投资现状分析

在国际经济领域，国际贸易和国际直接投资是相伴而生又共同发展的经济现象，我国的对外直接投资与出口贸易也是相辅相成的关系。随着党中央提出的改革开放政策的不断深入，我国的对外直接投资规模不断扩大。在经济发展新常态下，促进对外直接投资是推动供给侧结构性改革，充分利用国际市场资源，加快实施“走出去”战略及“一带一路”倡议，增强培育国际经济合作和竞争新优势的迫切要求；是十九大提出的“到本世纪中叶成为综合国力和国际影响力领先的国家”这一宏伟目标的战略需要。我国的对外直接投资既是我国经济增长和社会长远发展的重要举措，又是促进与世界各国共同发展、实现“双赢”目标的有效途径。

一、中国对外直接投资的发展概况

我国的对外直接投资起步较晚，落后发达国家一个多世纪。自 1978 年改革开放后，我国的对外直接投资逐渐起步，经历了 40 多年的探索后，我国对外直接投资规模不断扩大。我国改革开放至今的对外直接投资经历可分为 3 个阶段：第一阶段是 1978—1991 年的初步发展阶段；第二阶段是 1992—2000 年的波动发展阶段；第三阶段是 2001 年至今的快速发展阶段。下面，分别对 3 个阶段的我国对外直接投资情况进行分析。

(一)初步发展阶段(1978—1991 年)

1978 年 12 月，中共十一届三中全会首次明确了对内改革、对外开放的政策，并提出综合利用“国内资源”和“国外资源”的方针，自此拉开了我国对外直接投资的序幕。1984 年颁布的《中共中央关于经济体制改革的决定》为我国的对外直接投资营造了良好的政策环境。1981 年，我国的对外直接投资流量为 0.05 亿美元，1984 年，首次突破了 1 亿美元的关卡，此时我国的对外直接投资流量为 1.34 亿美元。我国对外直接投资在改革开放后的十几年内实现了从无到有的转变。1991 年，我国对外直接投资流量为 9.13 亿美元，从 1981 年发展到 1991 年增长了近 182 倍，年均增长率高达 68.32%。从初期的探索到略有起色，我国的对外直接投资仅用了 14 年的时间，随后我国开始进入对外直接投资的波动发展阶段。

(二)波动发展阶段(1992—2000 年)

1992 年，邓小平南方谈话加快了改革的进程，吹响了进一步深化经济体制改革的号角。党的十四大提出“积极扩大我国企业的对外直接投资和跨国经营”的政策决定为我国对外直接投资创造了有利条件。1992—2000 年，在探索中求发展的对外直接投资存量整体呈现上升的趋势，我国对外直接投资存量从 1992 年的 93.68 亿美元增长至 2000 年的 277.68 亿美元，年均增长率为 14.55%，如图 2-8 所示。但我国对外直接投资流量发展并不稳定，增长率呈现显著的波动变化。1992 年，我国对外直接投资流量为 40.00 亿美元，是 1991 年的 4.4 倍，增长率高达 338.12%，1994 年、1999 年和 2000 年的对外直接投资流量增长率为负，分别是-54.55%、-32.63%和-48.39%。由此可见，尽管我国政府增加了对外直接投资的开放程度，但受国际市场以及各国环境的制约和很多投资企业缺乏清晰的投资目标和长远的投资战略定位的影响，我国对外直接投资的发展在这一时期受到了一定程度的阻碍。

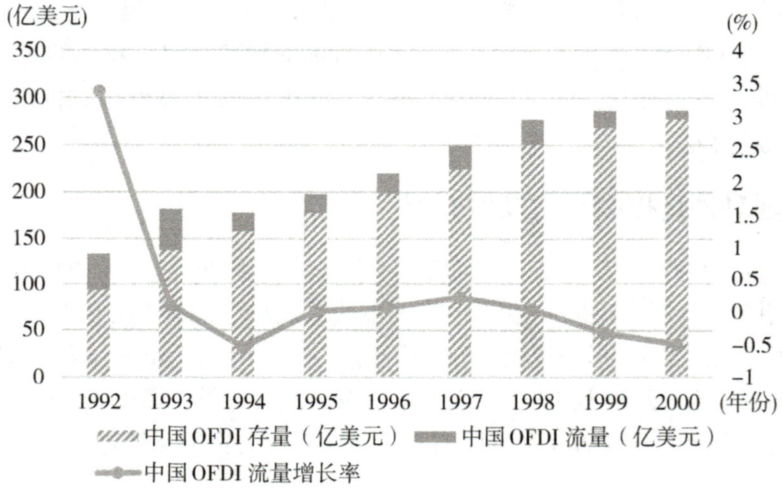

图 2-8 1992—2000 年中国 OFDI 存量及流量走势

资料来源：联合国贸易和发展会议数据库(United Nations Conference on Trade and Development Statistics，简称 UNCTAD Stat)。

(三)快速发展阶段(2001 年至今)

随着改革开放程度的不断加深，2001 年，“走出去”战略被写进《国民经济和社会发展第十五年计划纲要》；2007 年，党的十七大提出将“走出去”与“引进来”结合起来，共同发展。密集高效的战略部署加快了我国对外直接投资的进程，提高了我国在国际市场上的竞争力，这一阶段我国对外直接投资持续增长，规模不断扩大。由图 2-9 可知，我国对外直接投资存量从 2001 年的 346.54 亿美元逐年上升至 2017 年的 14820.20 亿美元，年均增速为 26.45%，对外直接投资流量也呈现逐年增加的趋势。2016 年，我国对外直接投资流量达到 10 年来的最大值 1961.49 亿美元。尽管 2002 年和 2017 年，我国的对外直接投资流量增长率为负值，但对外直接投资整体态势发展良好，我国对外直接投资所覆盖的国家数量进一步增加，在全球的对外直接投资存量排名上也有一定程度的提升。

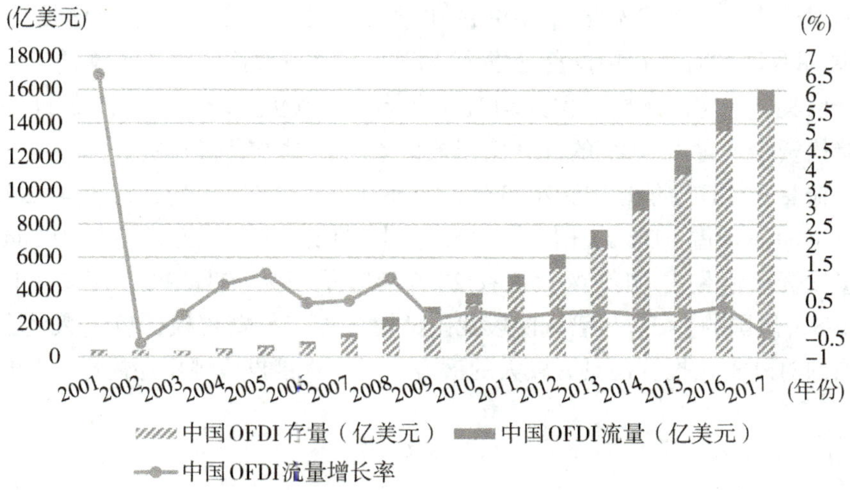

图 2-9　2001—2017 年中国 OFDI 存量及流量走势

资料来源：联合国贸易和发展会议数据库。

我国对外直接投资的快速增长使得我国在国际对外直接投资舞台上逐渐占得一席之位。2017 年，我国与英、法、德、日等国的对外直接投资存量基本相同，尽管与美国还存在一定的差距，但从图 2-10 中可以看出，我国在近 30 年的发展过程中已取得了较大的进步。1990—2017 年，德国的对外直接投资存量呈现逐年降低的趋势；日本的对外直接

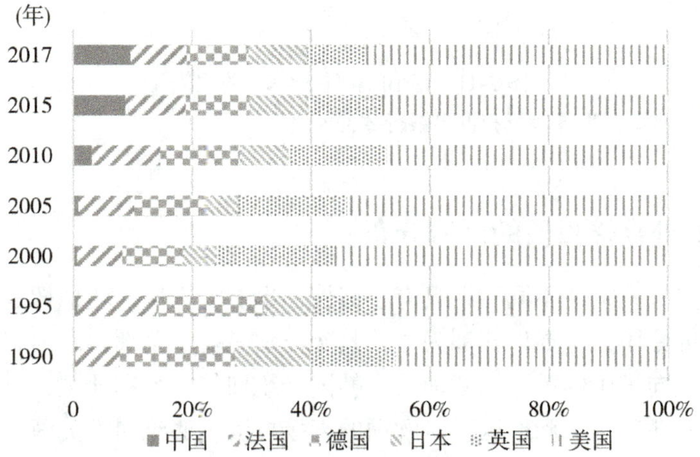

图 2-10　OFDI 大国的投资存量对比

资料来源：联合国贸易和发展会议数据库。

投资存量呈现先减再增的态势；美国作为超级大国，其对外直接投资存量一直处于世界第一的位置。与美、日、英、法、德对比，我国从1990年对外直接投资存量占比不足1%上升至2005年的5%，再到2017年的10%，对外直接投资存量有了数量上的重大突破。

我国的对外直接投资净流量占GDP的比重从1982年的2.15%逐年增长至2017年的83.27%，说明我国的对外直接投资已成为拉动国民经济增长的重要因素之一，尽管对外直接投资额已具备一定的规模，但人均对外直接投资额仍然较小。由图2-11可知，我国的对外直接投资净流量占GDP的百分比明显低于其他对外直接投资大国，其中英国对外直接投资净流量占GDP的比值在2000年时高达1772.18%，年均占比为426.71%；法国对外直接投资净流量占GDP的比值在2000年时为1274.12%，年均占比为284.97%；我国对外直接投资净流量占GDP的比值在2016年时最高为193.39%，年均占比57.73%，是英国的1/8，法国的1/5。尽管现阶段我国的对外直接投资规模已有了数量上的重大突破，但我国的对外直接投资还具有较大的潜力，对外直接投资规模还需进一步扩大。

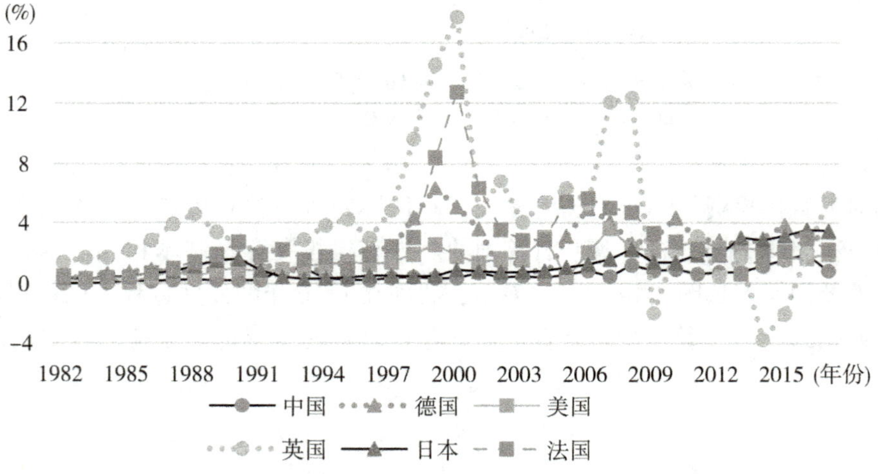

图2-11　OFDI净额占GDP的比值

资料来源：世界银行和世界银行数据库。

二、中国对外直接投资的区域分布

我国的对外直接投资在不同时期具有相似性，也有特殊性。相似性是我国的对外直接投资地区分布高度集中，主要以亚洲为主，其次分别是拉丁美洲、欧洲和北美洲。在亚洲的直接投资主要流向了中国香港、新加坡、韩国、缅甸等国家和地区；对拉丁美洲的直接投资主要流向了巴西等国家和地区；对欧洲的直接投资主要流向了英国、法国、德国等国家和地区；对北美洲的直接投资主要流向了美国、加拿大等国家和地区。由图2-12可知，2008—2016年，我国对亚洲的直接投资存量占我国投资存量总体的70%左右，对拉丁美洲的直接投资存量占总体的15%左右，对欧洲、北美洲、非洲和大洋洲共同的直接投资存量占总体的15%左右。2016年，我国对亚洲的直接投资流量为1302.70亿美元，同比增长了20.2%；对拉丁美洲的直接投资流量为272.30亿美元，同比增长了115.90%；对欧洲的直接投资流量为106.90亿美元，同比增长了50.20%；对北美洲、大洋洲和非洲的直接投资流量分别同比增长了89.9%、34.6%和19.4%。从境外企业分布来看，截至2016年底，我国24400家境内投资者在境外设立对外直接投资企业（简称“境外企业”）①37200家，遍布全球190个国家和地区。尽管我国对亚洲的直接投资存量最高，但我国对外直接投资的区位分布正逐渐朝多元化方向发展。

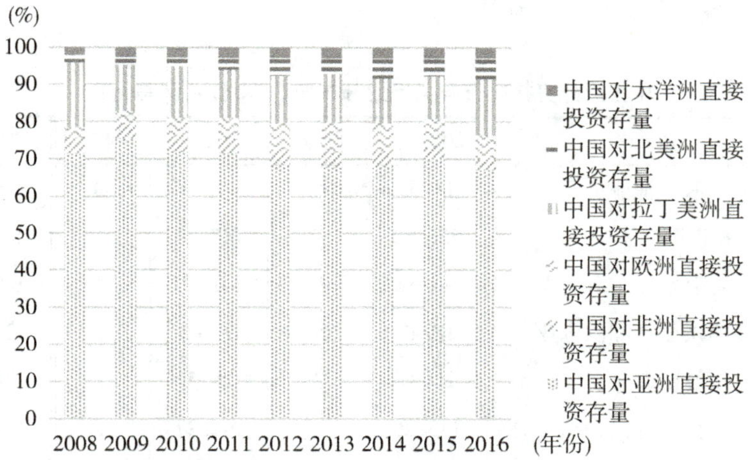

图2-12　中国对各大洲的直接投资存量分布占比

资料来源：中国国家统计局。

特殊性是我国对外直接投资从初期的主要分布于发展中国家和中国港澳地区转变为向发达国家和地区不断延伸。现阶段，我国对外直接投资正从发展中国家向发达国家和地区转换。截至2016年末，我国对外直接投资存量中57.53%流向了中国香港。除此之外，我国对发展中国家的直接投资存量为3618.73亿美元，占总体的26.67%；对发达国家和地区的直接投资存量为2144.11亿美元，占总体的15.80%。发达国家和地区逐渐成为我国对外直接投资的热点，对美国、新加坡、澳大利亚、欧盟的投资流量均创历史新高，对美国的直接投资流量为169.81亿美元，同比增长111.5%。发达国家和地区已慢慢成为我国对外直接投资的重要目的地。

① 对外直接投资企业指境内投资者直接拥有或控股10%或以上投票权或其他等价利益的境外企业。

三、中国对外直接投资的行业结构

改革开放初期，我国的对外直接投资主要集中于与贸易相关的服务业，只有少部分从事加工生产方面的投资。21 世纪初期，随着经济的快速发展，我国的对外直接投资呈现行业投向广泛、重点突出的特点。2003 年，我国对信息传输、计算机服务和软件业直接投资存量占总量的 32.8%；对批发及零售业、采矿业和制造业的直接投资存量分别占总量的 19.7%、18%和 6.2%。2008 年末，除公共管理和社会组织外，我国的对外直接投资涵盖了国民经济中的 18 个行业大类，存量排名前 5 的行业分别为租赁和商务服务业、金融业、批发和零售业、采矿业、交通运输、仓储和邮政业。表 2-3 列明了 2008—2016 年我国对外直接投资存量的行业变动情况。

表 2-3　　　　**中国对外直接投资存量行业分布变动(单位：亿美元)**

行　业	2008 年	排名	2012 年	排名	2016 年	排名
农、林、牧、渔业	14.68	12	49.64	11	148.85	13
采矿业	228.68	4	747.84	3	1523.70	4
制造业	96.62	6	341.40	5	1081.13	5
电力、燃气及水的生产和供应业	18.47	10	89.92	9	228.21	10
建筑业	26.81	8	128.56	7	324.20	9
交通运输、仓储和邮政业	145.20	5	292.27	6	414.22	8
信息传输、计算机服务和软件业	16.67	11	48.20	12	648.02	6
批发和零售业	298.59	3	682.12	4	1691.68	3
住宿和餐饮业	1.37	15	7.63	15	41.94	15
金融业	366.94	2	964.53	2	1773.42	2
房地产业	40.98	7	95.81	8	461.05	7
租赁和商务服务业	545.83	1	1756.98	1	4739.94	1
科学研究、技术服务和地质勘查业	19.82	9	67.93	10	197.20	11
水利、环境和公共设施管理业	10.63	13	0.71	17	35.75	16
居民服务和其他服务业	7.15	14	35.81	13	169.02	12
教育	0.17	17	1.65	16	7.24	18
卫生、社会保障和社会福利业	0.04	18	0.47	18	9.21	17
文化、体育和娱乐业	1.07	16	7.94	14	79.13	14
公共管理和社会组织	0.00	19	0.00	19	0.00	19

资料来源：联合国贸易和发展会议数据库。

截至2016年，我国对外直接投资存量以第三产业为主，第一、二产业为辅。由图2-13可知，我国对第三产业的直接投资存量为10267.82亿美元，占总体的75.64%。在第三产业中又以劳动密集型产业为主，其中我国对租赁和商务服务业的直接投资流量为657.80亿美元，在所有领域中保持第一的位置，存量为4739.94亿美元，占总体存量的34.92%；对金融业、批发和零售业的直接投资存量分别占总体的13.06%和12.46%；对第三产业中高科技、高技术含量的产业直接投资较少，其中对科学研究、技术服务和地质勘查业的直接投资存量占总体的1.45%，对信息传输、计算机服务和软件业的直接投资存量占总体的4.77%。我国对第二产业的直接投资存量为3157.23亿美元，占总体的23.26%，其中对制造业的直接投资流量为290.50亿美元，同比增长45.30%，对制造业的直接投资存量为1081.13亿美元，占总体的7.96%。我国对以农、林、牧、渔业为主的第一产业的直接投资存量为148.85亿美元，只占总体的1.10%。

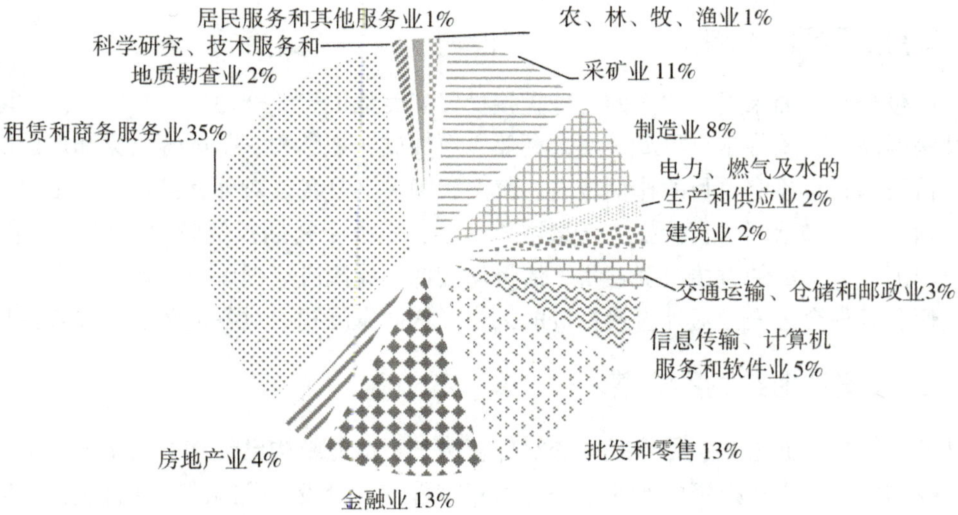

图2-13　2016年中国对外直接投资行业大致分布情况

资料来源：联合国贸易和发展会议数据库。

四、中国对外直接投资存在的问题

对外直接投资水平的高低不仅是一国经济发展水平的代表，还是该国在国际市场中竞争能力的体现。随着我国对外直接投资大幅度增加，我国已经从吸收外资大国转变为对外直接投资大国，从全球资本利用我国的市场及资源转变为我国逐渐融入国际市场并使用国际资源。在对外直接投资良好的发展态势下，我们还需要意识到背后存在的风险及挑战，从而积极应对国际市场不稳定、投资区位不均衡和投资产业不够完善等问题。

（一）国际投资环境不稳定

政治风险、地域政治格局的变化以及全球经济增长乏力和失衡给我国的对外直接投资带来了巨大的挑战。极端宗教势力与恐怖主义威胁全球的稳定与发展，在极端宗教势力和恐怖主义等政治风险的影响下，我国对外直接投资规模缩减。民族主义和排外情绪不断向政治层面传导，美、日等发达国家为维护霸权地位对我国的对外直接投资制造各种障碍，阻碍我国对外直接投资的快速发展。与此同时，处于强势地位的东道国在对外直接投资进程中为追求自身利益的最大化，经常通过所谓“合理合法”的手段来对外商直接投资进行管理和规制，从而制约了我国的对外直接投资。欧债危机后，全球经济难以摆脱疲软状态，以美欧为代表的发达国家政策格局的不确定性，高度依赖大宗商品出口的发展中国家政局动荡和汇兑风险的增加对国际市场的稳定性造成了威胁，我国作为投资者无法摆脱国际市场的形势变化，因此需要时刻警醒。

（二）投资区位不均衡

在区位分布方面来看，我国的对外直接投资高度集中于亚洲地区，且对中国香港、美国、开曼群岛、英属维尔京群岛、澳大利亚、新加坡、加拿大、德国等国家和地区的直接投资量占我国直接投资总量的比例较高，其中我国香港是我国对外直接投资存量最大的地区。我国对美洲和欧洲的直接投资流量增长迅速，但由于初期投资较少，导致存量较低。我国对非洲、大洋洲的直接投资存量、流量均较低。我国应根据国内产业供给及各东道国的投资便利条件合理安排对外直接投资的区位，均衡发展我国对各地区的对外直接投资。

（三）投资产业结构不完善

从产业结构方面来看，尽管我国的对外直接投资产业结构已经逐渐趋于合理化和高级化，但我国的对外直接投资的产业结构还不够完善。现阶段，我国的对外直接投资以第三产业为主，第一、二产业为辅。在对第三产业的直接投资中，主要集中于租赁和商务服务业、采矿业、批发和零售业，对科学研究、技术服务和地质勘查业，信息传输、计算机服务和软件业等技术含量高的产业的投资水平较低。与此同时，对第一产业的直接投资存量规模只占总体的1%。因此，我国需要均衡发展本国的对外直接投资产业结构。

第三节　“一带一路”倡议下中国出口贸易及对外直接投资现状分析

2013年9月7日，国家主席习近平在哈萨克斯坦首次提出共建“丝绸之路经济带”的倡议，同年10月3日，国家主席习近平在印度尼西亚发表演讲，提出共同建设21世纪“海上丝绸之路”的倡议构想。从海上联通欧亚非三个大陆的21世纪“海上丝绸之路”与整合欧亚大陆经济体的“丝绸之路经济带”共同构成“一带一路”倡议。这一宏伟倡议构想的提出适应了经济全球化新形势，为各国产品、技术、劳务、资本的流动提供了新的通道，为建立互利共赢、多元平衡、高效安全的开放新经济体系创造了有利条件。在推动“一带一路”全面建设进程中，为加快我国的出口贸易和对外直接投资规模，改善“一带一路”沿线国家贸易投资便利化水平，2014 年 11 月 8 日，国家主席习近平主席宣布成立丝路基金，与此同时，我国将出资 400 亿美元。2015 年 12 月 25 日，习近平主席提议筹建的亚洲基础设施投资银行(The Asian Infrastructure Investment Bank，AIIB，简称“亚投行”)成立。“一带一路”倡议旨在通过加大沿线国家基础设施建设投入、完善营商环境建设、加强政府协作沟通等手段，改善“一带一路”沿线国家的贸易投资便利化水平，促进沿线国家贸易投资深度融合和经济的可持续增长。在我国与“一带一路”沿线国家经济合作方面，出口贸易和对外直接投资是关键的核心领域。

2017 年，包括我国在内的“一带一路”沿线国家有超过 48 亿人口，占世界人口总量的 67%左右，对外贸易总额约为 13.5 万亿美元，占世界总量的 40%，我国与“一带一路”沿线国家的国际经济合作在世界经济的舞台上占有重要的位置。目前，“一带一路”沿线已有 70 多个国家和组织表达了对“一带一路”倡议的支持，截至 2018 年 8 月，已有 103 个国家和国际组织与我国签署了共建“一带一路”的合作协议。随着亚洲基础设施投资银行的运营和丝路基金项目的启动，我国与沿线国家积极进行双边及多边合作，逐步形成了具有广泛影响的合作模式。

一、中国对“一带一路”沿线国家的出口贸易现状

“一带一路”倡议的实施加强了我国与沿线国家的贸易联系，“一带一路”倡议是经贸合作的基石。2017 年，我国对“一带一路”沿线国家的货物出口总额为 7742.6 亿美元，同比增长 8.5%，扭转了连续两年负增长的局面。我国对“一带一路”沿线国家出口额排名前 10 的国家分别是韩国、越南、印度、新加坡、俄罗斯、马来西亚、泰国、印度尼西亚、菲律宾和阿联酋，我国对这 10 个国家的货物出口额占我国对“一带一路”沿线国家货物出口总额的 65.6%。除此之外，我国对老挝、哈萨克斯坦、乌兹别克斯坦等国的出口额增速最快，而对东帝汶、马其顿和阿尔巴尼亚等国的出口额降幅最大。由图 2-14 可知，2008—2010 年，我国对“一带一路”沿线国家的货物出口额增长率与我国货物出口总额增长率大致相同；“一带一路”倡议提出后，2013—2015 年我国对“一带一路”沿线国家的货物出口增长率明显高于我国货物出口总额增长率；2015—2016 年受全球经济走势低迷、大部分国家需求减弱和国际市场大宗商品价格下降等因素的影响，我国对“一带一路”沿线国家的货物出口额有所下降。

图 2-15 为 2008—2016 年我国对“一带一路”沿线各区域的货物出口贸易额走势图。由图 2-15 可知，我国对各个区域的货物出口贸易额整体呈上升的趋势，其中，东南亚是我国与“一带一路”沿线国家经贸合作的主要区域，我国对东南亚地区的货物出口贸易额从 2008 年的 1143.26 亿美元增长至 2016 年的 2562.33 亿美元，年均增长率为 10.61%。除此之外，我国对“一带一路”沿线各区域的货物出口贸易规模从大到小排名依次是：西亚北

非、南亚、中东欧、东北亚和中亚。2013 年，“一带一路”倡议提出后，我国对东南亚、西亚北非和南亚地区的货物出口贸易额增长速率较快。

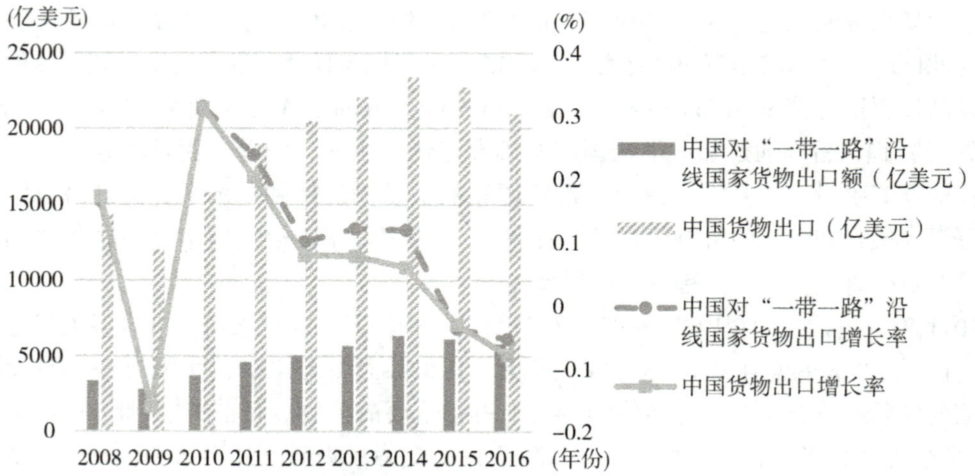

图 2-14　2008—2016 年中国对“一带一路”沿线国家的货物出口贸易额走势

资料来源：根据中国国家统计局和世界银行数据库的数据整理所得。

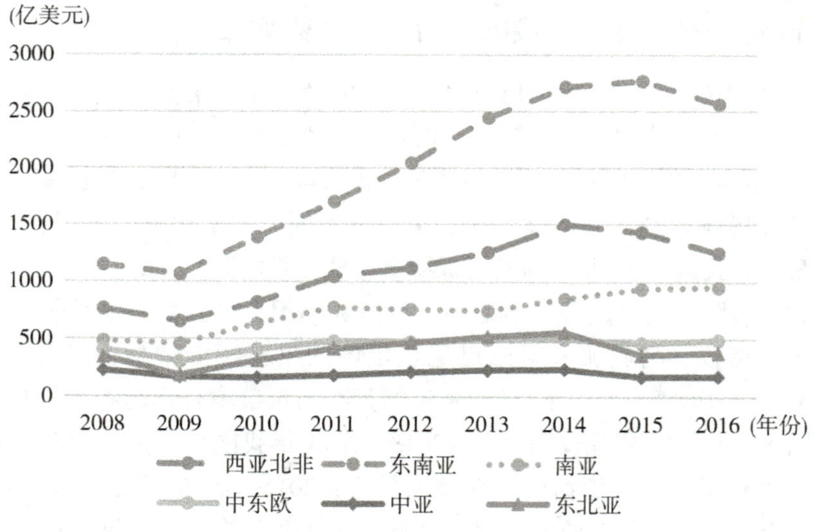

图 2-15　2008—2016 年中国对“一带一路”沿线各区域的货物出口贸易额走势

资料来源：根据中国国家统计局的数据整理所得。

二、中国对“一带一路”沿线国家的直接投资现状

“一带一路”倡议的实施开创了我国对外直接投资的新格局。2012 年末，我国对外直

接投资存量为5319.4亿美元，占全球投资存量的2.3%。随着我国“一带一路”倡议的实施与发展，截至2016年末，我国对外直接投资存量增长至13573.9亿美元，占全球外国直接投资存量的份额由2012年的2.3%提升至5.2%，排名由第13位上升至第6位。其中，对“一带一路”沿线国家的直接投资存量为1294.1亿美元，占我国对外直接投资存量的9.5%。2017年末，我国对外直接投资流量从2016年的1961.5亿美元下降至1201亿美元，对“一带一路”沿线国家的直接投资流量从2016年的153.4亿美元下降至144亿美元。在整体对外直接投资流量下降1/3的背景下，我国对“一带一路”沿线国家直接投资流量仅下降了约6%。图2-16为2008—2017年我国对外直接投资流量和我国在“一带一路”沿线国家直接投资流量对比图。2008—2017年，我国对“一带一路”沿线国家直接投资流量增长率与我国对外直接投资流量增长率整体波动水平较大，但我国对“一带一路”沿线国家直接投资存量呈现上涨的趋势。2009年，亚洲开发银行发布的《亚洲基础设施建设》报告显示，2010—2020年亚洲国别基础设施投资需求预计为8万亿美元，说明我国的对外直接投资仍有较大的发展空间。

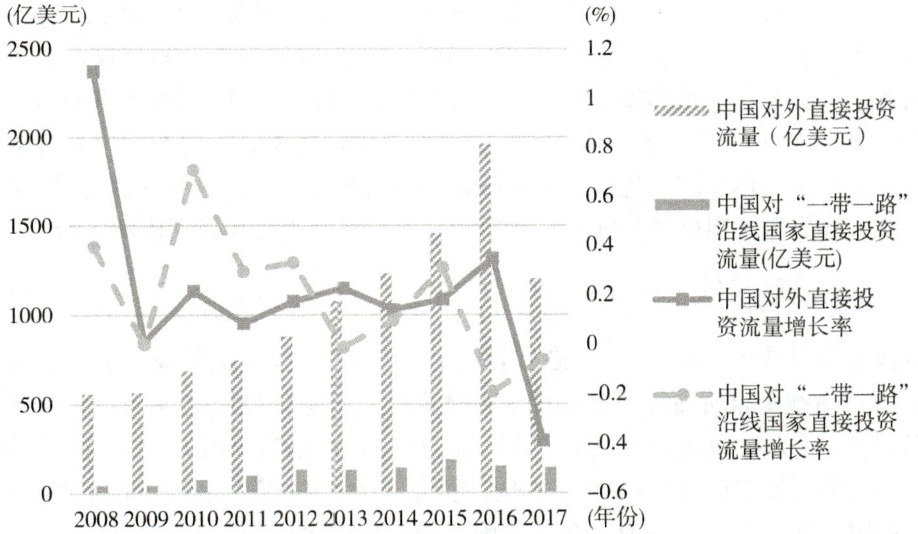

图2-16 2008—2017年中国对外直接投资流量对比

资料来源：中华人民共和国商务部《2008—2017中国对外直接投资统计公报》和CEIC全球经济数据库①整理所得。

我国对“一带一路”沿线国家的直接投资呈现重点国家集中的特点。2016年，从对外

① 中国企业家投融资俱乐部（China entrepreneur Investment Club，简称CEIC），CEIC全球经济数据库目前包括全球117个国家的宏观数据，其历史资料可以追溯到70年以上。它不仅是全球最全面的宏观经济数据库，还是数据可操作性及数据质量控制很严谨的经济数据库。

直接投资流量来看，我国对“一带一路”沿线国家的直接投资主要流向新加坡、以色列、马来西亚、印度尼西亚、俄罗斯、越南和泰国等国家和地区，从对外直接投资存量上看，存量排名前10的国家分别是新加坡、俄罗斯、印度尼西亚、哈萨克斯坦、老挝、越南、阿联酋、巴基斯坦、缅甸和泰国。无论是存量还是流量，我国对新加坡的直接投资均位居“一带一路”沿线国家中第一的位置，为334.5亿美元和31.7亿美元，分别占我国对“一带一路”沿线国家直接投资总额的25.8%和20.7%。我国对以色列和马来西亚的直接投资流量增长速度最快，分别同比增长了700%和274%，占我国对“一带一路”沿线国家直接投资流量的23.9%。

三、中国“一带一路”倡议面临的风险与挑战

(一) 金融市场风险

“一带一路”沿线国家大多是经济发展水平较低的发展中国家，金融市场化发展不均衡。受乌克兰危机、俄罗斯卢布贬值及美国加息等事件的影响，很多国家的金融市场动荡不安，国家货币呈现不同程度的贬值，货币贬值引发东道国国内的通货膨胀，通货膨胀又导致物价、工资上涨，从而增加了我国对“一带一路”沿线国家的贸易、投资成本，降低了企业的利润。为避免贸易和投资的损失，我国减少了对此类国家的贸易和直接投资，进而严重影响了我国对“一带一路”国家的贸易和直接投资规模。与此同时，东道国金融体系发展不健全和信用体系国际化水平较低直接影响我国对“一带一路”沿线国家直接投资的融资行为，融资困难阻碍了我国对“一带一路”沿线国家直接投资规模的不断扩大。

(二) 基础设施风险

基础设施建设是我国对“一带一路”沿线国家进行直接投资的重要领域。目前，我国在“一带一路”沿线国家所面临的基础设施风险主要包括基础设施建设风险和基础设施环境风险两部分。在基础设施建设风险方面，部分“一带一路”沿线国家的国内政局频繁动荡，一些国家甚至处于地缘政治冲突的热点地区，恶劣的投资环境会增加我国对基础设施建设投资的阻力和风险。一方面，会造成中方的投资成本增加、投资效率低下；另一方面，会引起当地民粹势力的警惕，这种建设风险给我国直接投资的发展进程形成了较大的阻力。在基础设施环境风险方面，“一带一路”沿线国家基础设施环境的便利性是影响贸易和直接投资的重要因素。一些国家的口岸建设滞后、运输条件破旧、通信服务水平低等问题会增加我国进行贸易和直接投资的交易费用，从而严重影响我国对“一带一路”沿线国家的贸易规模和直接投资规模。

(三) 政策法规风险

我国的“一带一路”倡议得到了参与国的支持与肯定，但部分参与国并未与我国“一带一路”倡议完全达成共识。在经济、文化、宗教制度等方面的差异导致无法形成共同认可

的双边贸易、投资合作制度和行为准则，且我国的贸易与投资行为无法完全适应部分东道国的法律法规等制度环境。与此同时，部分国家司法机关的独立性较差，很多权力部门的索贿、受贿现象严重，在贸易制度、投资制度等方面存在很多政府监管不透明的问题。除此之外，部分国家针对有关税收和产业运营等政策的法律相对薄弱，一些法律条文朝令夕改，给我国的贸易和对外直接投资产生了不利的影响。

第三章　贸易投资便利化影响出口贸易及对外直接投资的作用机理

国际贸易和国际直接投资是国际经济领域中重要的经济行为，国际贸易和国际直接投资日益融合是目前国际经济发展的重要特征。在传统的贸易理论中，国际贸易和国际直接投资理论建立在完全不同的分析框架之中。随着国际贸易理论的发展，国际贸易和国际直接投资理论逐渐出现了相互交叉，国际贸易政策和国际直接投资政策也出现了相互融合。基于此，本章首先对贸易投资便利化指标体系构建的作用机理进行分析，然后研究贸易投资便利化对出口贸易和对外直接投资的影响机理。

第一节　贸易投资便利化指标体系构建的机理分析

一、国际贸易和国际直接投资的一般关系理论界定

传统贸易理论的前提假设认为：商品可以在国际市场上自由流动，而资本等要素却不能。这一假设条件否定了国际直接投资行为的可行性，这使得国际贸易和国际直接投资理论长期处于相互隔离的状态。列宁最早对国际贸易和国际直接投资关系进行了探讨，其认为"对自由竞争占完全统治地位的旧资本主义来说，典型的是商品输出，对垄断占统治地位的最新资本主义来说，典型的是资本输出"①。其中，资本以国际直接投资的方式进行输出，商品以国际贸易的方式进行输出，从自由竞争到垄断资本主义的发展过程中，国际直接投资部分替代了国际贸易。到了帝国主义时期，列宁指出"资本输出成了鼓励商品输出的手段"②，说明国际直接投资促进国际贸易的发展。发展至今，许多经济学家对国际贸易和国际直接投资的一般关系理论进行了研究，国际贸易和国际直接投资的一般关系从相互替代、相互补充发展至相互融合及不确定的相互关系。

(一)贸易投资替代关系模型

蒙代尔(1957)首次提出了贸易与投资的相互替代模型，他认为：如果两国的生产函

① 来源：《列宁全集》第2卷，人民出版社1995年版，第626页。

② 来源：《列宁全集》第2卷，人民出版社1995年版，第629页。

数相同，那么按照赫克歇尔-俄林的要素禀赋理论(H-O 理论)，可以得出国际直接投资和国际贸易是完全替代的关系。在蒙代尔的研究中首先假设有两个国家 A 和 B，两种商品棉花和钢铁，两种要素劳动力和资本。A 国劳动力丰富，B 国资本丰富；棉花是劳动密集型产品，钢铁是资本密集型商品。在完全自由贸易条件下，A、B 两国的劳动力报酬和资本报酬相一致，要素在两国之间不发生任何流动，这时不存在投资的问题。当 A 国开始对 B 国进口的钢铁产品征收关税，则相对于 A 国的棉花来说，A 国的钢铁价格上升，生产由原来的 P 上升至 Q，消费由原来的 S 下降至 Q，A 国的生产要素将会从棉花转移至钢铁。但由于棉花是劳动密集型产业，而钢铁是资本密集型产业，在要素价格不变的情况下，产品转换将造成劳动力供给过剩而资本供给不足。因此，A 国的劳动力边际产品下降，A 国的资本边际产品上升，而 A 国的边际资本产品上升会致使 B 国的资本流向 A 国，A 国的生产可能性曲线由 TT 移至 T'T'，形成新的平衡 P'。然而资本的流动并不会增加棉花和钢铁的总产量，只不过是 A 国钢铁产量的增加代替了 B 国钢铁出口的下降，即 B 国的直接投资替代了 B 国的出口贸易。蒙代尔模型表明，在一定条件下国际直接投资可以完全替代国际贸易，且贸易障碍可以促进资本要素的流动，东道国贸易的关税水平对母国的直接投资和贸易产生显著的影响。

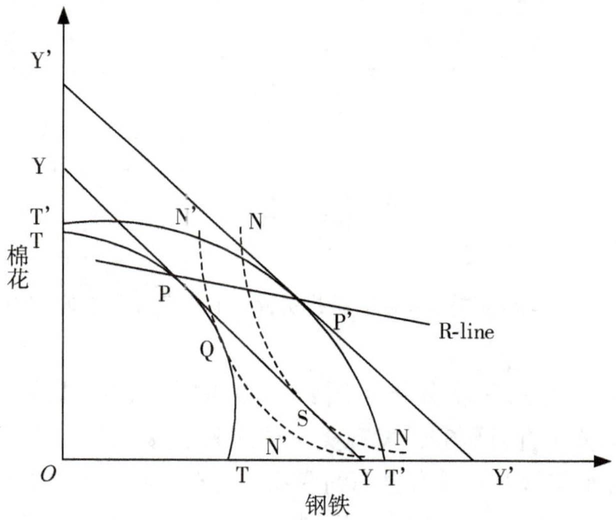

图 3-1　蒙代尔贸易投资替代模型①

弗农(1966)的产品生命周期理论支持了蒙代尔贸易替代模型的结论，他认为国际直接投资可以替代国际贸易，母国新产品研发后经历成熟产品和标准化产品两个阶段。由图

① 参考蒙代尔："International Trade and Factor Molibily"，TT 是 A 国的生产可能性曲线，T'T' 是征税后的生产可能性曲线；NN 是无差异曲线，N'N' 是征税后的无差异曲线，YY 是消费可能性曲线，Y'Y' 是征税后的消费可能性曲线。

3-2 可知，在新产品阶段，产品生产首先主要以国内为主，并与有需求的发达国家进行出口贸易。随着发达国家需求的逐渐增加，母国开始考虑在发达的东道国进行少部分国际直接投资，从而占领更多市场份额。在成熟产品阶段，市场需求增加的同时市场竞争者逐渐增多，为降低成本和提高竞争力，母国开始对与本国技术水平相似的发达东道国进行大规模的直接投资，同时增加本国对发达国家的出口贸易规模，发展中国家也开始对产品有所需求。在标准化产品阶段，产品的生产技术、工艺等都进入完全标准化状态，企业的竞争更加激烈，母国将产品生产主要转移到工资水平较低的发展中国家进行生产，然后再运回母国，使其在国际市场上进行国际贸易。

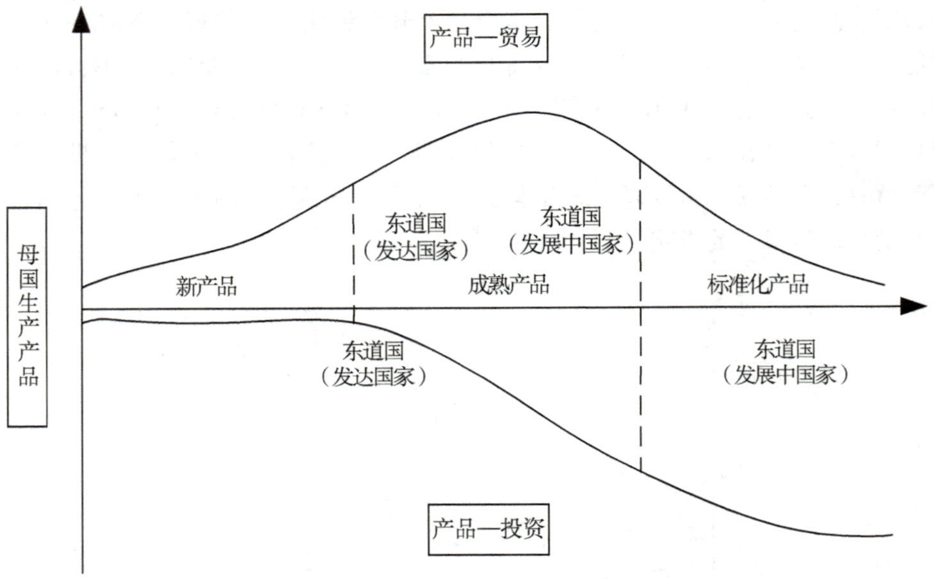

图 3-2　国际贸易和国际直接投资背景下的产品生命周期理论

蒙代尔和弗农从理论的角度分析了国际贸易与国际直接投资的替代关系。Gruber（1967）对美国的跨国公司进行研究，发现美国的对外直接投资与出口贸易之间存在替代效应，替代效应的大小与行业差异有显著的联系，且在技术密集型行业中，对外直接投资和出口贸易的替代效应更明显。Helpman 等（2004）通过对美国出口和直接投资的 32 个国家的实证研究，证实了国际贸易与国际直接投资的替代关系。李轩（2011）通过分析我国与东盟国家 2001—2009 年的投资和贸易数据，发现我国对东盟国家的直接投资对出口贸易具有替代作用。蒙代尔作为最早提出国际贸易和国际直接投资的相互替代关系的经济学家，尽管有部分学者对蒙代尔的贸易投资替代模型进行了理论和实证的支持，但随着世界经济的快速发展，人们开始逐渐意识到，国际投资和国际贸易的关系并不完全符合蒙代尔模型的理论。

（二）贸易投资互补关系模型

在现实经济社会中，国际贸易与国际直接投资出现过蒙代尔模型中的相互替代现象，但并不是完全替代的关系。只有满足蒙代尔设定的前提假设——两国只有要素比例具有差异，其他因素完全一致——才能得出国际贸易与国际直接投资的完全替代关系。日本的小岛清教授在20世纪70年代末提出的边际产业扩张理论对蒙代尔的替代理论提出了挑战。与蒙代尔一样，小岛清的边际产业扩展理论也是在H-O理论的基础上建立的，不同之处在于，他加入了宏观因素来分析国际直接投资和国际贸易的关系问题，如图3-3所示。小岛清以日本为研究对象，发现对外直接投资应该从母国处于比较劣势的产业（即边际产业）开始依次进行，由于这些产业与东道国的技术差异较小，东道国容易学习产业技术，有利于产业在东道国的发展；母国继而可以研发更加先进的科技产品，使两国之间的比较成本拉大差距，为增加贸易规模创造条件。由此可知，国际直接投资并不是对国际贸易的简单替代，而是对国际贸易的相互促进和相互补充。

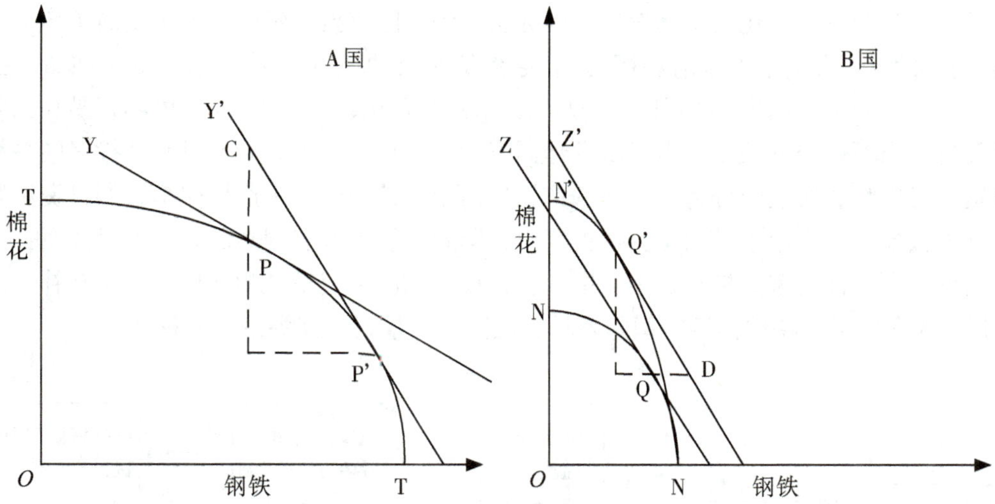

图3-3　小岛清边际产业扩张理论模型①

图3-3描述了小岛清边际产业扩张理论模型，在小岛清的模型中首先假设有A、B两个国家，且A国的资本相对丰富，两个国家都生产劳动密集型产品棉花和资本密集型产品钢铁，其中A国的钢铁和B国的棉花是比较优势的产品。根据H-O-S定理，A国出口钢铁，B国出口棉花；A国的棉花处于比较劣势，按照边际产业扩展理论，A国向B国的棉花产业进行直接投资。B国的生产可能性曲线由NN移至NN’，B国的生产均衡点从Q

① 参考小岛清：《对外贸易论》，TT是A国的生产可能性曲线，NN和NN’是B国的生产可能性曲线。

点移至Q'点，D点是此时B国的消费点，说明B国需要出口更多棉花和进口更多钢铁。此时A国的生产均衡点由P点移至P'点，C点是A国的消费点，则A国需要进口更多棉花和出口更多钢铁。当A国向B国进行直接投资时，两国的贸易也有所增加，说明国际直接投资促进了国际贸易，由此可知，国际直接投资和国际贸易是互补的。

许多学者从理论及实证研究的角度验证了国际贸易与国际直接投资的互补关系。Markusen(1983)认为，如果改变蒙代尔模型中的假设条件，则会导致国际直接投资和国际贸易之间的互补性而非替代性。在此基础上，Markusen & Svensson(1985)还进一步考察了技术差异、对生产征税、垄断等外部环境的变化对国际贸易和国家直接投资互补关系的影响。Head & Ries(2001)对932个日本制造业企业进行研究，发现国际贸易和国际直接投资的互补性关系，且企业的异质性对这种互补性关系产生了较大的影响。蔡锐和刘泉(2004)以我国对发达国家和发展中国家的直接投资为视角，证实了国际直接投资与贸易的互补关系，支持了小岛清的理论。

(三)贸易投资不确定性模型

随着全球经济一体化的快速发展，国际贸易和国际直接投资已经不再是简单地替代关系或互补关系，国际贸易理论和国际直接投资理论的相互关系又有了进一步的变化。Petrie(1994)和Neary(1995)的研究发现：在3×2的特定要素模型中①，国际贸易和国际直接投资呈现出不确定的关系。由于激发母国直接投资动因的差异导致贸易和投资的关系存在差别，可以将直接投资分为三大类：市场导向型直接投资、生产导向型直接投资和贸易促进型直接投资。在市场导向型直接投资中，国际直接投资和国际贸易是替代关系；在生产导向型和贸易促进型直接投资中，国际直接投资和国际贸易是相互促进、相互补充的关系，图3-4介绍了帕特瑞模型中国际贸易和国际直接投资相互关系的流程图。

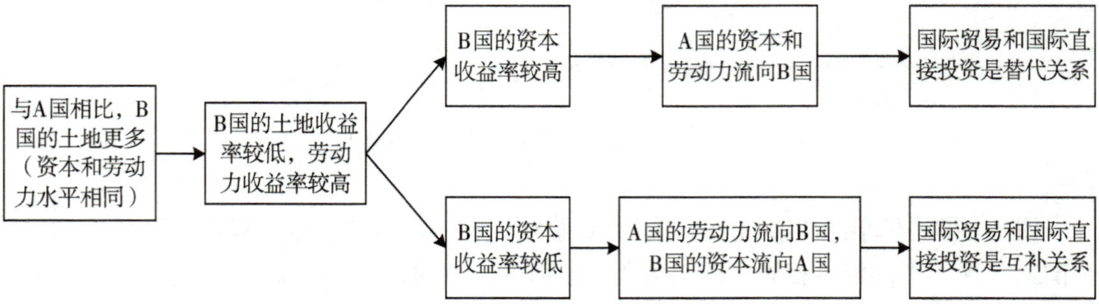

图3-4 帕特瑞模型流程图

除动机差异导致的国际贸易和国际直接投资的不确定性关系外，世界贸易组织认为，

① 3×2的特定要素模型指的是包含三种生产要素(劳动、资本、土地)和两个国家的模型。

东道国的政策差异亦是导致国际贸易和国际直接投资不确定性关系的重要因素。东道国的政策差异往往对母国的贸易和直接投资产生重要的影响，对外开放程度以及对国际贸易和国际直接投资接受程度的差异都会对国际贸易和国际直接投资产生不同的影响。

近年来，国际贸易和国际直接投资的不确定关系得到大量国内外学者的实证检验。Tadesse & Ryan(2005)以1989—1998年日本对35个国家的直接投资数据为研究对象，研究发现，由于“出口平台”的差异，日本的对外直接投资与出口贸易既存在互补关系也存在替代关系。张海波和闫国庆(2010)选取了东亚新兴体9个国家为样本，研究发现，东亚新兴体的对外直接投资具有贸易效应，即在短期内对外直接投资对贸易具有替代效应，而在长期内具有创造效应。唐礼智和章志华(2015)采用2003—2013年我国省际面板数据研究对外直接投资的贸易效应，研究发现：我国对外直接投资会促进对外贸易发展，但是影响效果不明显，对外直接投资的贸易效应还没有充分发挥出来。钱佳珍等人(2018)以上海的贸易数据为研究对象，发现上海的国际直接投资和国际贸易之间呈现出复杂的关系：贸易替代投资，投资对贸易有引导作用。在我国加入世界贸易组织前，上海国际投资和国际贸易之间主要表现为替代关系；在加入世界贸易组织后，两者主要表现为互补关系。

无论是蒙代尔的替代模型、小岛清的互补模型，还是帕特瑞的不确定性模型，都有一定的限制条件。在全球经济快速波动发展的背景下，国际贸易和国际直接投资的外界环境时常发生变化，东道国政策形势对国际贸易与国际直接投资的相互关系有重要的影响。以上的分析为国际贸易和国际直接投资一体化的发展提供了理论和实证支持。由此可知，将贸易便利化和投资便利化进行综合研究具有深刻的理论和现实意义。

二、贸易便利化和投资便利化内涵的融合

许多国际组织对贸易便利化的概念进行了界定。世界贸易组织认为，贸易便利化是指国际贸易程序(包括国际货物贸易物流所需要的收集、提供、沟通及处理数据的活动、做法和手续)的简化和协调。亚太经合组织对贸易便利化的定义是：使用新技术和其他方法措施，简化和协调与贸易有关的程序和行政障碍，降低成本，推动货物和服务更好地流通。联合国贸易和发展会议(UNCTAD)将任何可以缓解或降低贸易周转时间和成本的措施都概括为贸易便利化。经济合作组织(OECD)认为，贸易便利化是精简国际贸易流程、简化与贸易相关的程序，使商品在国内和国际两个市场上流转都变得更加容易。世界银行认为，贸易便利化是指所有能够提高货物从产地到消费者手中的效率和简化政策的措施。由此可以看出，各个国际组织对贸易便利化的定义有一个共同的特征：减少贸易过程中的障碍，降低贸易过程中的成本。

2008年，投资便利化才首次作为独立的研究对象进行范围的界定及研究。亚太经合组织在《投资便利化行动计划》中对投资便利化的定义是：政府通过改善投资周期中全部阶段的环境，使国际投资管理有效性和效率达到最大，从而吸引外国直接投资。经济合作组织认为，投资便利化是协调和简化投资国跨国直接投资中的各种程序和政策，从而创造

出透明和可预见性的投资环境。通过亚太经合组织和经济合作组织的界定可以看出，投资便利化即简化和协调投资程序，加快资本的流动。

随着国际贸易和国际投资理论的高度融合以及贸易投资一体化的深度发展，贸易便利化和投资便利化的内涵有了更多重合，尽管贸易便利化更加强调实体贸易环境的自由度和便利度，而后者更加强调资本流通的便利性。但总体来说，贸易便利化和投资便利化都是东道国通过改善本国的贸易、投资市场环境来降低贸易、投资成本，为经贸合作的国家提供便利的一种水平测度。目前，有关贸易投资便利化的研究，大多等同于对贸易便利化进行研究，忽略了投资便利化的特性。综上，本书认为，贸易投资便利化即为包括贸易和投资在内的国际经济合作提供便利，通过简化和协调经济合作程序、清除经济合作过程中的障碍，达到提高经济合作效率的目的。东道国贸易投资便利化的最终目的是通过提高母国贸易效率和投资效率来改善东道国的整体效益。

第二节　贸易投资便利化影响出口贸易潜力的作用机理

一、贸易投资便利化与出口贸易潜力的内在关系

在国际经济合作中，东道国的政治、经济环境是贸易双方展开贸易合作的重要因素之一。贸易投资便利化是一种“正和”博弈，能给贸易国双方带来显著的经济福利。贸易投资便利化通过减少国际贸易、投资过程中的障碍，既可以改善市场环境，又可以减少贸易成本，进而提高国家的资源配置和贸易效率。东道国贸易条件的变化对贸易出口国出口贸易规模有较大的影响，崔日明和黄英婉(2017)研究发现，在“一带一路”背景下，东道国的贸易投资便利化对我国出口贸易有较大的促进作用，且贸易投资便利化的各项分指标对我国出口均产生了显著的影响。史晨霞(2018)的研究认为，东道国的贸易便利化有利于我国制成品的出口，其中口岸与物流效率分指标的影响程度最大。罗翊烜和扈钟方(2017)也指出，除贸易便利化外，双边投资协定、税赋水平等变量对我国的经贸合作具有显著促进作用。依据随机前沿模型，可以通过贸易非效率项计算出贸易效率，并对贸易潜力进行预测。在随机前沿模型中将影响贸易的变量分为两部分，分别是自然因素和人为因素，其中，自然因素影响出口贸易前沿值，人为因素影响贸易非效率。叶祥松和李苏苏(2018)指出，自由贸易区、关税水平、基础设施质量等因素影响贸易非效率。林玲等人(2018)研究发现，物流绩效指数、贸易自由度和投资自由度可以降低两国之间的贸易非效率，政府效能指数和政体水平差异会加剧两国之间的贸易非效率。贸易投资便利化较为全面地评测了影响贸易、投资的人为因素，因此可以基于贸易投资便利化的视角研究我国的投资效率损失，并对出口潜力进行预测分析。

贸易投资便利化可以改善东道国的贸易、投资环境，降低贸易伙伴国出口贸易过程中的贸易成本，减少出口贸易损失并提升出口贸易效率，进而实现贸易伙伴国的出口贸易潜力。汪戎和李波(2015)的研究认为，贸易投资便利化条件的改善有利于减少贸易成本。

与此同时，东道国贸易条件的改善又会导致东道国市场内的贸易竞争程度增强，间接提升贸易伙伴国的出口贸易成本，增加出口贸易效率损失并降低出口贸易效率，从而增加出口贸易潜力。贸易成本①本质上是交易费用的一种，广义的贸易成本是由贸易国家、地区之间的贸易环境所导致的。贸易投资便利化可以通过改善海关、制度、营商环境，优化科学技术水平，营造稳定的政治环境和加强基础设施建设等方面影响贸易成本。当基础设施质量和科技水平提高时，有利于降低生产型贸易成本；当市场准入、制度环境、营商环境、海关环境、政治环境改善时，有利于降低制度型贸易成本；当贸易投资便利化水平优化后，既有可能增加也有可能减少交易型贸易成本。东道国贸易投资便利化水平通过贸易成本的改变间接影响我国的出口贸易效率损失，从而影响我国的出口潜力。图 3-5 为东道国贸易投资便利化影响我国出口贸易潜力的作用机理流程图。

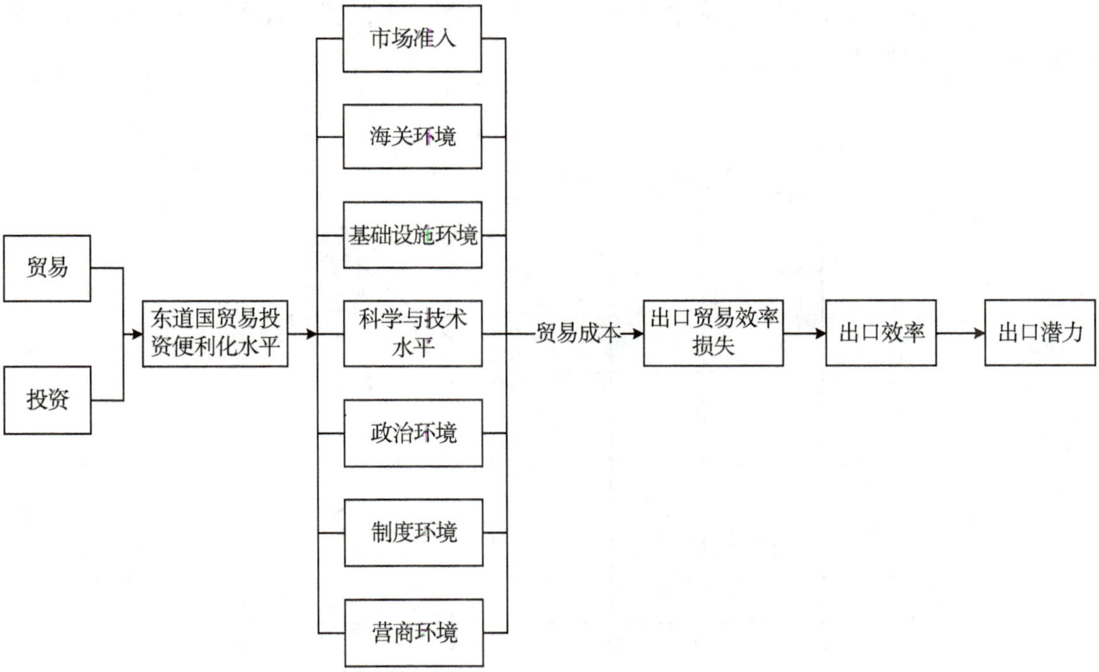

图 3-5　贸易投资便利化影响出口贸易潜力的作用机理

① 在最早的传统贸易理论中，贸易成本更多地被解释为运输成本，克鲁格曼(1980)认为，运输成本并不是由地理距离所产生的运输成本，而应该是由距离导致的包括关税成本、信息收集成本、交流成本在内的所有成本。在之后的研究中，Melitz(2003)在“The Impact of Trade on Intra-Industry Re-Allocation and Aggregate Industrial Productivity”一文中，将贸易成本分为可变成本和固定成本两部分，可变贸易成本以运输费用为主，固定贸易成本包括销售过程中的广告费用、发达费用等。Anderson 和 Wimcoop(2004)在 *Trade Costs* 一书中，将贸易成本定义为除生产成本外，使商品从出口国到进口国这一过程中所发生的所有成本，包括信息成本、运输成本、汇率成本、政策壁垒成本等。

二、贸易投资便利化影响出口贸易潜力的均衡分析

根据前文的作用机理可知，东道国的贸易投资便利化水平可以通过贸易成本来影响贸易伙伴国的出口贸易潜力。图 3-6 是东道国贸易投资便利化影响贸易出口国出口贸易潜力的均衡分析图。S 是贸易出口国的出口供给曲线，D 是东道国的进口需求曲线，A 是不存在贸易成本时的贸易均衡点，Q_3是此时国际商品的均衡贸易量，P_3是此时国际商品的均衡价格。当存在贸易成本时，商品的价格发生改变，由 P_3上升至 P_1，东道国需要承担的费用是($P_1 \sim P_3$)，出口国需要承担的费用是($P_3 \sim P_5$)，此时的贸易出口量下降至 Q_1，贸易量损失为($Q_3 \sim Q_1$)，出口贸易损失为三角形 AEF 的面积($S_{\triangle AEF}$)，此时可拓展的出口贸易潜力是 $S_{\triangle AEF}$。当东道国贸易投资便利化条件的改善降低了贸易成本时，出口贸易量由 Q_1增加至 Q_2，出口贸易损失为三角形 ABC 的面积($S_{\triangle ABC}$)，可拓展的出口贸易潜力为 $S_{\triangle ABC}$，$S_{\triangle ABC}<S_{\triangle AEF}$，说明贸易成本降低减少了出口国的出口贸易效率损失，则出口贸易效率提升且出口贸易潜力减小。

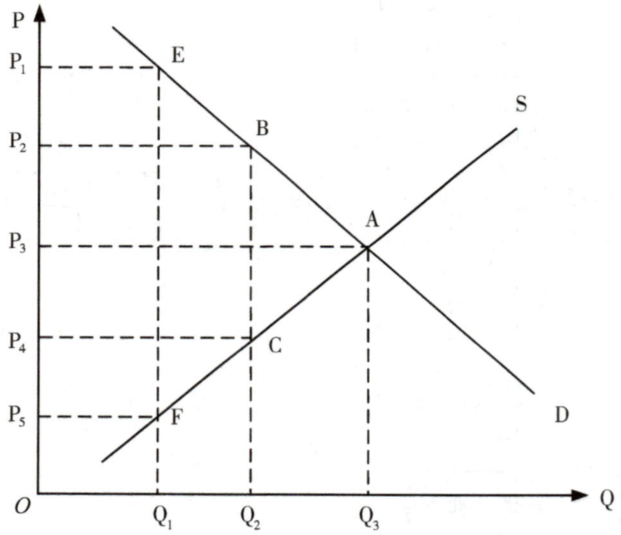

图 3-6　贸易投资便利化影响出口贸易潜力的均衡分析

第三节　贸易投资便利化影响对外直接投资潜力的作用机理

一、贸易投资便利化与对外直接投资潜力的内在关系

投资者进行对外直接投资时既会受到自身因素(资金、技术、管理等)的影响，也会受到东道国政治、经济、社会等客观环境因素(市场经济规模、资源禀赋、技术水平、政

府政策等)的制约。胡浩(2017)指出，除自然因素外的其他人为因素均需纳入对外直接投资的影响因素进行考察分析。贸易投资便利化水平是可以全面反映东道国与贸易、投资有关的政治、社会、经济等环境因素的总和。对外直接投资产生的动因主要是对自然资源、市场、技术和战略资产的寻求，而东道国投资环境的便利程度可以影响投资国的投资效率及潜力。当东道国贸易投资便利化条件改善时，投资国对东道国直接投资的交易费用降低，交易费用的降低有利于减少投资国的直接投资效率损失和提升直接投资效率，则投资国对东道国的实际投资规模增加，投资潜力相对较小。与此同时，当东道国贸易投资便利化条件改善时，东道国投资市场的竞争性增强，各国均希望扩大对该国的直接投资规模，则交易费用有可能增加，此时投资国的直接投资效率损失增加，投资效率降低，投资国的投资潜力增加。刘洪铎和陈和(2016)以及张静(2018)等人的研究认为，投资成本的降低能够促进外商直接投资的增加。可见，东道国的贸易投资便利化水平可以通过交易费用来影响我国的对外直接投资效率，进而影响我国的对外直接投资潜力。图 3-7 是东道国贸易投资便利化影响对我国直接投资潜力的作用机理流程图。

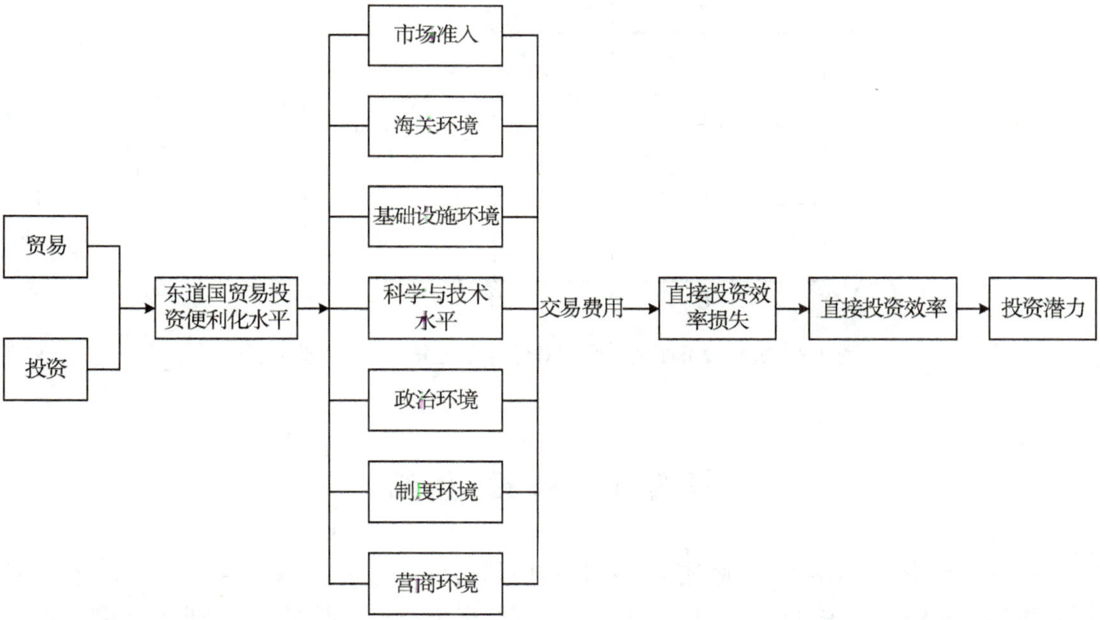

图 3-7　贸易投资便利化影响对外直接投资潜力的作用机理

二、贸易投资便利化影响对外直接投资潜力的均衡分析

根据贸易投资便利化影响对外直接投资潜力的内在机理分析可知，东道国的贸易投资便利化水平可以通过交易费用来影响投资国的直接投资潜力。图 3-8 是东道国贸易投资便利化影响投资国对外直接投资潜力的均衡分析图。S 是投资国的直接投资供给曲线，D 是

东道国的直接投资需求曲线，A是不存在交易费用时的直接投资均衡点，Q_3是此时直接投资的均衡量，P_3是此时直接投资的单位均衡价值。当存在交易费用时，直接投资的单位均衡价值发生改变，由P_3上升至P_1，东道国需要承担的费用是(P_1～P_3)，投资国需要承担的费用是(P_3～P_5)，此时直接投资的数量下降至Q_1，直接投资损失为三角形AEF的面积($S_{\triangle AEF}$)，可拓展的直接投资潜力是$S_{\triangle AEF}$。当东道国贸易投资便利化条件的改善降低交易成本时，直接投资的数量由Q_1增加至Q_2，直接投资损失为三角形ABC的面积($S_{\triangle ABC}$)，可拓展的直接投资潜力为$S_{\triangle ABC}$，$S_{\triangle ABC}<S_{\triangle AEF}$，说明交易费用降低减少了直接投资效率损失，则直接投资效率提升且直接投资潜力减小。

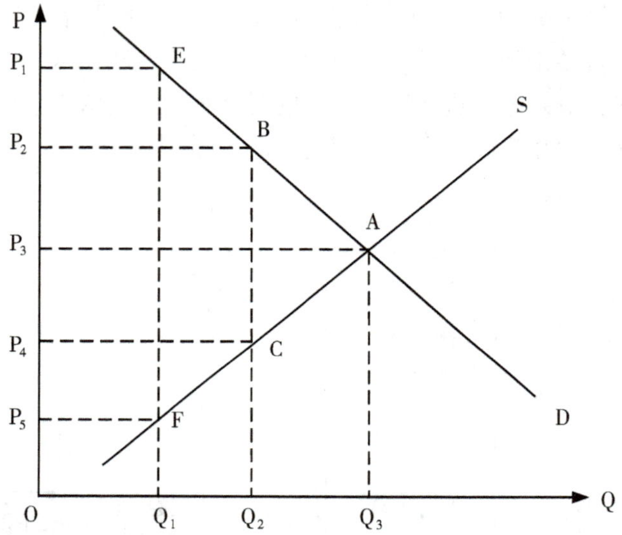

图3-8 贸易投资便利化影响对外直接投资潜力的均衡分析

第四节 本章小结

本章从理论和应用两方面阐述了贸易投资便利化研究的意义，在理论上对国际贸易和国际直接投资的一般关系理论进行了分析，研究发现贸易和投资本身就是相互影响、相互融合的关系；在应用上对贸易便利化和投资便利化内涵的融合进行了分析，研究发现贸易便利化和投资便利化都是东道国通过改善本国的贸易、投资市场环境来降低贸易、投资成本，为经贸合作国家提供便利的一种水平测度。

本章分别分析了贸易投资便利化影响出口贸易潜力的作用机理和贸易投资便利化影响直接投资潜力的作用机理。通过均衡分析的研究，发现贸易投资便利化可以通过交易费用影响出口贸易和对外直接投资的效率损失，进而作用于出口贸易和对外直接投资的效率，最终对出口贸易和对外直接投资潜力产生一定的影响。

第四章　贸易投资便利化指标体系构建及测度分析

第一节　国际组织关于贸易投资便利化指标体系的研究

一、国际组织关于贸易便利化指标体系的构建

国际上许多经济组织都致力于研究和制定贸易便利化体系的评价指标，并且对各国的贸易便利化水平进行测评。其中，世界贸易组织、亚太经合组织、世界银行和世界经济论坛等重要国际组织对贸易便利化指标体系构建的相关研究为本书建立贸易投资便利化指标体系提供了理论基础。

世界贸易组织的贸易便利化委员会制定了贸易便利化自评指南，尽管自评指南存在一些缺陷，如指标过于抽象、可操作性较低、分类不明确等，但却为其他国际经济组织和学者的研究奠定了基础。自评指南包含 14 类一级指标和 43 类二级指标。其中，一级指标包括：关税分类、海关合作、事先裁定权、文件与简化国际贸易程序、使馆物品进出国境、进出口程序其他费用、建立区域和国家层面的贸易便利化委员会、申诉权、进出口货物检测、政府透明度、涵盖信息、货物清关、货物转运和过境手续、边境的工作协调。具体指标如图 4-1 所示。

亚太经合组织在分析亚太地区的经济发展状况时发现，贸易便利化对亚太地区的经济增长起到了十分重要的作用。在 2001 年，亚太经合组织贸易部长会议通过了亚太经合组织贸易便利化原则，并在《上海共识》中落实了具体的行动和举措。亚太经合组织关于贸易便利化的测评大致可以分为三大类，分别是技术设施、程序性规定和政策。其中，技术设施主要是指贸易过程中的硬件环境；程序性规定是包括标准和一体化规定、海关程序规定、商务人员流动规定等有关贸易跨国界活动的具体程序和规则；政策是包括知识产权、竞争政策、政府采购、取消管制、原产地规则、争端调节、信息收集与分析等直接或间接影响贸易的行为准则，具体指标如图 4-2 所示。

世界银行的研究人员 Wilson 等人(2003)在亚太经合组织贸易便利化指标构建的基础上对贸易便利化进行了全面的研究，并对贸易便利化的指标体系进行了重塑，主要包括 4 个一级指标：港口效率、海关环境、监管环境和电子商务的使用。其中，港口效率旨在衡量海上和空中港口等基础设施的质量；海关环境旨在衡量海关和边境口岸的直接海关成本

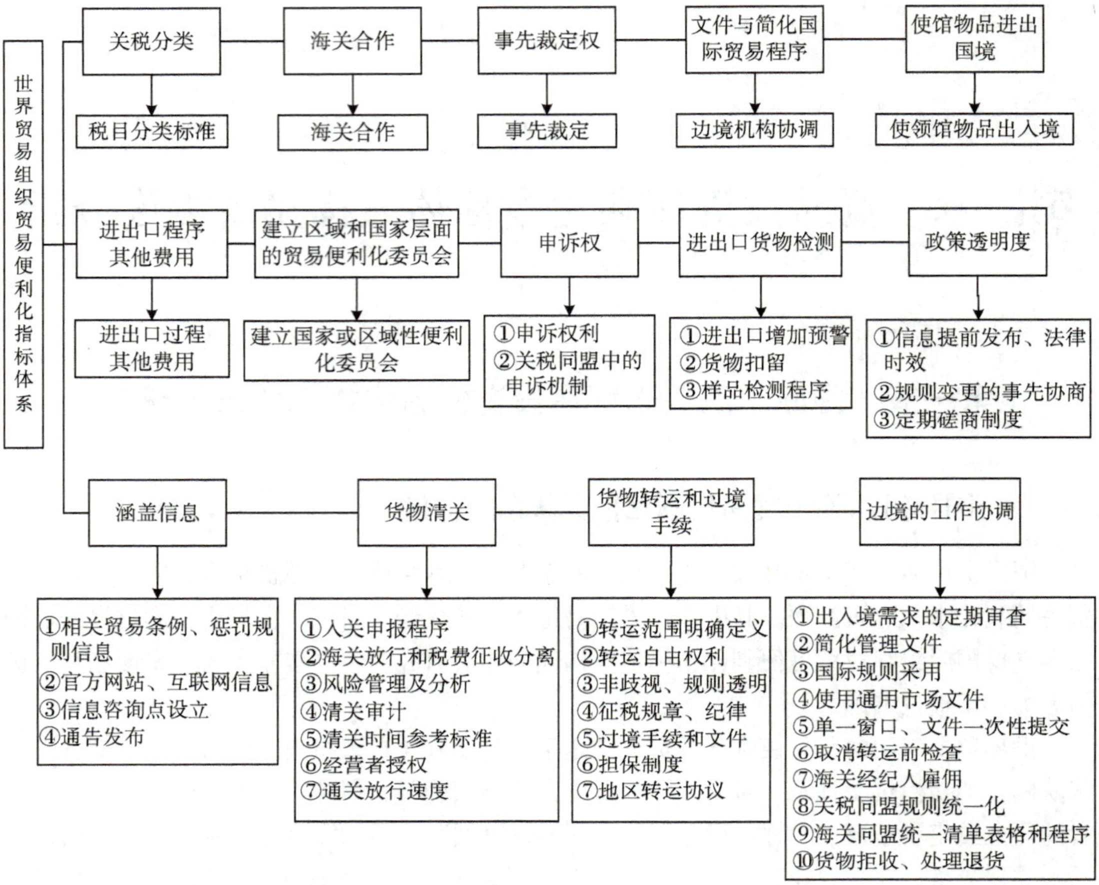

图 4-1 世界贸易组织贸易便利化指标体系

以及行政透明度；监管环境旨在衡量政府监管经济行为的态度；电子商务的使用旨在衡量一个经济体拥有必要的国内基础设施(如电信、金融中介机构和物流公司)的程度，并测量利用网络信息提高经济活动效率的能力，具体指标如图 4-3 所示。

基于世界银行的贸易便利化指标体系，世界经济论坛与全球贸易便利化联盟(Global Alliance for Trade Facilitation，简称 GATF)经过更深入的研究共同发布了《全球贸易促进报告》，此份报告公布的贸易促进指数(Enabling Trade Index，简称 ETI)亦是对贸易便利化的评价。作为一个综合指标，ETI 主要由衡量各种贸易促进因素的指标构成，它包括 4 个一类指标和 7 个二类指标，二类指标下面又进行了更为细致的三类指标的划分。一类指标主要针对经济体在市场准入、边境管理、基础设施及运营环境等方面的表现进行评估。其中，市场准入衡量的是一个国家关税制度的程度和复杂性，以及一个国家的出口商在国外市场面临的关税壁垒和优惠；边境管理用于评估边界管理的效率和透明度，具体而言，它捕获了与进出口商品相关的效率、透明度和成本；基础设施用于衡量一个国家的运输基础设施、相关服务和通信基础设施的可用性和质量，这些要素都是促进货物在该国境内和越

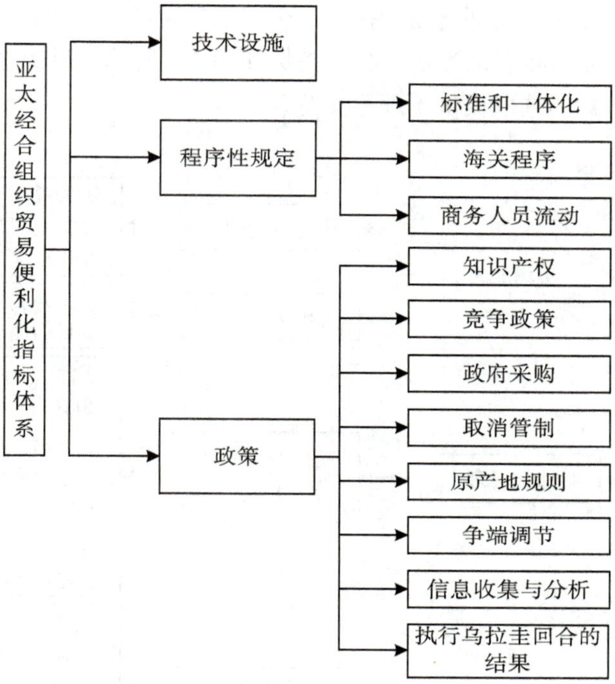

图 4-2　亚太经合组织贸易便利化指标体系

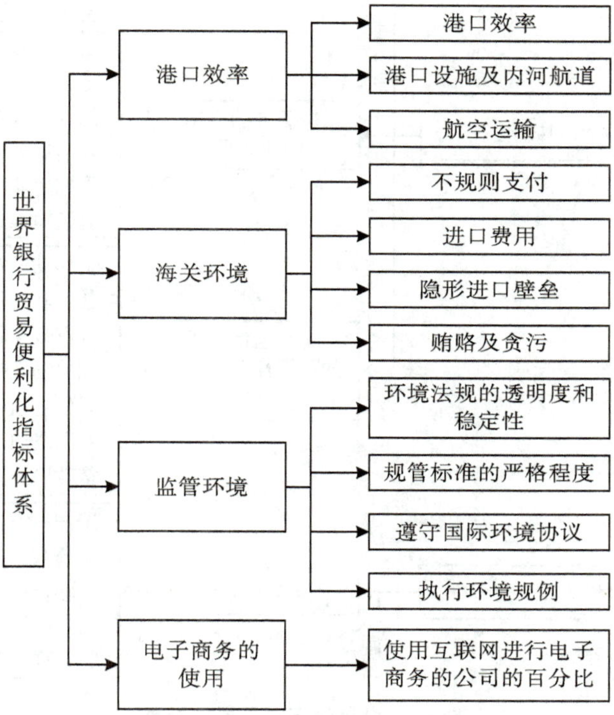

图 4-3　世界银行贸易便利化指标体系

境运输的必备条件；商业运营环境用于衡量一个国家的营商环境质量，此变量对进出口商品公司的运营能力有非常重要的影响，具体指标如图4-4所示。世界经济论坛的ETI为文中贸易投资便利化指标的选取提供了理论支持。

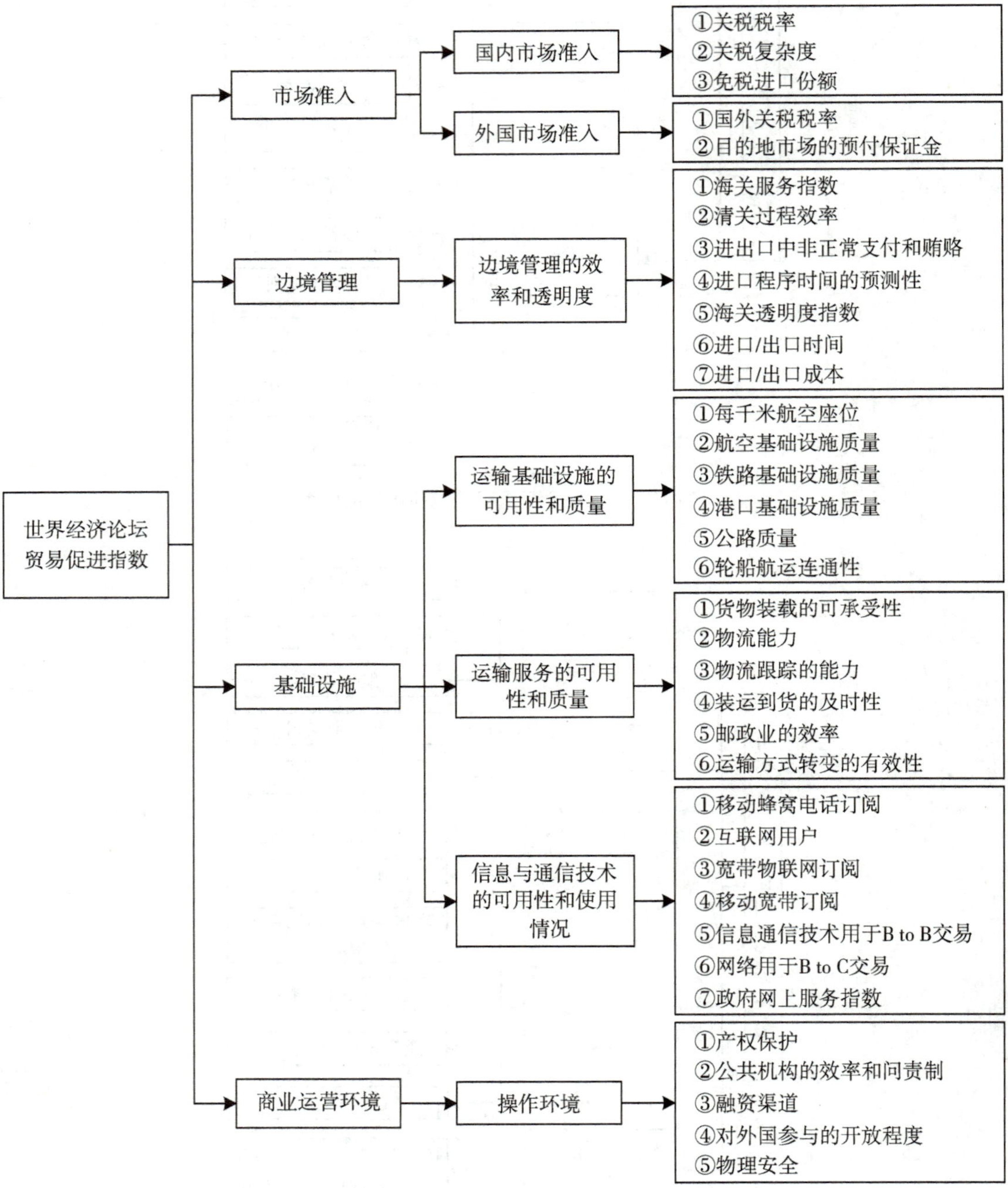

图4-4　世界经济论坛贸易指数

二、国际组织关于投资便利化指标体系的构建

关于投资便利化指标体系构建的研究较少，但国际组织已逐渐认识到投资便利化的重要性，并开始致力于研究投资便利化的目标、原则和评价机制。投资便利化是用来衡量有利于进行外商直接投资的相关政策和管理办法。亚太经合组织最先强调了投资便利化的重要性，并认为对投资便利化研究的目的在于提升投资营商环境的稳定性，提高投资相关政策制定及监管的透明度和有效性，增强对投资产权的保护和加强国际合作等。世界银行为投资便利化指标的选取做出了巨大的贡献，其选取也为本书中贸易投资便利化评价体系指标的选取提供了理论基础。

世界银行发布的《营商环境报告》中的企业营商环境指标评价体系是目前衡量一个国家投资便利化水平的主流评价指标体系，被国内外学者广泛研究和采用。营商环境指标主要对私营企业在创业、经营和扩张等发展过程中的环境进行评估，包括3个部分：一是管理过程的复杂性和成本；二是法律机构的效率；三是劳动力市场监管。前两部分属于创业领域，又分为10个指标：开办企业、办理执照、电力使用、资产登记、缴纳税款、跨境贸易、获得信贷、保护中小投资者、执行契约和破产处理。劳动力市场监管作为衡量就业管理和工作质量的重要指标，对公司的就业创造、国际贸易和金融市场都有重要的影响。在11个一级指标下面，还有多个二级指标，具体指标如图4-5所示。

三、国际组织关于贸易投资便利化指标体系的构建

国际组织对于贸易投资便利化评价体系的理论构建并未形成统一的标准，但是从国际组织对贸易便利化和投资便利化指标体系构建的研究可以看出，指标选取具有同一性和特殊性，既有为提升贸易便利性和投资便利性的同一指标，如基础设施、边境管理等，也有各自独特性的指标，如贸易便利化中的贸易壁垒和投资便利化中的资产登记、办理执照等指标。关于贸易投资便利化的研究，世界经济论坛发布的《全球竞争力报告》(*The Global Competitiveness Report*，简称GCR)已成为现阶段国内外学者研究的主要数据来源，为贸易投资便利化体系的构建提供了广泛的理论和数据支持。

世界经济论坛自1979年以来发布的《全球竞争力报告》旨在为各国政府、私营企业和民间社会提供一个客观的报告，用来了解每个国家贸易、投资环境，为国家之间开展有效的经济合作提供便利性。世界经济论坛在GCR中公布的全球竞争力指数(Global Competitiveness Index，简称GCI)包括国际货币基金组织、世界银行以及联合国各个专门机构等国际组织的研究结果和数据。基于对所选取指标及数据进行的更加全面和综合的分析，全球竞争力指数将众多指标划分为三大类：一是要素驱动的基本要求指标；二是效率驱动的效率增强指标；三是创新驱动的创新和成熟度指标。三大类指标细分为12个部分，其中，基本要求指标包括制度、基础设施、宏观经济环境、健康和基础教育；效率增强指标包括高等教育和培训、商品市场效率、劳动力市场效率、金融市场的发展、技术水平、

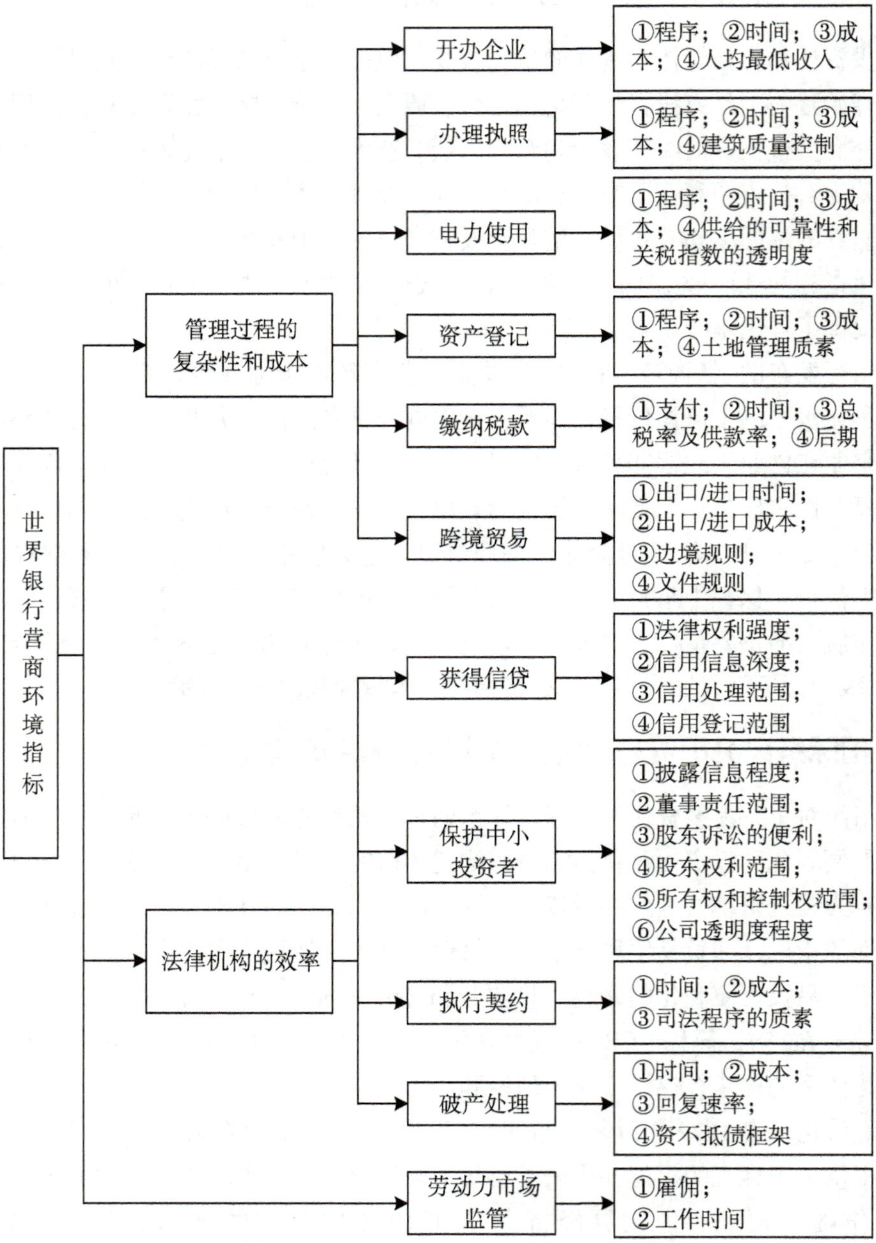

图 4-5　世界银行企业营商环境指标

市场规模；创新和成熟度指标包括企业成熟度和创新能力。全球竞争力指数还继续对这 12 个部分进行了更加细致的挖掘和分类，具体见表 4-1。

表 4-1　**全球竞争力评价指数**

一级指标	二级指标
制度	①产权；②知识产权；③挪用公款；④公众对政治家的信任；⑤非正规支付和贿赂；⑥司法独立；⑦政府官员决策中的偏袒；⑧政府支出的效率；⑨政府管制负担；⑩法律在解决纠纷中的效率；⑪法律在挑战性规则中的效率；⑫政府决策的透明度；⑬恐怖主义的商业成本；⑭犯罪和暴力的商业成本；⑮集团犯罪；⑯警察服务的可靠性；⑰企业的道德行为；⑱审计和报告标准的强度；⑲公司董事会的效力；⑳少数股东利益的保护
基础设施	①整体基础设施的质量；②道路质量；③铁路基础设施的质量；④港口基础设施的质量；⑤航空运输基础设施的质量；⑥每百公里航空座位；⑦供电质量；⑧手机电话订阅；⑨固定电话线路
宏观经济环境	①政府预算平衡；②国民储蓄总额占 GDP 百分比；③通货膨胀率年变化率；④政府债务占 GDP 百分比；⑤国家信用评级
健康和基础教育	①疟疾发病率；②疟疾对商业的影响；③结核病发病率；④结核病对商业的影响；⑤艾滋病患病率；⑥艾滋病/病毒对商业的影响；⑦婴儿死亡率；⑧平均寿命；⑨基础教育的质量；⑩基础教育的入学率
高等教育和培训	①中等教育入学率；②高等教育入学率；③教育体系质量；④数学和科学教育质量；⑤学校管理质量；⑥学校的互联网接入；⑦本地可获得的专业培训服务；⑧员工培训的程度
商品市场效率	①地方竞争强度；②市场主导程度；③反垄断政策的有效性；④税收对投资激励的影响；⑤总税率；⑥启动业务程序的数量；⑦开始创业的时间；⑧农业政策的成本；⑨非关税壁垒的普遍性；⑩贸易关税；⑪外资所有权的普遍性；⑫商业规则对外直接投资的影响；⑬海关程序的负担；⑭进口占 GDP 百分比；⑮顾客导向程度；⑯买房复杂度
劳动力市场效率	①劳动力雇佣关系的合作；②工资确定的灵活性；③雇佣和解雇的行为；④冗余成本；⑤税收对工作激励的影响；⑥工资和生产率；⑦对专业管理的依赖；⑧国家保留人才的能力；⑨国家引进人才的能力；⑩女性劳动人口占总人口的比例
金融市场的发展	①金融服务的可用性；②金融服务的负担能力；③通过当地股票市场融资；④贷款的可获得性；⑤风险投资的可获得性；⑥银行的稳健性；⑦证券交易所的监管；⑧法律权利
技术水平	①最新技术的可用性；②企业层面的技术吸收；③外商直接投资和技术装让；④互联网用户量；⑤固定宽带用户量；⑥互联网宽带速度；⑦移动宽带订阅
市场规模	①国内市场规模指数；②国外市场规模指数；③购买力评价；④出入量
企业成熟度	①本地供应商的数量；②本地供应商的质量；③集群发展状态；④竞争优势性质；⑤价值链宽度；⑥国际分配的控制度；⑦生产工艺的成熟度；⑧市场营销的范围；⑨授权的意愿
创新能力	①创新能力；②科研机构质量；③公司研发指数；④大学与企业合作研发；⑤政府采购先进技术产品；⑥科学家和工程师的可用性；⑦专利合作条约

四、贸易便利化和投资便利化其他相关指标体系

除国际组织外，一些国际集团也对各国的贸易和投资进行了深入的调查分析，并制定了相关的评价体系，为贸易投资便利化指标体系的构建奠定了一定的基础。政治环境一直是贸易和投资便利化研究过程中忽略的变量，但政治环境对贸易投资便利化有较大的影响。一个国家的恐怖主义越活跃、犯罪活动越频繁，其政治环境越动乱，该国的贸易投资便利化水平越低；相反，稳定的政治条件也应该会提升贸易和投资的便利化水平。尽管在国际组织的研究中，政治环境并未成为研究的重点，但无论是机构投资者、银行、跨国公司，还是进口商、出口商、外汇交易员、航运公司，都会关注政治环境给贸易和投资带来的影响。

美国纽约国际报告集团每月公布的《国家风险国际指南》(*International Country Risk Guide*，简称 ICRG)，对各国的政治、金融和经济风险进行了评级。每类风险又创建出一个单独的索引，其中，政治风险评级包括 12 个有关政治和社会属性的加权变量。政治风险包括政治稳定性、社会经济条件、招商简介、内部冲突、外部冲突、腐败、军事的政治性、宗教冲突、法律的秩序、民族冲突、民族责任制和政府官员的品质。其中，政治稳定性由政府统一、立法强度和民众的支持率构成；社会经济条件由失业率、消费者信心和贫困程度构成；招商简介由合同的可用性、利润率和付款延迟构成；内部冲突由内战、恐怖主义和民间动乱构成；外部冲突由战争、跨界冲突和外国压力构成。金融风险包括外债占 GDP 的百分比、外债服务占货物和服务出口的百分比①、经常项目占商品和服务出口的百分比、每月净国际流动资金的进口补偿率、汇率稳定性。经济风险包括人均 GDP、实际 GDP 增长率、年通货膨胀率、预算平衡占 GDP 的百分比、经常项目占 GDP 的百分比。

第二节　贸易投资便利化的指标体系构建

一、贸易投资便利化的指标选取

在借鉴贸易便利化和投资便利化指标体系构建的基础上，对贸易投资便利化指标体系进行构建。考虑到贸易便利化和投资便利化的共性，本书选取了基础设施质量、海关环境、制度环境 3 个一级指标；鉴于贸易便利化的独特性，选取了市场准入 1 个指标；鉴于投资便利化的特殊性，选取了营商环境、科学与技术环境 2 个一级指标；由于政治风险的不确定性将影响贸易和投资活动的整个进程，因此，将政治环境作为一级指标放入贸易投资便利化指标体系的构建。尽管分别基于贸易便利化和投资便利化特性选取指标，但是所选指标对贸易便利化和投资便利化也都存在一定的相互影响，并不是完全独立的，具体指标构成见表 4-2。

---

① 《国家风险国际指南》中公布的外债服务占货物和服务出口的百分比即外债偿还率，等于一国当年外债的还本付息额在当年商品和服务出口收入中所占的比率，是衡量一国还款能力的主要参考数据。

表 4-2 **贸易投资便利化二级指标解释**

一级指标	二级指标	指标解释
基础设施质量（Q）	运输基础设施的可用性和质量（Q_1）	衡量公路、航空、铁路和海港这四种主要运输方式的国内基础设施的可用性和质量
	运输服务的可用性和质量（Q_2）	评估航运和物流公司在该国的存在和能力，以及运输的易用性、成本和及时性
	信息与通信技术的可用性及使用情况（Q_3）	通过移动电话和互联网的使用情况评估信息和通信技术的可用性与质量
制度环境（I）	国家信用评级（I_1）	评估主权债务违约的概率
	司法独立（I_2）	在多大程度上司法独立于政府、公民或公司成员的影响
	政府决策透明度（I_3）	企业获得经营相关政府政策和法规变化信息的容易程度
	政府管制负担（I_4）	企业遵守政府管理要求（如许可证、法规、报告）的负担
	产权保护（I_5）	包括金融资产在内的产权保护力度
	公共机构的效率和问责制（I_6）	公共机构工作行为效率与解决纠纷的能力
	对外开放程度（I_7）	雇用外国劳工的便利程度、规则对外国直接投资的商业影响和对多边贸易规则的开放程度
海关环境（C）	海关服务效率（C_1）	评估由海关和相关机构提供的服务的质量和全面性
	海关清关效率（C_2）	该指标评估了每个国家 8 个主要贸易伙伴海关和其他边境管制机构通关过程的有效性和效率
	进出口非正常支付和贿赂（C_3）	公司在进出口贸易中进行无证额外支付或贿赂的普遍性
市场准入（M）	关税复杂度（M_1）	对关税差异、关税峰值、关税形式等的评估
	免税进口份额（M_2）	免税进口额占总进口份额的百分比
	关税税率（M_3）	计算方法是所有适用关税税率的贸易加权平均值，包括一个国家适用于世界其他地区的优惠税率
	国内市场规模（M_4）	除去商品和服务出口价值，并加上商品和服务进口价值的国内生产总值
营商环境（B）	商品市场效率（B_1）	根据特定的供求条件，能够很好地生产出正确的产品和服务组合，并确保这些商品能够在经济中最有效地进行贸易
	劳动力市场效率（B_2）	劳动力在经济市场中的有效利用
	金融市场效率（B_3）	国家的公民以及那些从国外进入经济的人所节省的资源分配给他们最有生产力的用途。它将资源输送给那些预期回报率最高的企业或投资项目，而不是与政治有关的项目

续表

一级指标	二级指标	指标解释
科学与技术环境（T）	最新技术的可用性（T_1）	最新的技术在国内的可用程度
	技术转让（T_2）	外商直接投资为国内带来新技术的可能程度
	创新能力（T_3）	公司的创新能力
	专利规模（T_4）	每百万人口专利合作申请数量
	科研机构质量（T_5）	科研机构装配、成果等的质量
政治环境（P）	政治稳定性（P_1）	政府执行工作计划的能力和其任职能力的评估
	内部冲突（P_2）	政府对武装或公民反行为治理的行为或潜在影响的评估
	外部冲突（P_3）	外国行动对现任政府的风险评估
	民族冲突（P_4）	一个国家由于种族、民族或语言分歧而造成风险的评估
	宗教冲突（P_5）	宗教之间相互排斥或谋求替代政府进行统治的风险评估

①基础设施质量指标评估了一个国家的铁路、航空、公路和海路运输基础设施、相关服务及通信基础设施的可用性和质量，这是促进物品、信息及资产在该国境内和跨境运输的必需条件。基础设施质量指标分数越高，代表基础设施质量越高、服务越完善。该一级指标还包括 3 个二级指标：运输基础设施的可用性和质量、运输服务的可用性和质量、信息与通信技术的可用性及使用情况。

②制度环境指标通过评估相关政策的稳定性以及政府行为的规范性来衡量影响一国贸易和投资的关键制度因素的质量，且分数越高越制度环境越优越。该一级指标还包括 7 个二级指标：国家信用评级、司法独立、政府决策透明度、政府管制负担、对外开放程度、产权保护、公共机构的效率和问责制。

③海关环境指标反映了一个国家海关边境管理的质量、透明度和效率，分值越高代表该国家的边境管理水平越高。该一级指标还包括 3 个二级指标：海关服务效率、海关清关效率、进出口非正常支付和贿赂。

④市场准入指标反映了一个国家允许外国货物、劳务和资本参与国内市场的程度。该一级指标还包括 4 个二级指标：关税税率、关税复杂度、免税进口份额、国内市场规模。其中，关税税率和关税复杂度越高，市场准入分值越低，但免税进口份额和国家规模越大，市场准入分值越高。

⑤营商环境指标是商品市场、劳动力市场和金融市场环境的综合。拥有完善商品市场的国家能够保证高效地进行贸易并吸引外商直接投资；健全的劳动力市场环境可以提高商

品市场效率，且有利于吸引人才；成熟的金融市场可以减低投资风险，保障银行业和证券交易所的发展。该一级指标有 3 个二级指标：商品市场效率、劳动力市场效率、金融市场效率，且分值越高代表营商环境越便利。

⑥科学与技术环境指标反映的是采用现有技术提高其工业生产能力的灵活性，特别强调在日常活动中和生产过程中的技术创新和技术应用等。其分值越高代表该国的科技水平越高。该一级指标有 5 个二级指标：最新技术的可用性、技术转让、创新能力、专利规模、科研机构质量。

⑦政治环境指标反映的是一国政府的稳定性以及各种冲突爆发的可能性。其分值越高，政治环境越稳定，政治风险就越低。该一级指标有 5 个二级指标：内部冲突、外部冲突、民族冲突、宗教冲突、政治稳定性。

本节采用 2007—2016 年《全球贸易促进报告》(GETR)、《全球竞争力报告》(GCR)和《国家风险国际指南》(ICRG)公布的数据进行权重计算，表 4-4 列明了各个指标的具体来源。主要选取了与我国有贸易往来，且我国对其有直接投资的国家作为研究对象，但需要剔除存在以下情形的一些国家：①国内社会局势混乱，数据存在极大的不稳定性，剔除了利比亚、伊拉克、也门等国家；②政治、经济封闭，不允许国际组织进行数据搜集，剔除了朝鲜、老挝等国家；③其他数据不可获得的原因，剔除了贝宁、安哥拉、利比里亚等国家。基于此，最终选取了 116 个国家和地区①作为研究对象。

二、贸易投资便利化指标体系的权重计算

贸易投资便利化指标体系权重的计算借鉴了王培和王焱鑫的方法②，用 SPSS. 20 软件

---

① 所选取的 116 个国家和地区包括：阿尔巴尼亚、阿尔及利亚、阿根廷、埃及、阿曼、阿塞拜疆、埃塞俄比亚、爱尔兰、爱沙尼亚、奥地利、澳大利亚、巴基斯坦、巴拉圭、巴林、巴拿马、巴西、保加利亚、比利时、冰岛、波兰、玻利维亚、博茨瓦纳、布基纳法索、韩国、丹麦、德国、多米尼加、俄罗斯、厄瓜多尔、法国、菲律宾、芬兰、冈比亚、哥伦比亚、哥斯达黎加、圭亚那、哈萨克斯坦、荷兰、洪都拉斯、加拿大、加纳、捷克、津巴布韦、喀麦隆、卡塔尔、科特迪瓦、科威特、克罗地亚、拉脱维亚、黎巴嫩、立陶宛、卢森堡、罗马尼亚、马达加斯加、马耳他、马拉维、马来西亚、美国、孟加拉国、秘鲁、摩尔多瓦、摩洛哥、莫桑比克、墨西哥、纳米比亚、南非、尼加拉瓜、尼日利亚、挪威、葡萄牙、日本、瑞典、瑞士、萨尔瓦多、塞内加尔、塞浦路斯、沙特阿拉伯、斯里兰卡、斯洛伐克、斯洛文尼亚、泰国、坦桑尼亚、特立尼达和多巴哥、突尼斯、土耳其、危地马拉、文莱、乌干达、乌克兰、乌拉圭、西班牙、希腊、新加坡、新西兰、匈牙利、牙买加、亚美尼亚、以色列、意大利、印度、印度尼西亚、英国、约旦、越南、赞比亚、智利、中国香港、海地、伊朗、马里、蒙古、塞尔维亚、中国台湾、委内瑞拉、阿联酋。

② 王培和王焱鑫在《面板数据的主成分分析及其应》一文中，将面板数据应用于主成分分析，面板数据的主成分分析相对于多元统计中的总体及样本的主成分分析要复杂很多，目前没有现成的软件可供使用。二人寻求一种新的途径将多指标面板数据的结构转换成现有软件能够处理的数据类型，这是一种“降维”的思想，即当研究问题的要求不是非常严格时，可以通过取均值的方法将多指标面板数据的三维表格降为二维表格。具体的做法为：对每一个指标在时间维度上取均值，抽象为某一个特定时刻的情形，从而消去时间维度的影响，退化成截面数据。

对面板数据进行主成分分析，避免了层次分析法等研究方法对指标赋权的主观性。在进行主成分分析时，需要先对样本数据进行可行性检验，其中，KMO 检验①系数值为 0.928，大于 0.8，这说明样本数据的结构合理，主成分分析的结果具有较好的实用性。Bartlett 球形检验②的 P 值为 0，说明各变量之间具有相关关系，可以进行主成分的提取。对通过检验且已进行标准化的原始数据进行主成分分析，得到每个因子的特征值、贡献率和累积贡献率，见表 4-3。

表 4-3　**主成分选取结果**

主成分	特征值	贡献率(%)	累积贡献率(%)	主成分	特征值	贡献率(%)	累积贡献率(%)
$Comp_1$	16.542	55.141	55.141	$Comp_{16}$	0.196	0.653	96.180
$Comp_2$	2.709	9.031	64.173	$Comp_{17}$	0.187	0.624	96.804
$Comp_3$	2.384	7.946	72.118	$Comp_{18}$	0.138	0.460	97.265
$Comp_4$	1.203	4.011	76.130	$Comp_{19}$	0.134	0.448	97.713
$Comp_5$	0.970	3.234	79.364	$Comp_{20}$	0.123	0.410	98.123
$Comp_6$	0.911	3.038	82.402	$Comp_{21}$	0.097	0.325	98.448
$Comp_7$	0.710	2.366	84.768	$Comp_{22}$	0.080	0.268	98.715
$Comp_8$	0.625	2.083	86.851	$Comp_{23}$	0.074	0.248	98.963
$Comp_9$	0.527	1.756	88.607	$Comp_{24}$	0.066	0.221	99.184
$Comp_{10}$	0.466	1.552	90.159	$Comp_{25}$	0.058	0.194	99.377
$Comp_{11}$	0.424	1.413	91.572	$Comp_{26}$	0.051	0.169	99.547
$Comp_{12}$	0.355	1.183	92.755	$Comp_{27}$	0.049	0.163	99.710
$Comp_{13}$	0.321	1.070	93.825	$Comp_{28}$	0.037	0.123	99.832
$Comp_{14}$	0.263	0.875	94.701	$Comp_{29}$	0.033	0.109	99.941
$Comp_{15}$	0.248	0.827	95.527	$Comp_{30}$	0.018	0.059	100.000

当主成分的特征值大于 1 时，则可以提取这个主成分。由表 4-3 可知，有 4 个主成分的特征值大于 1，这 4 个主成分提取了 30 个二级指标中 76.13%的信息量，且主成分之间

① Kaiser-Meyer-Olkin 检验(KMO)统计量是用于比较变量间简单相关系数和偏相关系数的指标，主要应用于多元统计的因子分析，KMO 统计量取值为 0~1。KMO 值越接近 1，意味着变量间的相关性越强，样本数据选择合理；KMO 值越接近 0，意味着变量间的相关性越弱，样本数据选择不合理。

② Bartlett 球形检验是一种数学术语。用于检验相关阵中各变量间的相关性，是否为单位阵，即检验各个变量是否各自独立。当 P 值小于 0.05 时，说明变量之间具有相关关系，可以进行主成分分析。

没有相关性。因此，本书选择了 4 个主成分，分别为 $Comp_1$、$Comp_2$、$Comp_3$和 $Comp_4$。4 个主成分的系数分别等于各自主成分载荷向量除以各自主成分特征值的算术平方根，表达式如下：

$$Comp_1 = 0.217Q_1 + 0.225Q_2 + 0.220Q_3 + 0.222I_1 + 0.215I_2 + 0.211I_3 + 0.122I_4 + 0.226I_5 + 0.210I_6 + 0.169I_7 + 0.151C_1 + 0.230C_2 + 0.228C_3 - 0.132M_1 + 0.151M_2 - 0.164M_3 + 0.090M_4 + 0.229B_1 + 0.186B_2 + 0.209B_3 + 0.230T_1 + 0.177T_2 + 0.215T_3 + 0.175T_4 + 0.214T_5 + 0.037P_1 + 0.140P_2 + 0.075P_3 + 0.065P_4 + 0.063P_5 \quad (4\text{-}1)$$

$$Comp_2 = -0.105Q_1 - 0.163Q_2 - 0.143Q_3 - 0.096I_1 + 0.092I_2 + 0.233I_3 + 0.427I_4 + 0.110I_5 + 0.199I_6 + 0.066I_7 - 0.199C_1 - 0.114C_2 + 0.040C_3 + 0.314M_1 - 0.054M_2 + 0.077M_3 - 0.379M_4 + 0.099B_1 + 0.179B_2 + 0.080B_3 - 0.022T_1 + 0.139T_2 - 0.135T_3 - 0.148T_4 - 0.134T_5 + 0.383P_1 + 0.104P_2 + 0.160P_3 - 0.015P_4 + 0.133P_5 \quad (4\text{-}2)$$

$$Comp_3 = 0.077Q_1 + 0.041Q_2 - 0.087Q_3 + 0.000I_1 + 0.111I_2 + 0.079I_3 + 0.187I_4 + 0.084I_5 + 0.074I_6 - 0.074I_7 + 0.050C_1 + 0.027C_2 - 0.039C_3 + 0.178M_1 - 0.303M_2 + 0.313M_3 + 0.260M_4 + 0.093B_1 + 0.022B_2 + 0.102B_3 + 0.043T_1 + 0.080T_2 + 0.106T_3 + 0.061T_4 + 0.106T_5 + 0.053P_1 - 0.412P_2 - 0.309P_3 - 0.466P_4 - 0.282P_5 \quad (4\text{-}3)$$

$$Comp_4 = 0.078Q_1 + 0.003Q_2 + 0.093Q_3 + 0.002I_1 + 0.056I_2 + 0.025I_3 + 0.058I_4 + 0.023I_5 + 0.115I_6 - 0.423I_7 - 0.044C_1 - 0.013C_2 + 0.082C_3 + 0.028M_1 - 0.148M_2 + 0.209M_3 + 0.015M_4 - 0.100B_1 + 0.032B_2 - 0.184B_3 - 0.014T_1 - 0.356T_2 + 0.125T_3 + 0.353T_4 + 0.096T_5 + 0.230P_1 + 0.120P_2 - 0.325P_3 + 0.238P_4 + 0.400P_5 \quad (4\text{-}4)$$

由 4 个主成分可以构建综合评价模型。将 4 个主成分中各个指标对应的系数乘以该主成分的贡献率再除以 4 个主成分的累计贡献率，然后相加求和，最后进行归一化处理，可以得到贸易投资便利化综合评价方程：

$$TIF = Comp = 0.044Q_1 + 0.042Q_2 + 0.039Q_3 + 0.042I_1 + 0.051I_2 + 0.054I_3 + 0.046I_4 + 0.053I_5 + 0.054I_6 + 0.028I_7 + 0.025C_1 + 0.044C_2 + 0.048C_3 - 0.011M_1 + 0.018M_2 - 0.019M_3 + 0.014M_4 + 0.052B_1 + 0.045B_2 + 0.046B_3 + 0.048T_1 + 0.038T_2 + 0.045T_3 + 0.038T_4 + 0.044T_5 + 0.025P_1 + 0.022P_2 + 0.007P_3 + 0.003P_4 + 0.015P_5 \quad (4\text{-}5)$$

由贸易投资便利化综合评价方程可得到 30 个二级指标的权重，而 7 个一级指标的权重分别等于其所包含的二级指标的权重之和，表 4-4 分别列明了各个一级指标和二级指标的权重。

表 4-4　　**贸易投资便利化指标体系**

一级指标(权重)	二级指标	权重	数据来源
基础设施质量(Q)(0.125)	运输基础设施的可用性和质量(Q_1)	0.044	GETR
	运输服务的可用性和质量(Q_2)	0.042	GETR
	信息与通信技术的可用性及使用情况(Q_3)	0.039	GETR

续表

一级指标(权重)	二级指标	权重	数据来源
制度环境(I)(0.328)	国家信用评级(I_1)	0.042	GCR
	司法独立(I_2)	0.051	GCR
	政府决策透明度(I_3)	0.054	GCR
	政府管制负担(I_4)	0.046	GCR
	产权保护(I_5)	0.053	GCR
	公共机构的效率和问责制(I_6)	0.054	GETR
	对外开放程度(I_7)	0.028	GETR
海关环境(C)(0.117)	海关服务效率(C_1)	0.025	GETR
	海关清关效率(C_2)	0.044	GETR
	进出口非正常支付和贿赂(C_3)	0.048	GETR
市场准入(M)(0.002)	关税复杂度(M_1)	-0.011	GETR
	免税进口份额(M_2)	0.018	GETR
	关税税率(M_3)	-0.019	GCR
	国内市场规模(M_4)	0.014	GCR
营商环境(B)(0.143)	商品市场效率(B_1)	0.052	GCR
	劳动力市场效率(B_2)	0.045	GCR
	金融市场效率(B_3)	0.046	GCR
科学与技术环境(T)(0.212)	最新技术的可用性(T_1)	0.048	GCR
	技术转让(T_2)	0.038	GCR
	创新能力(T_3)	0.045	GCR
	专利规模(T_4)	0.038	GCR
	科研机构质量(T_5)	0.044	GCR
政治环境(P)(0.072)	政治稳定性(P_1)	0.025	ICRG
	内部冲突(P_2)	0.022	ICRG
	外部冲突(P_3)	0.007	ICRG
	民族冲突(P_4)	0.003	ICRG
	宗教冲突(P_5)	0.015	ICRG

第三节　贸易投资便利化体系的测度与分析

一、贸易投资便利化水平的测度与分析

根据前文构建的贸易投资便利化指标体系以及获得的权重，利用公式(4-5)测算出我国在2007—2016年进行出口贸易和直接投资的116个国家和地区的贸易投资便利化水平。由图4-6可知，2007—2016年所选取国家的贸易投资便利化水平整体呈上升的趋势，但增长率发生了波动性变化。2008年金融危机后，受全球经济增长乏力、贸易保护主义抬头和贸易自由化进程缓慢等因素的持续影响，世界各国的贸易投资便利化水平增速放缓，且主要是制度环境、海关环境、营商环境和市场准入等方面存在薄弱环节。2014年，随着全球经济的逐渐复苏，各国的贸易、投资活动趋于频繁，国内的制度环境、海关环境和市场准入等条件逐渐得到改善，各国的贸易投资便利化水平又开始了较快速的增长。

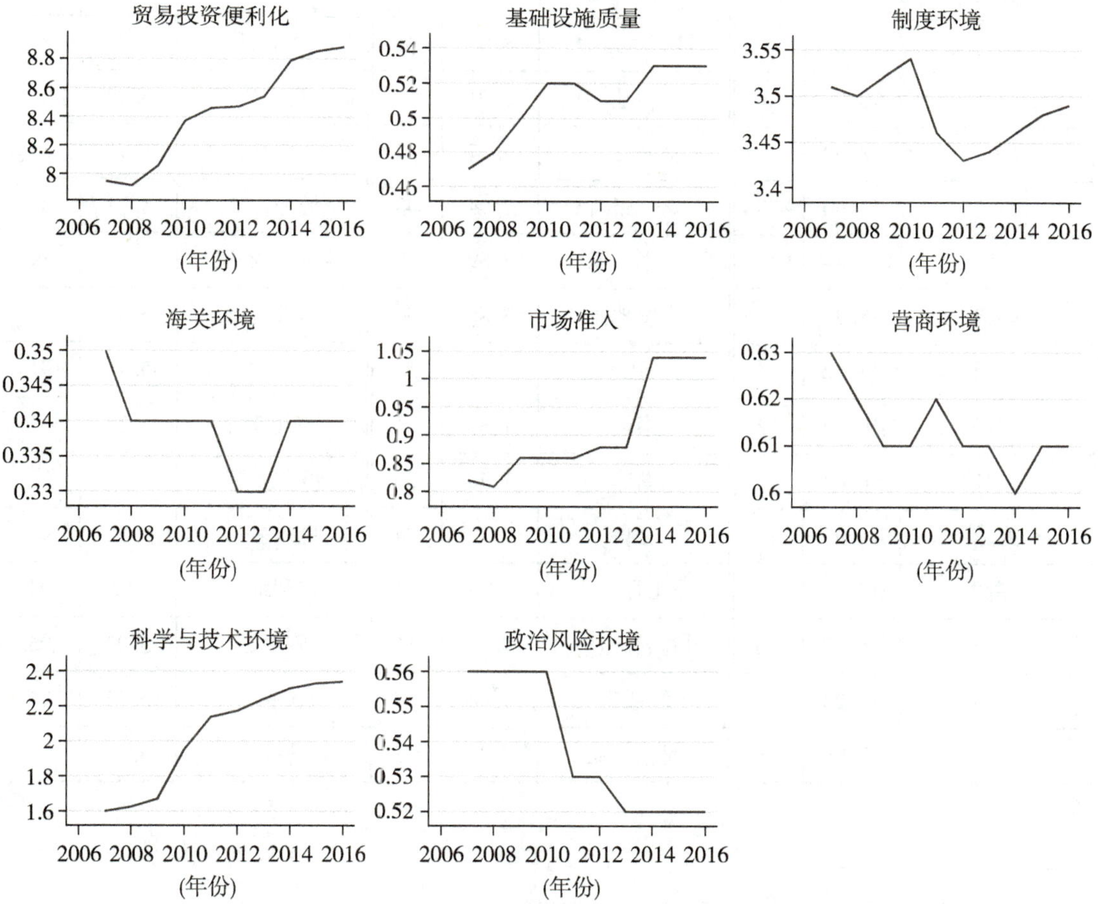

图4-6　东道国贸易投资便利化及各一级指标均值走势

由表 4-5 可知，2016 年所选取的 116 个国家和地区的贸易投资便利化水平差异非常显著，取值范围为 3. 67～22. 65①，其中，处于贸易投资便利化水平低档的国家和地区有 87 个，占总体的 75. 00%；处于贸易投资便利化水平中档的国家和地区有 16 个，占总体的 13. 79%；处于贸易投资便利化水平高档的国家和地区有 13 个，占总体的 11. 21%。由此可知，大部分经济发展水平低的国家的贸易投资便利化水平仍处于较低的状态，还有较大的提升空间，但国内市场环境改善乏力。

表 4-5　　**2016 年东道国(地区)贸易投资变化水平排名**

国家(地区)	TIF	排序	国家(地区)	TIF	排序	国家(地区)	TIF	排序
瑞典	22. 65	1	墨西哥	8. 41	41	巴西	6. 13	81
日本	22. 54	2	博茨瓦纳	8. 24	42	牙买加	6. 12	82
瑞士	22. 49	3	文莱	8. 08	43	洪都拉斯	5. 96	83
芬兰	20. 71	4	保加利亚	8. 05	44	巴拉圭	5. 96	84
中国台湾	20. 61	5	沙特阿拉伯	8. 03	45	肯尼亚	5. 88	85
德国	18. 97	6	阿曼	8. 01	46	乌干达	5. 73	86
以色列	18. 60	7	罗马尼亚	7. 97	47	埃及	5. 73	87
荷兰	18. 60	8	塞浦路斯	7. 94	48	尼加拉瓜	5. 71	88
丹麦	18. 44	9	纳米比亚	7. 89	49	阿尔及利亚	5. 58	89
韩国	18. 33	10	克罗地亚	7. 88	50	坦桑尼亚	5. 48	90
美国	17. 22	11	哥斯达黎加	7. 87	51	乌克兰	5. 46	91
奥地利	16. 79	12	泰国	7. 82	52	黎巴嫩	5. 35	92
新加坡	16. 63	13	南非	7. 78	53	摩尔多瓦	5. 32	93
挪威	15. 99	14	秘鲁	7. 77	54	厄瓜多尔	5. 28	94
卢森堡	15. 55	15	土耳其	7. 58	55	玻利维亚	5. 25	95
法国	14. 52	16	乌拉圭	7. 55	56	阿根廷	5. 23	96
英国	14. 23	17	科威特	7. 44	57	圭亚那	5. 13	97
比利时	13. 96	18	哥伦比亚	7. 42	58	马拉维	5. 11	98

① 将取值范围为 3. 67～22. 63 的贸易投资便利化水平平均分为三档：低档(3. 67～10. 00)、中档(10. 00～16. 32)和高档(16. 32～22. 65)。

续表

国家(地区)	TIF	排序	国家(地区)	TIF	排序	国家(地区)	TIF	排序
加拿大	13.85	19	巴林	7.41	59	莫桑比克	5.09	99
冰岛	13.02	20	菲律宾	7.36	60	塞内加尔	5.02	100
澳大利亚	12.56	21	印度尼西亚	7.36	61	加纳	4.90	101
中国香港	12.30	22	特立尼达和多巴哥	7.19	62	科特迪瓦	4.82	102
新西兰	12.15	23	巴拿马	7.17	63	尼日利亚	4.73	103
爱尔兰	11.57	24	摩洛哥	7.17	64	蒙古	4.72	104
斯洛文尼亚	11.19	25	约旦	7.03	65	冈比亚	4.72	105
意大利	10.58	26	危地马拉	7.00	66	孟加拉国	4.61	106
爱沙尼亚	10.58	27	阿尔巴尼亚	6.98	67	马里	4.60	107
捷克	10.20	28	俄罗斯	6.88	68	马达加斯加	4.52	108
西班牙	10.13	29	希腊	6.86	69	喀麦隆	4.51	109
马耳他	9.90	30	阿塞拜疆	6.79	70	巴基斯坦	4.45	110
智利	9.53	31	哈萨克斯坦	6.77	71	埃塞俄比亚	4.31	111
马来西亚	9.49	32	越南	6.74	72	布基纳法索	4.30	112
立陶宛	9.27	33	塞尔维亚	6.73	73	津巴布韦	4.15	113
斯洛伐克	9.16	34	突尼斯	6.66	74	伊朗	4.11	114
波兰	9.16	35	印度	6.60	75	委内瑞拉	3.68	115
卡塔尔	9.10	36	萨尔瓦多	6.49	76	海地	3.67	116
阿联酋	9.10	37	多米尼加	6.38	77			
葡萄牙	9.01	38	亚美尼亚	6.30	78			
拉脱维亚	8.93	39	赞比亚	6.27	79			
匈牙利	8.92	40	斯里兰卡	6.15	80			

联合国于2018年公布的人类发展指数(Human Development Index，简称HDI)成为国际货币基金组织和美国中央情报局定义发达国家的基准，HDI超过0.800即可认为该国具有非常高的人类发展水平，即为发达国家。因此，以2018年公布的人类发展指数为分组标准，将HDI得分高于或等于0.800的国家定义为发达国家，低于0.800的国家定义为发展中国家。基于此，本书所选取的116个国家和地区中包括54个发达国家和地区，62个

发展中国家①。按发达国家和地区及发展中国家划分后，116 个国家和地区在 2007—2016 年的贸易投资便利化水平分布，如图 4-7 所示。

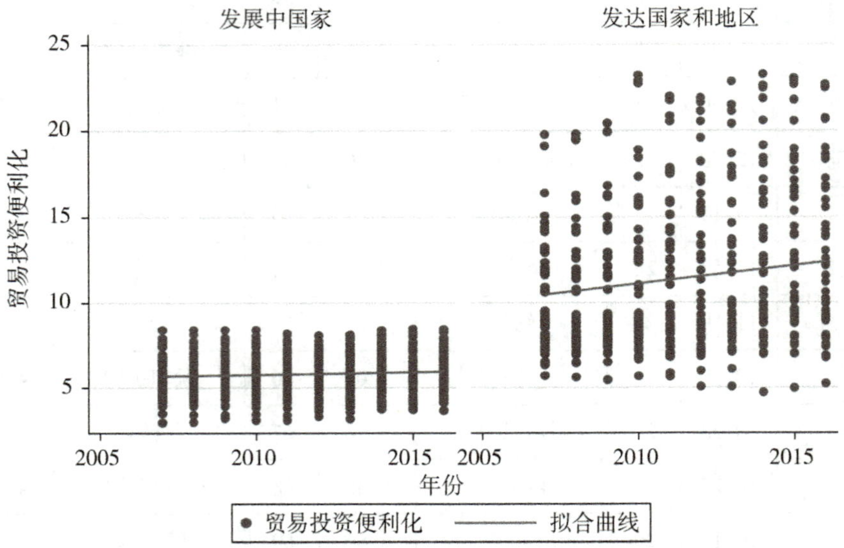

图 4-7 发展中国家及发达国家和地区的贸易投资便利化水平

从图 4-7 可以看出，发达国家和地区及发展中国家贸易投资便利化水平一般性和特殊性的内容。2007—2016 年，发展中国家贸易投资便利化均处于较低的水平，且变化较为缓慢，说明发展中国家贸易投资便利化水平仍有待进一步提升；相较于发展中国家，发达国家和地区贸易投资便利化整体水平较高，且在 2007—2016 年呈现上升的趋势。此外，发达国家和地区贸易投资便利化水平的离散程度相较于发展中国家而言更大，尽管仍有部分发达国家和地区贸易投资便利化水平与发展中国家相似，处于较低的水平，并未体现出发达国家和地区在贸易投资便利化中的优势，但发达国家和地区贸易投资便利化整体水平

① 54 个发达国家和地区包括：阿根廷、阿曼、爱尔兰、爱沙尼亚、奥地利、澳大利亚、巴林、保加利亚、比利时、冰岛、波兰、韩国、丹麦、德国、俄罗斯、法国、芬兰、哈萨克斯坦、荷兰、加拿大、捷克、卡塔尔、科威特、克罗地亚、拉脱维亚、立陶宛、卢森堡、罗马尼亚、马耳他、马来西亚、美国、挪威、葡萄牙、日本、瑞典、瑞士、塞浦路斯、沙特阿拉伯、斯洛伐克、斯洛文尼亚、文莱、乌拉圭、西班牙、希腊、新加坡、新西兰、匈牙利、以色列、意大利、英国、智利、中国台湾、中国香港、阿联酋；62 个发展中国家包括：阿尔巴尼亚、阿尔及利亚、埃及、阿塞拜疆、埃塞俄比亚、巴基斯坦、巴拉圭、巴拿马、巴西、玻利维亚、博茨瓦纳、布基纳法索、多米尼加、厄瓜多尔、菲律宾、冈比亚、哥伦比亚、哥斯达黎加、圭亚那、洪都拉斯、加纳、津巴布韦、喀麦隆、科特迪瓦、黎巴嫩、马达加斯加、马拉维、孟加拉国、秘鲁、摩尔多瓦、摩洛哥、莫桑比克、墨西哥、纳米比亚、南非、尼加拉瓜、尼日利亚、萨尔瓦多、塞内加尔、斯里兰卡、泰国、坦桑尼亚、特立尼达和多巴哥、突尼斯、土耳其、危地马拉、乌干达、乌克兰、牙买加、亚美尼亚、印度、印度尼西亚、约旦、越南、赞比亚、海地、伊朗、马里、蒙古、塞尔维亚、委内瑞拉。

高于发展中国家。

我国从 2013 年开始大规模地进行对外直接投资，且主要集中在周边“一带一路”沿线国家。因此，需要重点分析“一带一路”沿线国家的贸易投资便利化水平。在所选取的 116 个国家和地区中，包含了 43 个“一带一路”沿线国家①。由图 4-8 可知，相较于非“一带一路”沿线国家，“一带一路”沿线国家的贸易投资便利化水平普遍较低。在“一带一路”沿线国家中，贸易投资便利化水平处于缓慢增加的状态，通过对各国贸易投资便利化水平比较，发现除以色列和新加坡两个国家的贸易投资便利化水平处于高档外，其他国家贸易投资便利化水平大部分处于低档。目前，“一带一路”沿线国家大多是经济发展水平较落后的发展中国家，整体的贸易投资便利化水平低于非“一带一路”沿线国家。

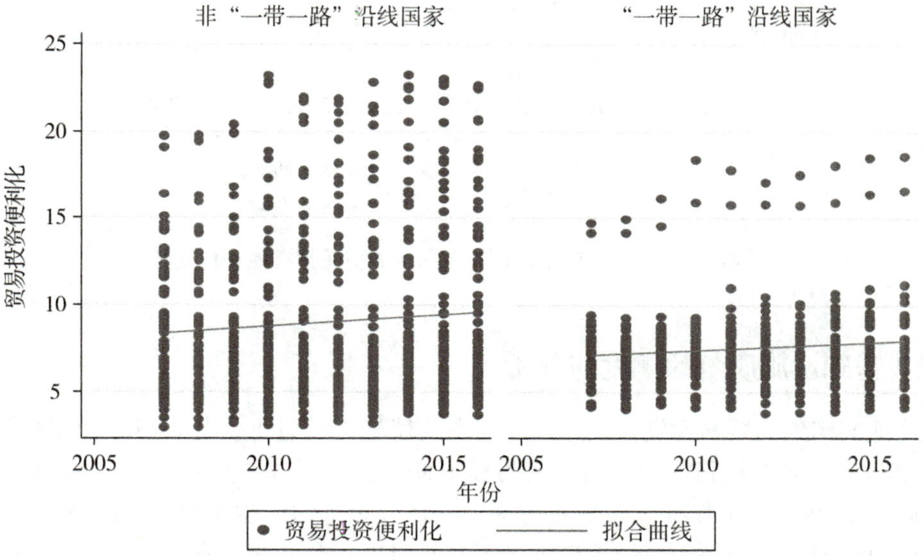

图 4-8 “一带一路”沿线国家和非“一带一路”沿线国家的贸易投资便利化水平

从“一带一路”沿线各个区域来看，贸易投资便利化水平差异非常显著。由图 4-9 可知，东南亚地区的贸易投资便利化水平最高，其次分别是中东欧地区、西亚北非地区、中亚地区、东北亚地区和南亚地区。东南亚地区的新加坡、马来西亚，中东欧地区的斯洛文尼亚、爱沙尼亚、波兰和西亚北非的以色列等国家的贸易投资便利化水平相对较高；南亚的孟加拉国、巴基斯坦和西亚北非的伊朗等国家的贸易投资便利化水平相对较低。2013 年开始，东南亚、南亚和中东欧地区的贸易投资便利化水平整体呈上升的趋势，这是由于

① 所选取的 43 个“一带一路”沿线国家包括：阿尔巴尼亚、埃及、阿塞拜疆、巴基斯坦、菲律宾、黎巴嫩、孟加拉国、摩尔多瓦、斯里兰卡、泰国、土耳其、乌克兰、亚美尼亚、印度、印度尼西亚、约旦、越南、阿曼、爱沙尼亚、巴林、保加利亚、波兰、俄罗斯、哈萨克斯坦、捷克、卡塔尔、科威特、克罗地亚、拉脱维亚、立陶宛、罗马尼亚、马来西亚、沙特阿拉伯、斯洛伐克、斯洛文尼亚、文莱、新加坡、匈牙利、以色列、蒙古、阿联酋、伊朗、塞尔维亚。

这些地区的国家参与“一带一路”倡议的程度较深，由此可以在一定程度上说明“一带一路”倡议为“一带一路”沿线国家贸易投资便利化水平的改善提供了有益的动力。

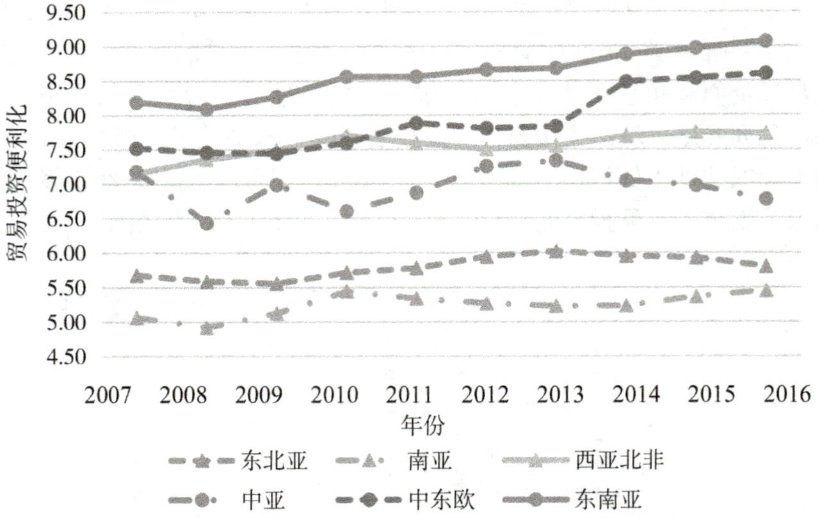

图 4-9　“一带一路”沿线国家各区域的贸易投资便利化走势

二、基础设施质量的测度与分析

根据前文构建的贸易投资便利化指标体系及权重，分别计算出了 116 个国家和地区在 2007—2016 年 7 个一级指标的分值。贸易投资便利化指标体系中的 7 个一级指标也分别呈现出较大的差异。在基础设施质量方面，由图 4-6 可知，在 2007—2016 年所选取 116 个国家和地区的基础设施质量均值呈现出上升的趋势。在经济全球化背景下，一国的基础设施质量逐渐成为国际竞争的核心要素和战略资源，很多国家都致力于改善本国的基础设施质量，或通过吸引外商直接投资来促进本国基础设施质量的提升。东道国基础设施质量的改善对我国的出口贸易和直接投资有一定的影响，而我国在东道国基础设施建设上的直接投资又可以改善东道国的基础设施环境。116 个国家和地区 2016 年的基础设施质量呈现出显著的差异，取值范围是 0. 29～0. 77①。其中，处于基础设施质量低档的国家和地区有 30 个，占总体的 25. 86%；处于基础设施质量中档的国家和地区有 53 个，占总体的 45. 69%；处于基础设施质量高档的国家和地区有 33 个，占总体的 28. 45%。具体来看，基础设施质量分值高的大部分是经济发展较好的发达国家和地区，如新加坡、德国、荷兰等国；基础设施质量分值低的大部分是经济发展较落后的发展中国家，如海地、布基纳法索、莫桑比克等国家。

① 将取值范围为 0. 19～0. 77 的基础设施质量均分为三档：低档(0. 29～0. 45)、中档(0. 45～0. 61)和高档(0. 61～0. 77)。

对发达国家和地区及发展中国家的基础设施质量进行分析，由图 4-10 可知，发达国家和地区及发展中国家的基础设施质量走势呈逐年上升的状态，且发达国家和地区的基础设施质量明显优于发展中国家的基础设施质量，发展中国家的基础设施质量分值均匀地分布在 0.25～0.58，处于低、中档；发达国家和地区的基础设施质量分值均匀地分布在 0.38～0.78。基础设施质量在一定程度上反映了一国的经济发展水平，经济发达的国家和地区往往可以投入更多资金、技术支持本国铁路、公路、航运和海运等基础设施的建设和改善，而大部分发展中国家无论是在资金还是技术水平等方面都相对欠缺，因此，相对于发达国家和地区，发展中国家基础设施质量亟待提升，其基础设施质量的改善空间更大。

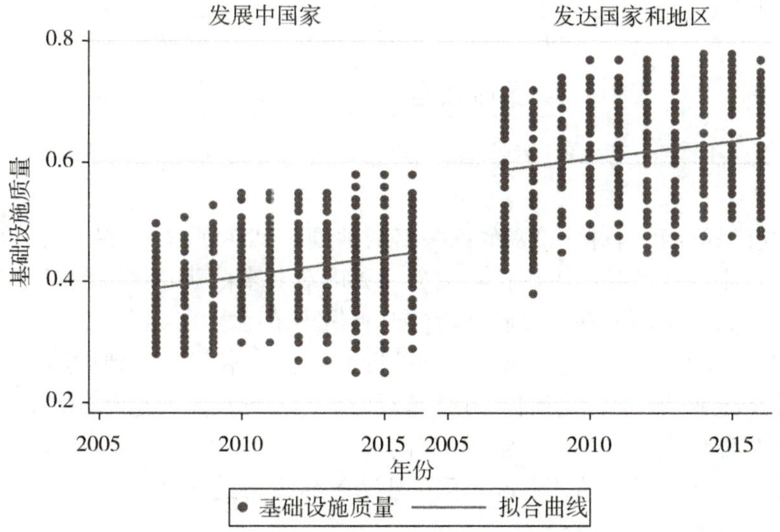

图 4-10　发展中国家及发达国家和地区的基础设施质量

我国倡导成立的亚洲基础设施投资银行和丝绸之路基金为“一带一路”沿线国家基础设施质量的提升提供了较大的支持，而“一带一路”沿线国家基础设施建设的改善对我国的贸易和投资有很大的拉动效果。对“一带一路”沿线国家和非“一带一路”沿线国家的基础设施质量水平进行分析，由图 4-11 可知，“一带一路”沿线国家和非“一带一路”沿线国家的基础设施质量均呈上升趋势。随着社会经济的快速发展，贸易和国际直接投资规模不断扩大，无论是“一带一路”沿线国家还是非“一带一路”沿线国家的基础设施质量均有了一定程度的改善和提升。为支持中国“一带一路”倡议的有效实施，扩大我国与“一带一路”沿线国家的贸易往来和国际直接投资规模，我国可以有针对性地帮助改善“一带一路”沿线国家的基础设施环境。

从“一带一路”沿线各个区域来看，基础设施质量的排名依次是：东南亚、西亚北非、中东欧、中亚、东北亚和南亚，且均呈现出上升的趋势，但发展速度较慢，如图 4-12 所示。其中，东南亚地区的新加坡和马来西亚的基础设施相对完善。新加坡拥有全球最繁忙集装箱码头、服务最优质机场、亚洲最广泛宽频互联网体系和通信网络，与此同时，新加

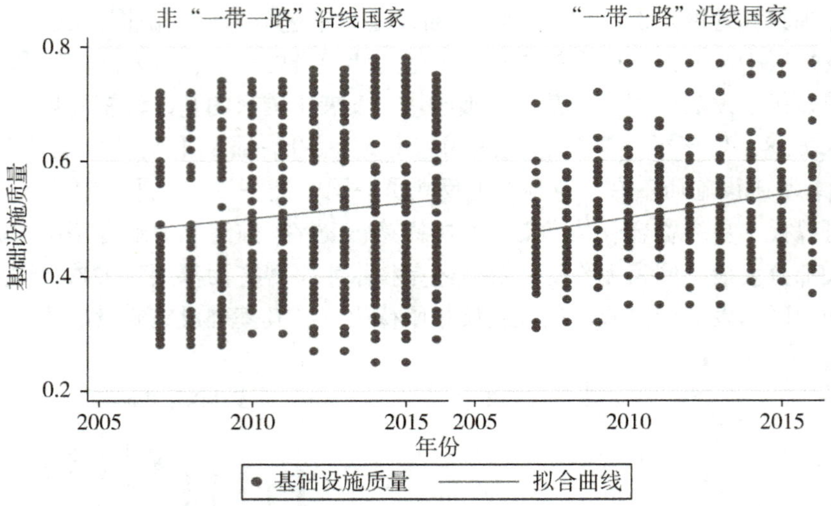

图 4-11　“一带一路”沿线国家和非“一带一路”沿线国家的基础设施质量

坡自 2007 年起已成为我国对外投资的第一目的地国，其在我国“一带一路”倡议中发挥着积极的作用。马来西亚的基础设施比较完善，我国对马来西亚轨道、港口等领域的投资保持着高速增长，为马来西亚基础设施环境的改善做出了巨大的贡献。2013 年我国提出“一带一路”倡议后，增加了对巴基斯坦、孟加拉国和斯里兰卡等国基础设施建设的投资，尤其是以中巴经济走廊为中心，增加了对巴基斯坦交通基础设施和瓜达尔港建设的投资。尽管南亚地区的基础设施质量有了一定的提升，但截至 2016 年，南亚的基础设施质量均值仍然较低。可见，我国还需在“一带一路”倡议下继续帮助南亚国家进行基础设施建设，改善南亚地区的基础设施环境。

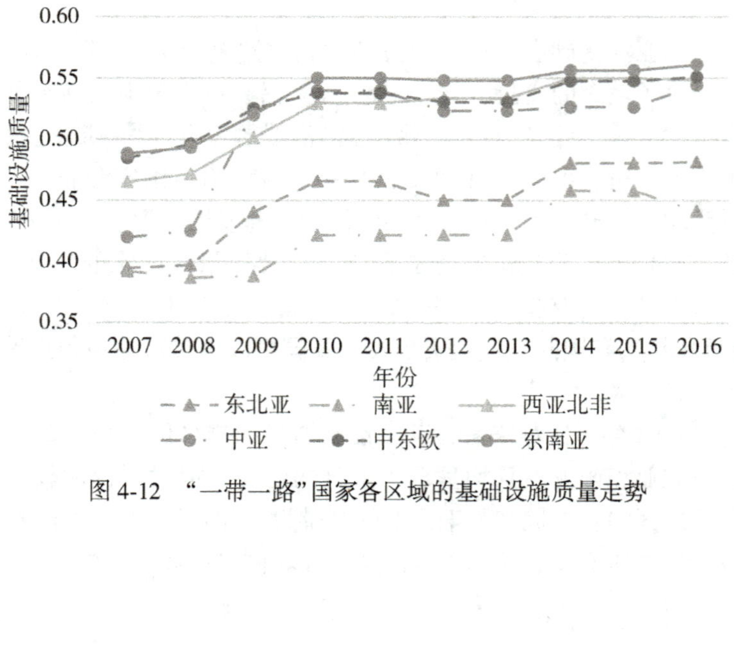

图 4-12　“一带一路”国家各区域的基础设施质量走势

三、制度环境的测度与分析

由国家信用评级、司法独立、政府决策透明度、政府管制负担、产权保护、公共机构的效率和问责制、对外开放程度7个二级指标构成的制度环境指标在贸易投资便利化指数中所占权重较大，表明其对贸易投资便利化有较大的影响。根据所构建的指标体系和权重可计算出各国制度环境指标的分值，由图4-6可知，所选取的116个国家和地区的制度环境均值在2007—2016年整体呈波动的状态，变化范围主要在3.43~3.54，均值变化幅度较小。制度环境这种波动的状态可能与2008年的金融危机有关，金融危机的爆发使很多国家信用评级降低，东道国的制度环境趋势向下。随着经济的逐渐复苏，各国产权意识增强，司法独立、政府决策透明度、对外开放程度不断提高，东道国的制度环境逐渐得到了改善。116个国家和地区2016年的制度环境取值范围是1.11~5.69①，其中，处于低档的国家和地区有34个，占总体的29.31%；处于中档的国家和地区有50个，占总体的43.10%；处于高档的国家和地区有32个，占总体的27.59%。大部分国家和地区的制度环境处于中低档，只有少部分发达国家和地区的制度环境水平处于高档，如瑞士、新加坡和挪威等国。

对发达国家和地区及发展中国家的制度环境进行分析，由图4-13可知，2007—2016年，相较于发展中国家，发达国家和地区的制度环境水平更高。但无论是发达国家和地区还是发展中国家，制度环境的变化幅度均较小，说明一国的制度环境很难在短时间内发生较大的变化。但发展中国家应该借鉴发达国家和地区制度环境治理的政策和方法，通过提

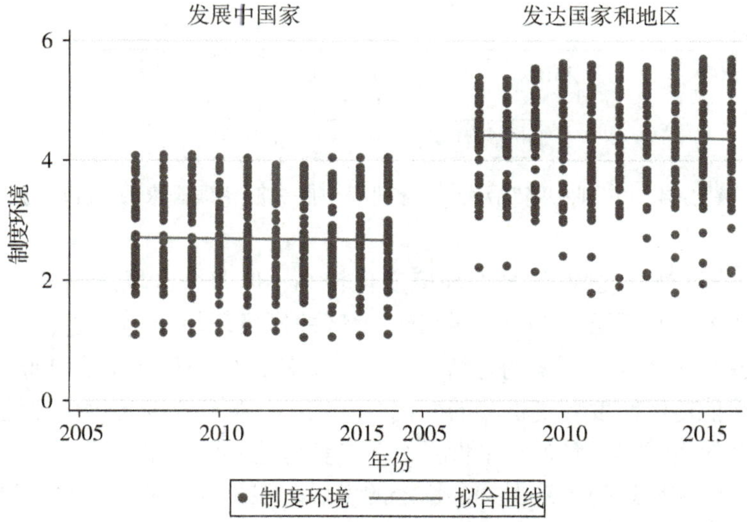

图4-13　发展中国家及发达国家和地区的制度环境

① 将取值范围为1.11~5.69的制度环境均分为三档：低档(1.11~2.64)、中档(2.64~4.16)和高档(4.16~5.69)。

升国家信用评级、增强司法独立和政府决策透明度、增加产权保护意识等手段改善国家制度环境水平。

“一带一路”倡议中特别提出了制度性互联互通的重要性，说明制度环境稳定是对外贸易和直接投资的重要保障。基于贸易便利化和投资便利化的研究所选取的二级指标对制度环境的测算可以准确地反映“一带一路”沿线国家的制度环境。由图 4-14 可知，“一带一路”沿线国家和非“一带一路”沿线国家的制度环境差距较小。2007—2016 年，“一带一路”沿线国家的制度环境变化较小，这是由于制度环境是一种在长期活动中形成的行为规范，这种行为规范很难在短时间内发生变化。尽管一国制度环境的优化需要较长的时间，但“一带一路”沿线国家仍需要不断改善本国的制度环境，为增加贸易往来和吸引外商直接投资提供便利。

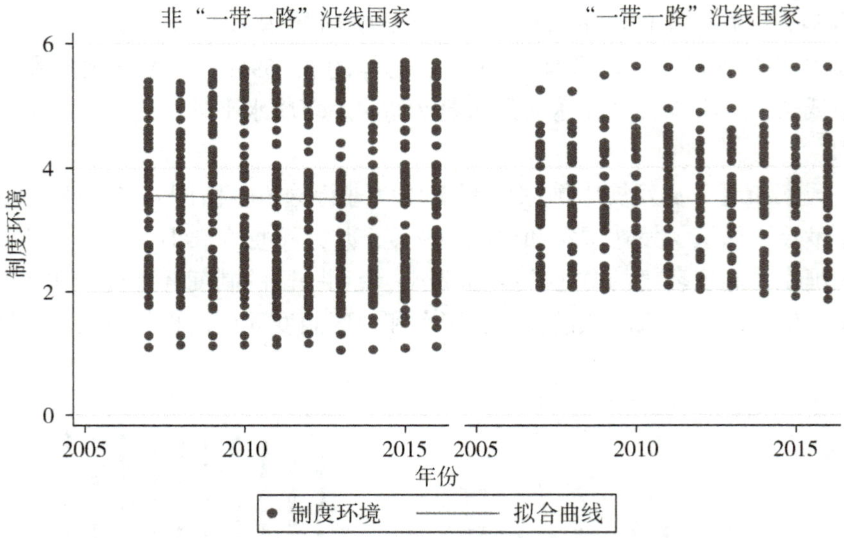

图 4-14 “一带一路”沿线国家和非“一带一路”沿线国家的制度环境

尽管“一带一路”沿线国家的制度环境变化较小，但各个区域之间的制度环境却存在较大的差异，如图 4-15 所示。其中，东南亚地区的制度环境最为优越，南亚地区的制度环境最差。由各个区域制度环境的走势来看，中亚地区的制度环境在 2007—2016 年有了较大的增长，其他地区制度环境走势的变化幅度较小。哈萨克斯坦为中亚地区制度环境的改善作出了较大的贡献，尽管近年来世界经济走势低迷，但在采矿冶金和油气行业快速发展的带动下，哈萨克斯坦的经济保持了稳定的发展。在国内经济稳定发展的同时，哈萨克斯坦已经完全开放了贸易权，除了武器、弹药等 11 类产品限制进口之外，其余产品均可自由进口，且没有配额及许可证限制，与此同时，哈萨克斯坦的政府管理体系也在不断优化。哈萨克斯坦在制度环境方面的不断进步对中亚地区制度环境的改善起到了一定的促进作用。

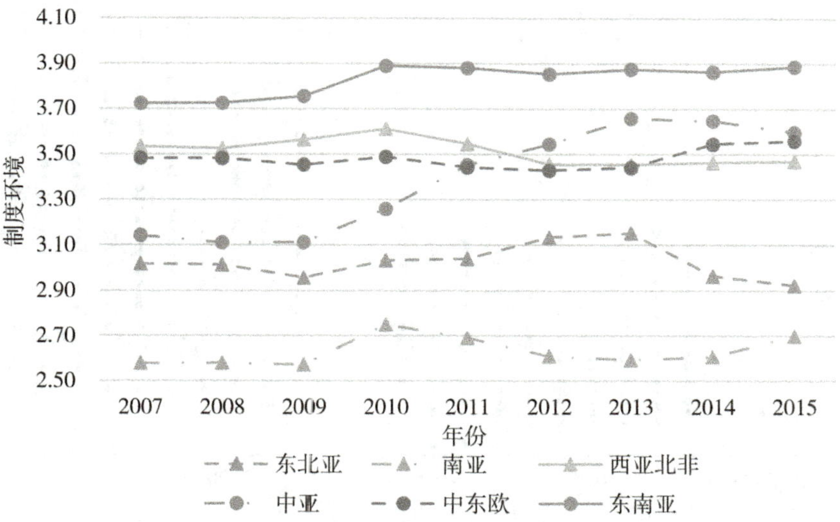

图 4-15　“一带一路”沿线国家各区域的制度环境走势

四、海关环境的测度与分析

海关是经贸往来链条上的重要环节之一，优化海关环境是提升经贸合作水平的重要载体。根据所构建的指标体系和权重可计算出各国海关环境指标的分值，由图 4-6 可知，2007—2016 年，所选取 116 个国家和地区的海关环境均值呈现出先下降后上升的波动状态，均值的变化范围在 0. 33~0. 35，变化程度较小。海关环境均值与制度环境均值的走势相似，波动范围均较小。由制度环境和海关环境的构成指标可知，一国政府的执行效率和法律规章制度对制度环境和海关环境有较大的影响，且这些变量很难在短时间内发生较大的变化。116 个国家和地区 2016 年的海关环境取值范围是 0. 21~0. 52①，其中，处于低档的国家和地区有 50 个，占总体的 43. 10%；处于中档的国家和地区有 38 个，占总体的 32. 76%；处于高档的国家和地区有 28 个，占总体的 24. 14%。大部分国家和地区的海关环境处于中低档，说明大部分国家和地区的海关环境仍有待优化。

对发达国家和地区及发展中国家的海关环境进行分析，由图 4-16 可知，发达国家和地区的海关环境明显优于发展中国家。2007—2016 年，发达国家和地区及发展中国家的海关环境均出现了小幅度的变化，且二者的变化方向相反。发展中国家的海关环境呈现出下降的趋势，发达国家和地区的海关环境呈现出上升的趋势。在世界贸易规模不断扩大以及各国对海关环境要求不断提升的背景下，发展中国家需要向发达国家和地区学习海关环境管理经验，努力提升本国的海关服务和海关清关等工作效率。发达国家和地区也应该继续改善本国的海关环境，提升海关工作质量。

① 将取值范围为 0. 21~0. 52 的海关环境均分为三档：低档(0. 21~0. 31)、中档(0. 31~0. 42)和高档(0. 42~0. 52)。

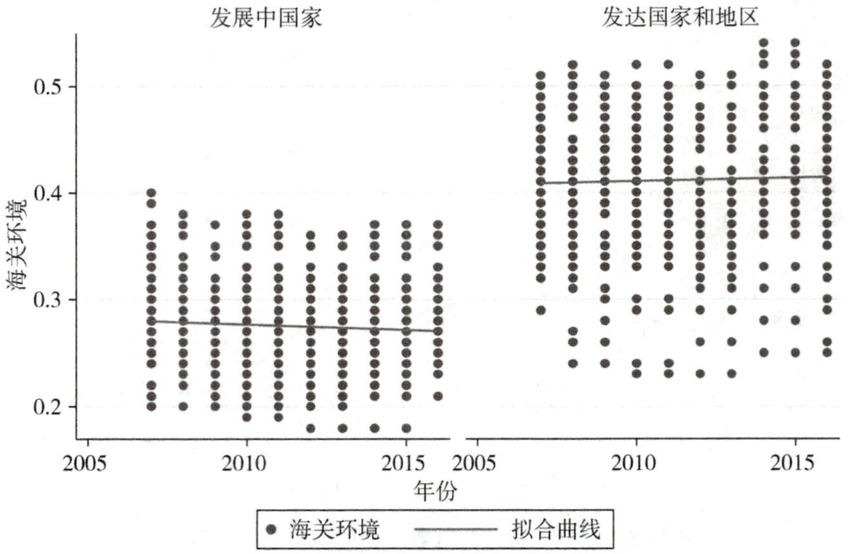

图 4-16　发展中国家及发达国家和地区的海关环境

随着“一带一路”建设的推进，我国与沿线国家贸易、投资、人员往来日益密切，对口岸监管和通关效率提出了更高要求。由图 4-17 可知，2007—2016 年，“一带一路”沿线国家和非“一带一路”沿线国家的海关环境整体差异较小。其中，“一带一路”沿线国家的海关环境整体呈上升的趋势。2013 年，“一带一路”倡议的提出对“一带一路”沿线国家的海关环境改善有一定的促进作用，但提升幅度较小。“一带一路”沿线国家只有与时俱进提升海关的清关和服务效率，才能确保海关环境的不断优化。

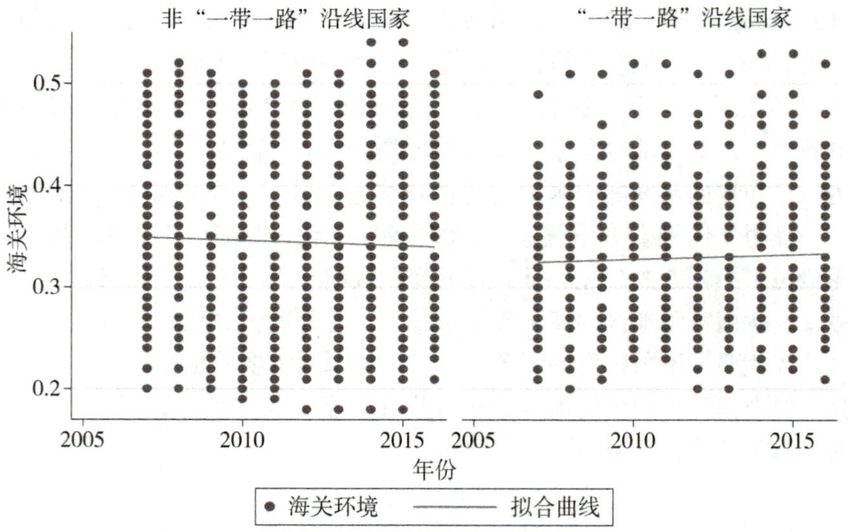

图 4-17　“一带一路”沿线国家和非“一带一路”沿线国家的海关环境

对“一带一路”沿线各个区域的海关环境进行分析，由图 4-18 可知，中东欧、东南亚和西亚北非区域的海关环境比较优越，但 2007—2016 年整体变化趋势较小，海关环境并没有得到较大的改善；与此同时，中亚、南亚和东北亚地区的海关环境相对落后，且在 2008 年都有下降的趋势，但在 2013 年又都呈现上升的趋势，说明我国“一带一路”倡议的提出，对中亚、南亚和东北亚地区的海关环境改善有一定的促进作用。我国通过帮助南亚地区的巴基斯坦修建瓜达尔港和南亚地区的斯里兰卡修建汉班托特港等投资活动，间接促进了南亚地区海关环境的改善。

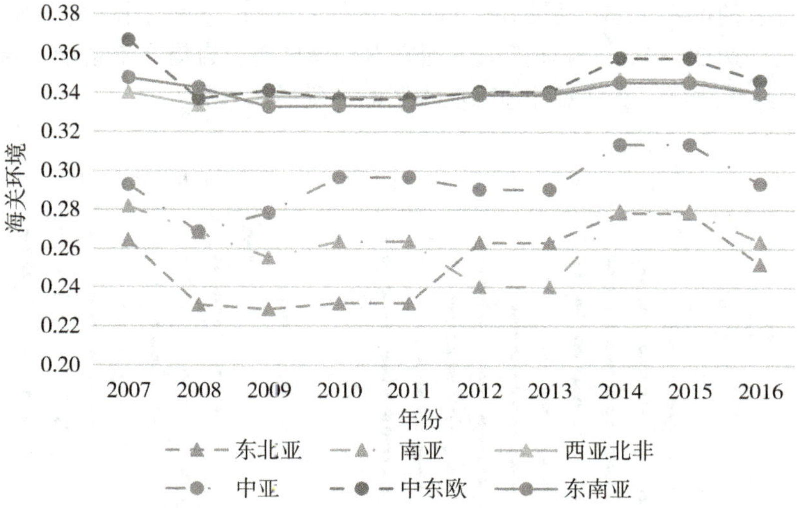

图 4-18 “一带一路”沿线国家各区域的海关环境走势

五、市场准入的测度与分析

放宽市场准入有利于创造更具有吸引力的贸易和投资环境，促进国家的经济增长。根据所构建的指标体系和权重可计算出各国市场准入指标的分值，由图 4-6 可知，2007—2016 年，所选取 116 个国家和地区的市场准入均值呈上升的趋势。随着世界经济的发展，东道国出现了市场规模不断扩大、对产品差异化追求不断提升等现象，因此需要增加进口；与此同时，为了提升国家的市场竞争力，东道国需要通过吸引外商直接投资来促进国内产业升级。为了增加进口规模和吸引外商直接投资，东道国需要进一步放宽市场准入条件。116 个国家和地区在 2016 年的市场准入存在较大的差异，取值范围是-0. 55～1. 79①。其中，处于市场准入低档的国家和地区有 14 个，占总体的 12. 07%；处于市场准入中档的国家和地区有 38 个，占总体的 32. 76%；处于市场准入高档的国家和地区有 64 个，占总

① 将取值范围为-0. 55～1. 79 的市场准入均分为三档：低档(-0. 55～0. 23)、中档(0. 23～1. 01)和高档(1. 01～1. 79)。

体的55.17%。一半以上的国家和地区处于市场准入高档，仅有少部分国家和地区仍处于市场准入低档，如伊朗、喀麦隆、塞内加尔、埃塞俄比亚和科特迪瓦等国家，这说明大部分国家和地区都坚持扩大对外开放的政策，积极融入世界经济的舞台。

对发达国家和地区及发展中国家的市场准入进行分析，由图4-19可知，发达国家和地区及发展中国家2007—2016年市场准入分值均呈现上升的趋势，且增长速率基本相同。但相较于发展中国家，发达国家和地区的市场准入更为便利。除此之外，发展中国家的市场准入存在负值的现象，这可能是由部分发展中国家的开放程度降低、经济发展缓慢、国内市场规模较小、关税税率和关税复杂度较高等因素造成的。以伊朗为例，由于长期受到美国等西方国家的经济制裁，伊朗的对外经济举步维艰，且伊朗的关税税率在2007—2016年的均值高达25.67%，在所选取的国家中税率最高。为提升市场准入条件，需要坚持对外开放的经济政策，有针对性地降低本国的关税税率。

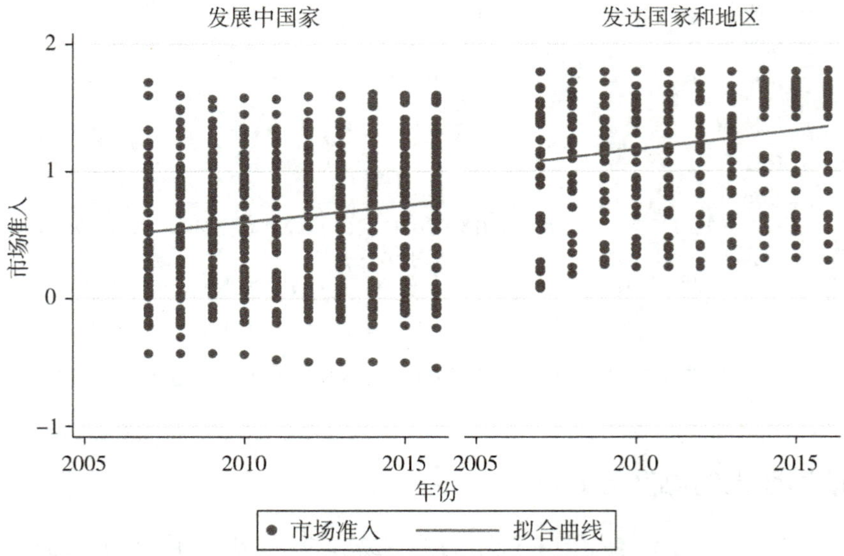

图4-19　发展中国家及发达国家和地区的市场准入

优化"一带一路"沿线市场准入国际合作环境需要我国与"一带一路"沿线国家共同努力。营造开放、互利、公平和法治的市场准入环境可以刺激市场活力，为贸易、投资营造良好的进入条件。2007—2016年，"一带一路"沿线国家和非"一带一路"沿线国家的市场准入条件均逐年优化，且"一带一路"沿线国家和非"一带一路"沿线国家的整体分布范围基本相似，如图4-20所示。2016年，在"一带一路"沿线国家中处于市场准入高档的国家占总体的55.81%。"一带一路"沿线国家市场准入条件的优化方便了"一带一路"沿线国家之间的合作交流，为各国和地区之间的共同发展提供了便利。然而，目前仍有少部分国家的市场准入处于低档，这些国家应该根据本国国情积极改革市场准入制度，大力营造宽松便捷的市场准入环境。

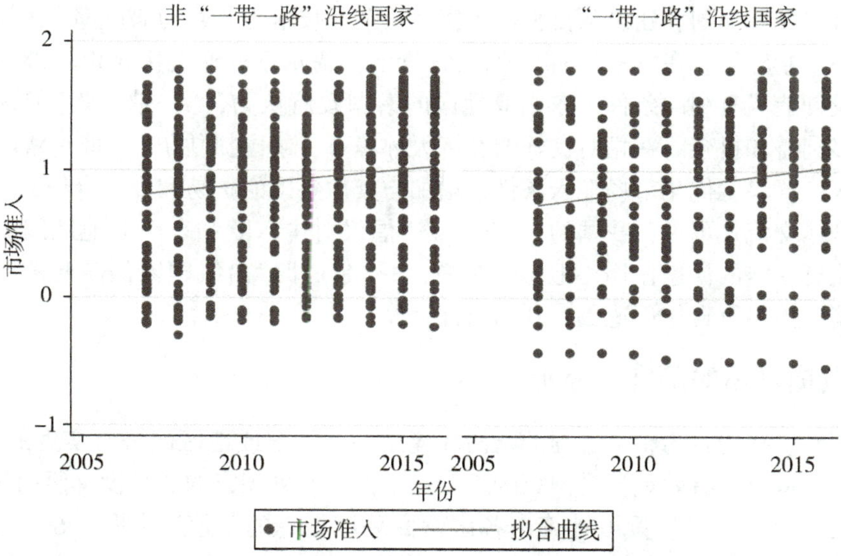

图 4-20　“一带一路”沿线国家和非“一带一路”沿线国家的市场准入

从“一带一路”沿线各个区域的市场准入环境来看，中东欧地区的市场准入条件最为便利，其次是东南亚、中亚和西亚北非地区，东北亚和南亚地区的市场准入均处于较低的水平，如图 4-21 所示。2007—2016 年，西亚北非、东北亚和南亚地区的市场准入呈现出缓慢优化状态，中亚地区的市场准入波动性最大，中东欧和东南亚地区的市场准入从 2013 年开始得到快速优化。其中，中东欧的塞尔维亚、东南亚的泰国等国家的市场准入

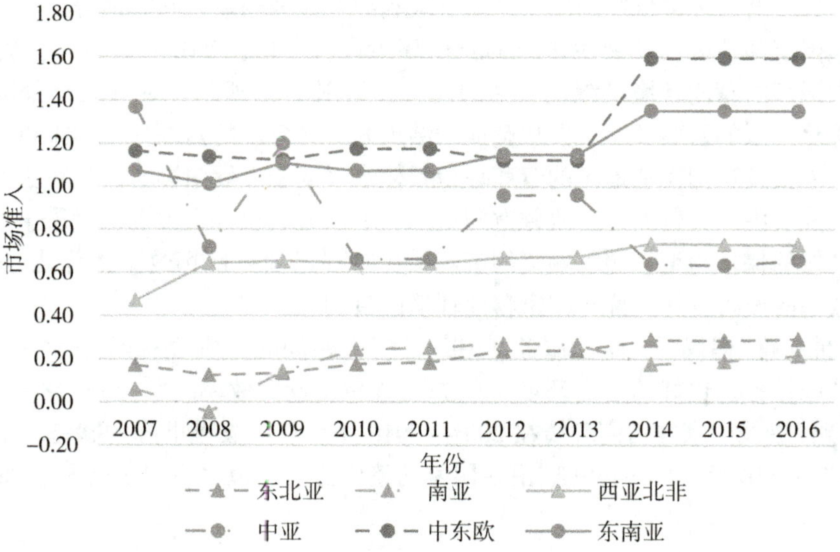

图 4-21　“一带一路”沿线国家各区域的市场准入走势

条件都有了较大的改善。中东欧的塞尔维亚正处于大力推动开发建设、振兴国民经济的重要阶段，有关发展规划和建设项目亟待落实，资金和技术等要素的缺口都很大，国民的消费需求也在不断增加。在“一带一路”倡议背景下，塞尔维亚通过优化市场准入条件，为本国的建设创造了有利的条件。东南亚地区的泰国政府认为，“一带一路”倡议能给其发展创造更多利益和机会。在相对良好的经济大环境下，泰国抓住了“一带一路”发展机遇，充分发挥区位优势，优化市场准入条件，增加与其他各国的贸易和投资合作，并尤其注重与中国的合作交流。可见，我国的“一带一路”倡议对中东欧和东南亚地区国家市场准入环境的优化有一定的促进作用，但总体来看，“一带一路”沿线国家仍需要进一步优化市场准入环境，为经贸合作创造更有利的条件。

六、营商环境的测度与分析

伴随贸易、投资行为整个过程的营商环境是一个国家或地区经济软实力的重要体现，良好的营商环境可以有效地提升国家的综合竞争力，改善国家的贸易投资便利化水平。根据所构建的指标体系和权重可计算出各国营商环境指标的分值，由图 4-6 可知，2007—2016 年，所选取 116 个国家和地区的营商环境均值呈现出波动下降的趋势，但变化范围较小，由此可知，近年来世界各国整体的营商环境并没有较大的变化。116 个国家和地区的营商环境在 2016 年呈现出显著的差异，取值范围是 0. 36～0. 82①。其中，处于营商环境低档的国家和地区有 11 个，占总体的 9. 48%；处于营商环境中档的国家和地区有 74 个，占总体的 63. 79%；处于营商环境高档的国家和地区有 31 个，占总体的 26. 72%。处于营商环境中、高档的国家和地区占总体的 90%以上。许多国家希望通过不断提升本国营商环境来促进国际经贸合作开展，进而实现本国经济的快速发展，因此大部分国家的营商环境处于中、高档水平。目前，处于营商环境高档的国家主要有新加坡、美国和瑞士等发达国家；处于营商环境低档的国家主要有玻利维亚、委内瑞拉和海地等发展中国家。

对发达国家和地区及发展中国家的营商环境进行分析，2007—2016 年发达国家和地区及发展中国家的营商环境呈缓慢下降的趋势，如图 4-22 所示。尽管大部分国家都在都在致力于优化本国的营商环境，但从整体的结果来看，各国的营商环境并未得到有效的提升。除此之外，发达国家和地区的营商环境整体水平高于发展中国家。相对于发达国家和地区而言，发展中国家营商环境改善空间更大，可以通过提升人力资源素质、增加对投资者和知识产权的保护力度、缓解融资约束等措施来促进商品市场效率、劳动力市场效率、金融市场效率的改善，达到优化国家营商环境的目的。

在“一带一路”倡议下，构建服务“一带一路”大格局的优质营商环境是“一带一路”沿线国家的共同任务。良好的营商环境可以提高贸易、投资效率。“一带一路”沿线国家和非“一带一路”沿线国家的营商环境在 2007—2016 年呈现出缓慢下降的状态，但相对于非“一带一路”沿线国家，“一带一路”沿线国家的整体营商环境水平更加便利，如图 4-23 所

① 将取值范围为 0. 36～0. 82 的营商环境均分为三档：低档(0. 36～0. 51)、中档(0. 51～0. 67)和高档(0. 67～0. 82)。

示。2016 年，除伊朗外，“一带一路”沿线国家的营商环境均处于较高的水平，说明“一带一路”沿线国家都在朝着改善营商环境的方向努力。为抓住“一带一路”倡议带来的新机遇与新挑战，不断吸引外商直接投资，“一带一路”沿线国家应该不断优化国内的营商环境。

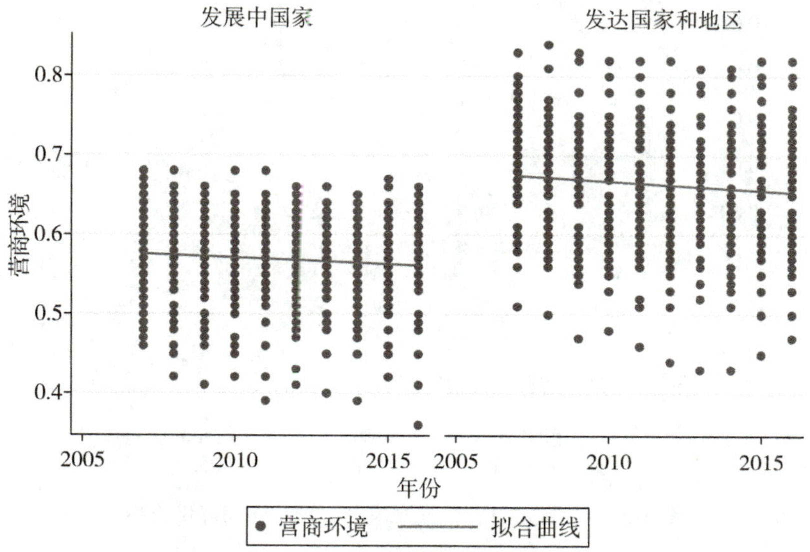

图 4-22　发展中国家及发达国家和地区的营商环境

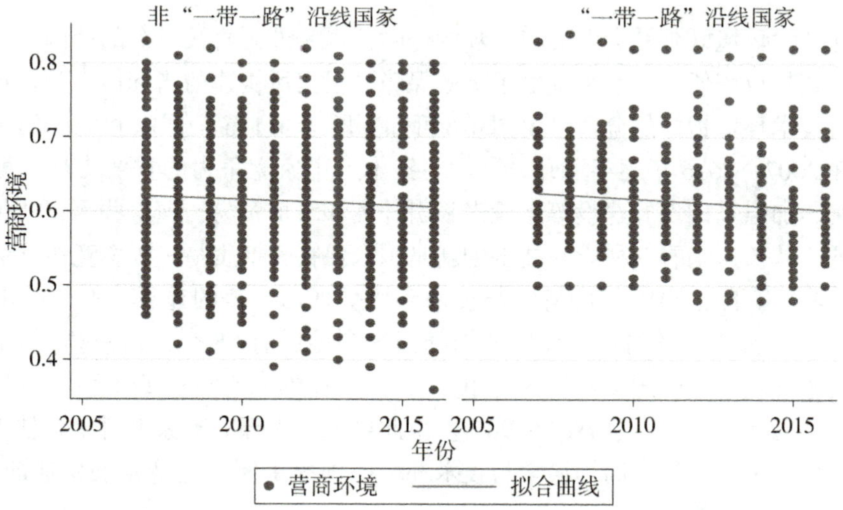

图 4-23　“一带一路”沿线国家和非“一带一路”沿线国家的营商环境

从“一带一路”沿线各个区域来看，东北亚地区的营商环境最差，东南亚地区的营商环境最为便利，但东南亚地区的营商环境在 2007—2016 年呈下降的趋势，除此之外，西亚北非、中东欧、中亚、南亚和东北亚地区的营商环境变化波动较大，如图 4-24 所示。

2016 年，南亚和东北亚的营商环境最差，对外资的吸引能力最弱。营商环境主要体现在商品市场效率、劳动力市场效率和金融市场效率三个方面，而商品市场、劳动力市场和金融市场又受到多种因素的影响，因此营商环境很容易出现波动性的变化。

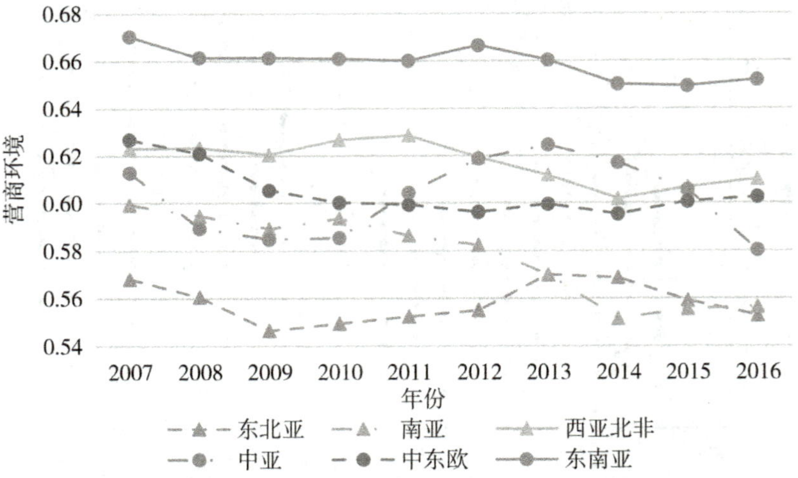

图 4-24 “一带一路”沿线国家各区域的营商环境走势

七、科学与技术环境的测度与分析

科学与技术环境既是社会发展与进步的保障，也是外国直接投资的诱因。先进的科技环境为提升贸易投资便利化水平提供了有效保障。根据所构建的指标体系和权重可计算出各国科学与技术环境指标的分值，由图 4-6 可知，所选取 116 个国家和地区的科学与技术环境水平在 2007—2016 年逐年上升。科学与技术是国家竞争力的重要支柱，虽然可以通过改善体制、加强基础设施建设等手段来吸引外商和增加贸易，但这些因素所带来的效益会逐渐减低，从长远来看，科学与技术创新是国家保持长期贸易、投资竞争优势的重要手段。116 个国家和地区 2016 年的科学与技术环境呈现出显著的差异，取值范围是 0. 50~13. 63①。其中，处于科学与技术环境低档的国家和地区有 98 个，占总体的 84. 48%；处于科学与技术环境中档的国家和地区有 10 个，占总体的 8. 62%；处于科学与技术环境高档的国家和地区有 8 个，占总体的 6. 90%。由此可见，大部分国家的科学与技术环境仍落后于世界平均水平，而拥有高档科学与技术环境的国家主要为经济发展快速的发达国家，如日本、德国、美国等。

对发达国家和地区及发展中国家的科学与技术环境进行分析，由图 4-25 可知，发达国家和地区及发展中国家的科学与技术水平存在较大的差异，发达国家和地区的科学技术

① 将取值范围为 0. 50~13. 63 的基础设施质量均分为三档：低档(0. 50~4. 88)、中档(4. 88~9. 25)和高档(9. 25~13. 63)。

水平远远高于发展中国家，且发达国家和地区在2007—2016年科学与技术环境水平持续快速增长，但在发达国家和地区中也有部分国家的科学与技术环境较差。发展中国家的科学与技术环境水平呈现出相对平稳的状态，2007—2016年并未发生较大的改变。发展中国家的科学与技术环境亟待改善，发展中国家应加大与欧美等发达国家和地区的沟通交流，在努力提升本国科研创新水平的同时，引进国外先进的技术加以应用。

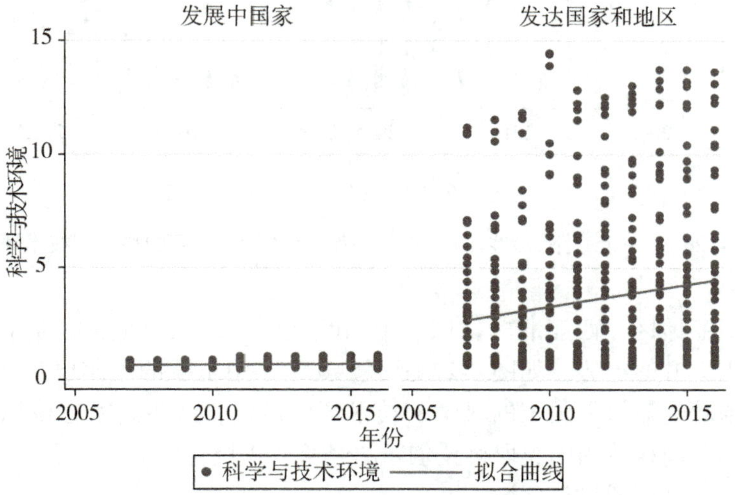

图4-25 发展中国家及发达国家和地区的科学与技术环境

“一带一路”沿线国家大多为科学技术水平较落后的发展中国家。我国对“一带一路”沿线国家的投资与贸易在一定程度上优化了“一带一路”沿线国家的科学与技术环境，而良好的科学与技术环境也进一步改善了“一带一路”沿线国家的贸易投资便利化水平。由图4-26可知，2007—2016年“一带一路”沿线国家和非“一带一路”沿线国家的科学与技术环境水平呈逐年上升的状态，但非“一带一路”沿线国家的科学与技术环境水平增长率更高。在“一带一路”沿线国家中，除新加坡和以色列两国外，其余国家均处于科学与技术环境水平的低档。以色列拥有良好的科学与技术环境，十分注重对创新人才的培养，并且围绕科技环境的建设制定了相关的法律法规及配套政策。以色列还十分注重国际交流与合作，通过科技创新合作进一步提升自己的科研水平，营造良好的科学与技术环境。新加坡利用其国际金融中心的优势地位，通过对科学技术进行估值，创造出了有利于科技创新的金融模式和产品。此外，其政府也是推动科学技术发展的主要力量，制定了很多合理、高效的科技发展计划，并对紧随世界前沿水平的科学技术进行重点资助，这些都是新加坡科学与技术健康、快速发展的重要原因。由此可知，国家科学与技术环境的进步不仅需要国家政府的投入和重点支持，还需要特别重视国际交流与合作，我国应加强对“一带一路”沿线国家科技发展的帮扶力度，同时还可通过按需定制的教育合作方式帮助东道国培养科技创新人才，持续改善东道国的科学与技术环境。

从“一带一路”沿线各个区域来看，“一带一路”沿线各区域的科学与技术环境水平排

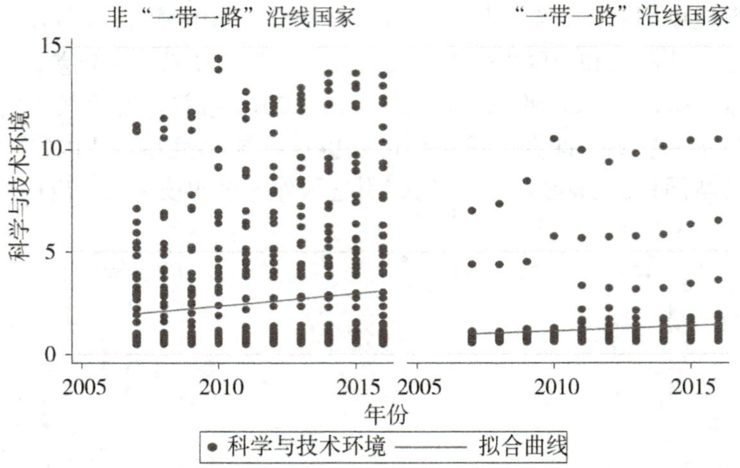

图 4-26　“一带一路”沿线国家和非“一带一路”沿线国家的科学与技术环境

名依次是：东南亚地区、西亚北非地区、中东欧地区、东北亚地区、中亚地区和南亚地区，且均呈现出上升的趋势，如图 4-27 所示。其中，中东欧的阿尔巴尼亚、南亚的孟加拉国和中亚的哈萨克斯坦等国家的科学与技术环境最差。这些国家应该抓住“一带一路”倡议带来的机遇，向科技强国吸取科技创新的经验并积极合作，从而实现本国科学与技术水平的提升，营造良好的科技环境。

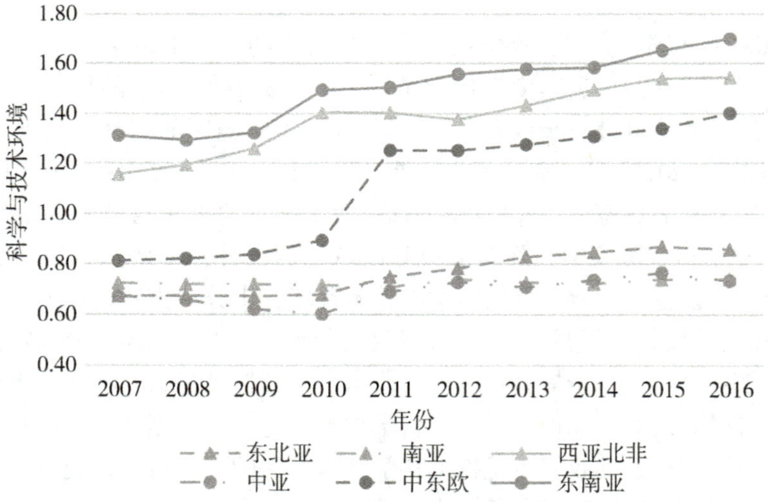

图 4-27　“一带一路”沿线国家各区域的科学与技术环境走势

八、政治环境的测度与分析

东道国政治格局动荡、战争频发、民族矛盾激化等现象都会导贸易与投资的中断，稳定的政治环境及较低的政治风险是贸易、投资正常进行的基础保障。根据所构建的指标体系和权重可计算出各国政治环境指标的分值，由图 4-6 可知，2006—2017 年所选取 116 个国家和地区的政治环境分值呈现出下降的趋势，说明全球国家的政治风险较为严峻。目前，国家安全与政治问题复杂多变，部分国家之间的局部冲突加剧，恐怖主义外溢现象严重，整体国际发展形势不容乐观。为促进贸易与投资，形成便利的贸易、投资环境，需要各国政府共同努力，营造和平友好的国际市场环境。各国和地区 2016 年的政治环境分值的差异较小，取值范围是 0. 38～0. 65①。其中，处于政治环境低档的国家和地区有 18 个，占总体的 15. 52%；处于政治环境中档的国家和地区有 65 个，占总体的 56. 03%；处于政治环境高档的国家和地区有 33 个，占总体的 28. 45%。由此可知，大部分国家仍存在政治风险，降低政治风险、维护国家的稳定是亟待解决的重要问题。

对发达国家和地区及发展中国家的政治环境进行分析，由图 4-28 可知，发展中国家及发达国家和地区的政治环境走势相似，在 2007—2016 年均呈现下降的趋势，但发达国家和地区的政治环境整体水平明显优于发展中国家。由此可知，相较于发展中国家，发达国家和地区的政治风险更低，政治环境更加稳定。

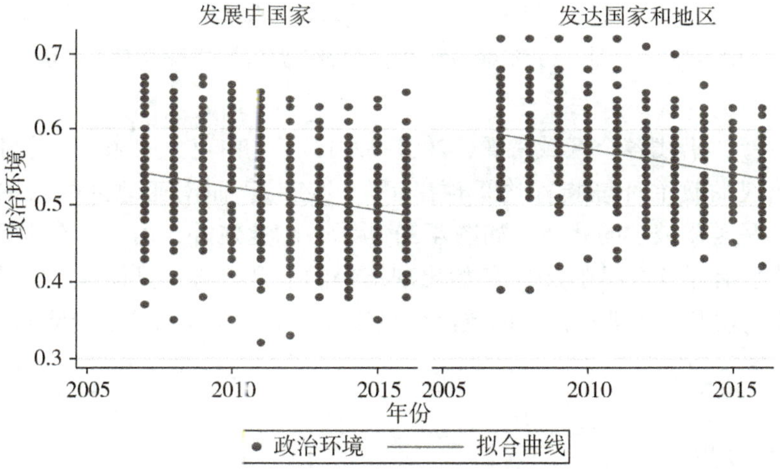

图 4-28　发展中国家及发达国家和地区的政治环境

我国“一带一路”倡议的提出得到了诸多国家的响应和支持，但也遭到了一些误解。我国的贸易与投资不可避免地会受到各国政治环境的影响，在求同存异中发展和规避政治风险是我国对外直接投资与贸易的重要措施。由图 4-29 可知，2007—2016 年，“一带一路”沿线国家和非“一带一路”沿线国家的政治环境走势基本相同，均呈现出下降的趋势。在“一带一路”沿线国家中，政治环境指标在 2013 年出现了转折，开始有上升的趋势，这

① 将取值范围为 0. 38～0. 65 的政治环境均分为三档：低档(0. 38～0. 47)、中档(0. 47～0. 56)和高档(0. 56～0. 65)。

说明 2013 年“一带一路”倡议的提出在一定程度上缓解了“一带一路”沿线国家的政治风险，提升了“一带一路”沿线国家的政治稳定性。“一带一路”倡议所形成的国家之间深层次合作的友好局面，为降低国家政治风险发挥了一定的积极作用。

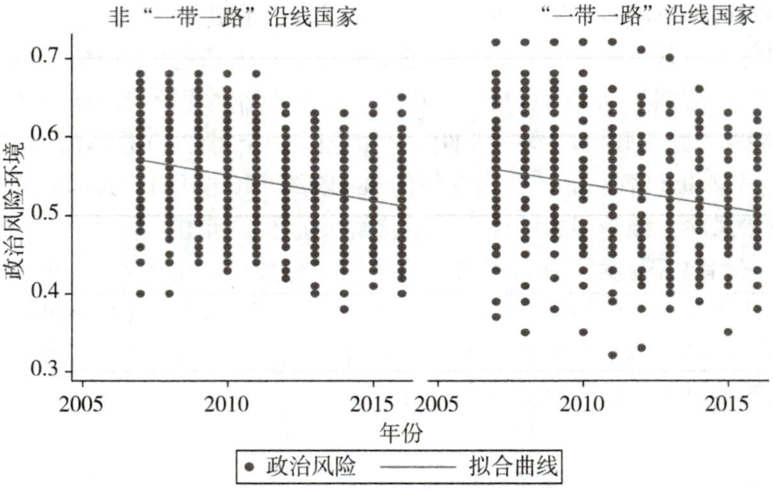

图 4-29　“一带一路”沿线国家和非“一带一路”沿线国家的政治环境

从“一带一路”沿线各个区域来看，2007—2013 年，中亚、中东欧、东南亚、东北亚和西亚北非地区的政治环境指标均呈现出下降的趋势，而南亚地区的政治环境指标在 2007—2016 年呈现出波动的状态，如图 4-30 所示。除此之外，南亚、东南亚、中东欧和东北亚地区的政治环境指标在 2013 年始出现缓慢的上升趋势。具体来看，南亚的孟加拉国和西亚北非的埃及、伊朗等国家的政治环境最差。国内动荡的政治局势制约了这些国家

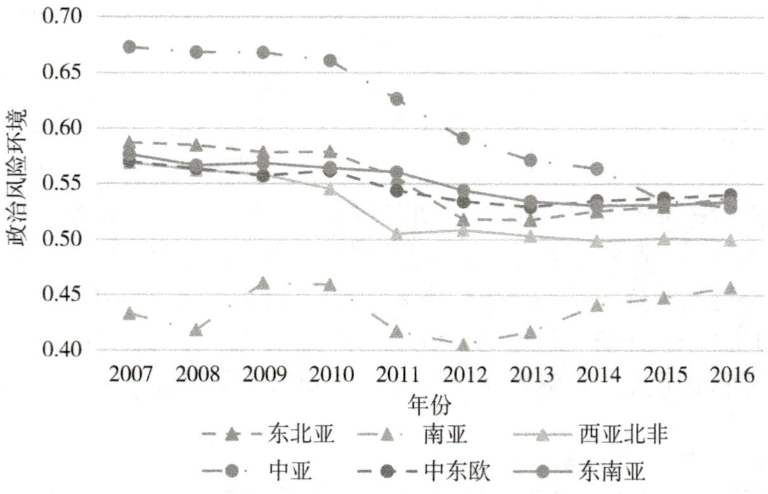

图 4-30　“一带一路”沿线国家各区域的政治环境走势

国内经济的发展，降低了其国内贸易投资便利化水平，同时也增加了贸易伙伴国和投资国的贸易、投资风险。因此，“一带一路”沿线国家需要通过维护国内的政治稳定性、减少政治冲突来提升国内贸易投资便利化水平。

第四节 本章小结

本章对贸易投资便利化指标体系的构建进行了研究，首先分析了国际组织关于贸易便利化和投资便利化评价体系等相关研究成果，并在此基础上选取了基础设施质量、制度环境、海关环境、市场准入、营商环境、科学与技术环境、政治环境 7 个一级指标；接着使用主成分分析法对东道国 2007—2016 年贸易投资便利化水平进行测评，最后对贸易投资便利化水平以及 7 个一级构成指标的研究结果进行了详细的分析，研究发现：

①在贸易投资便利化指标体系构建中，制度环境的权重最大，其次是科学与技术环境、营商环境、基础设施质量、海关环境、政治环境，而市场准入的权重最小。

②东道国的贸易投资便利化水平在 2007—2016 年整体呈上升的趋势，但大部分国家的贸易投资便利化水平仍然处于较低的状态。其中，基础设施质量、市场准入、科学与技术水平指标在 2007—2016 年均处于上升的状态，而营商环境指标和政治环境指标均表现出下降的趋势。

③发达国家和地区的贸易投资便利化水平高于发展中国家，且发展中国家的贸易投资便利化水平在 2007—2016 年的变化较小，而发达国家和地区的贸易投资便利化水平在 2007—2016 年呈上升趋势。从“一带一路”沿线国家贸易投资便利化水平走势来看，“一带一路”国家的贸易投资便利化水平在 2007—2016 年呈上升的趋势。

本章对东道国贸易投资便利化水平的测评与分析为第五章贸易投资便利化影响中国出口贸易潜力实证分析和第六章贸易投资便利化影响中国对外直接投资潜力实证分析奠定了基础。

第五章　贸易投资便利化影响中国出口贸易潜力实证分析

2017 年，在全球居民消费回升的带动下，世界经济逐渐重新回到经济危机发生前的平均水平。2018 年，世界经济呈现出平稳增长的态势。我国的国民经济形势在以习近平同志为核心的党中央坚强领导下稳中向好地健康发展，目前，我国经济已经由高速增长阶段逐渐向高质量发展阶段转变，我国的外贸发展主要以供给侧结构性改革为主线，坚持创新发展理念，培育竞争优势。为了实现巩固贸易大国和建设贸易强国的目标，需要努力完成国务院 2015 年发布的《关于加快培育外贸竞争新优势的若干意见》中“五个转变”的任务：“一是推动出口由货物为主向货物、服务、技术、资本输出相结合转变；二是推动竞争优势由价格优势为主向技术、品牌、质量、服务为核心的综合竞争优势转变；三是推动增长动力由要素驱动为主向创新驱动转变；四是推动营商环境由政策引导为主向制度规范和营造法治化国际化营商环境转变；五是推动全球经济治理地位由遵守、适应国际经贸规则为主向主动参与国际经贸规则制订转变。”其中，由第四项和第五项可以看出，完善的市场环境是国际贸易竞争优势的体现，而东道国营商环境、制度环境等贸易投资便利化水平是影响我国对外贸易发展的重要因素。东道国的贸易投资便利化是我国积极开发国际市场，努力形成更广泛的合作伙伴网络，促进我国出口贸易经济快速发展的重要条件。

本章实证分析建立在之前第三章作用机理分析和第四章贸易投资便利化水平测算结果的基础上，从贸易投资便利化的视角分析我国对各东道国的出口贸易潜力。贸易便利化对出口贸易影响的实证研究较为丰富，但还少有学者从贸易投资便利化的视角对出口贸易潜力进行研究。那么，东道国的贸易投资便利化水平对我国的出口贸易潜力有何影响？我国对发达国家和地区及发展中国家的出口贸易潜力是否存在差异？对“一带一路”国家的出口贸易潜力现状如何？本书将利用随机前沿贸易引力模型来研究贸易投资便利化与我国出口贸易效率损失的关系，进一步计算出我国对各东道国的出口贸易效率及潜力，并从总样本、分样本等不同维度进行分析，为我国的出口区位选择提供建议。

第一节　模型的构建

一、贸易引力模型

为研究我国出口贸易潜力的问题，本书将东道国的贸易投资便利化水平因素考虑进来，拓宽了潜力的研究范畴。在研究过程中首先考虑我国出口贸易的主要影响因素，建立拓展的贸易引力模型。引力模型最早来源于牛顿的万有引力定律，即两个物体之间的相互作用力同物体之间距离的平方成反比，同物体质量的乘积成正比。20 世纪 60 年代，Tinbergen(1962)最早将引力定律引入国际贸易领域，研究发现两国之间的贸易流量同两个国家的经济规模成正比，与国家间的地理距离成反比。随后，Linnemann(1966)对传统的贸易引力模型进行拓展，在引力模型中加入了人口变量，他认为，两国之间的贸易规模与人口规模成正比，拓展的贸易引力模型的基本形式为：

$$\mathrm{TRADE}_{ij} = \lambda \frac{Y_i^{\alpha} Y_j^{\beta} N_i^{\varphi} N_j^{\Phi}}{D_{ij}^{\theta}} \tag{5-1}$$

TRADE_{ij}表示两国之间的贸易流动规模(进口规模或出口规模)，λ 表示引力系数，Y_i和 Y_j分别代表 i 国和 j 国的经济规模，N_i和 N_j分别代表 i 国和 j 国的人口数量，D_{ij}是两国之间的地理距离，α、β、φ、Φ、θ 分别表示变量权重。为研究方便，Anderson(1979)最先将非线性的原始模型取对数进行线性转化用于研究贸易问题。将式(5-1)转化为对数的线性形式：

$$\ln\mathrm{TRADE}_{ij} = \lambda + \alpha\ln Y_i + \beta\ln Y_j + \varphi\ln N_i + \phi\ln N_j + \theta\ln D_{ij} + \mu_{ij} \tag{5-2}$$

学者们将引力模型引入双边贸易流量的研究后不断进行拓展和完善，在拓展后的贸易引力模型主要添加的变量为虚拟变量，如双边是否拥有共同边界、是否具有共同语言等。将式(5-2)进一步拓展得到如下公式：

$$\begin{aligned}\ln\mathrm{TRADE}_{ij} =& \lambda + \alpha\ln Y_i + \beta\ln Y_j + \varphi\ln N_i + \Phi\ln N_j + \theta\ln D_{ij} + \psi_1 x_1 + \psi_2 x_2 \cdots \\ &+ \psi_n x_n + \mu_{ij}\end{aligned} \tag{5-3}$$

二、随机前沿贸易引力模型

基于拓展的贸易引力模型可知，贸易规模可以看作贸易国的经济、人口、距离等变量的函数，在既定约束条件下，贸易双方都希望在双边国家规模既定的情况下增加双边的贸易额。本书主要研究我国出口贸易的问题，则希望在双边国家规模既定情况下尽可能地减少出口贸易效率损失，提高出口贸易效率，增加出口贸易规模。随机前沿模型可以对效率损失影响因素进行分析，并对效率及潜力进行预测，进而可以通过减少出口贸易效率损失来增加出口贸易规模。随机前沿模型最早是由 Farrell(1957)提出，用于测量技术无效率，后来，Meeusen & Broeck(1977)等人将随机前沿模型与面板数据相结合用于研究技术无效率问题。随机前沿分析(Stochastic Frontier Analysis，简称 SFA)将传统的随机扰动项划分为不可控的随机误差项和可控的效率损失项两部分，由 Meeusen 等(1977)和 Aigener 等(1977)所提出的随机前沿模型基础形式可以表示为：

$$y_i = x_i\beta + (\nu_i - \mu_i) \tag{5-4}$$

y_i表示第 i 个厂商的实际产出，x_i表示第 i 个厂商的投资，β 表示参数，$x_i\beta$ 为随机前沿模型的前沿水平，误差项为 ν_i-μ_i，ν_i为服从标准正态分布的随机误差项，μ_i为服从半正态分布的技术效率损失项。根据拓展的贸易引力模型可知 t 时期 i 国对 j 国出口贸易的前沿水平为：

$$\ln TRADE_{ijt}^{*} = \ln f(x_{ijt}\varphi_n) \tag{5-5}$$

其中，x_{ijt}是出口贸易的一系列影响因素，φ 为每个影响因素的估计参数，$TRADE_{ijt}^{*}$为 t 时期 i 国对 j 国出口贸易的前沿水平，即出口贸易潜力。将式(5-4)和式(5-5)相结合可以得到我国出口贸易的实际值：

$$\ln TRADE_{ijt} = \ln TRADE_{ijt}^{*} + (\nu_{ijt} - \mu_{ijt}) = \ln f(x_{ijt}\varphi_n) + (\nu_{ijt} - \mu_{ijt}) \tag{5-6}$$

μ_{ijt}为出口贸易效率损失项①，用来衡量我国出口贸易的效率损失，我国出口贸易规模主要受到双边国家经济规模、人口数量、距离等因素的影响。而效率损失需要考虑除短期内容易发生改变的因素②，贸易投资便利化水平指标即符合上述条件，其将对出口贸易效率损失产生一定程度的影响，出口贸易效率损失项可以表示为：

$$\mu_{ijt} = \Phi_m z_{ijt} + \varepsilon_{ijt} \tag{5-7}$$

z_{ijt}为出口贸易效率损失项的影响因素，Φ_m为各影响因素的估计参数，ε_{ijt}为随机误差项。当已知出口贸易效率损失项的估计后，可以得到出口贸易效率，且出口贸易效率等于出口贸易实际值与出口贸易潜力(前沿水平)之比。出口贸易效率 TE_{ijt}的表达式为：

$$TE_{ijt} = \frac{TRADE_{ijt}}{TRADE_{ijt}^{*}} = \exp(-\mu_{ijt}) \tag{5-8}$$

将影响我国出口贸易额前沿水平和出口贸易效率损失的因素分别纳入随机前沿模型进行分析，并最终得到出口贸易随机前沿贸易引力模型：

$$\ln TRADE_{ijt} = \ln f(x_{ijt}\varphi_n) + [\nu_{ijt} - (z_{ijt}\Phi_m + \varepsilon_{ijt})] \tag{5-9}$$

第二节　变量设定及数据说明

一、变量的设定

(一)被解释变量

我国出口贸易规模(lnExtrade)。被解释变量为我国对各东道国海关货物出口贸易总额。学者们在进行出口贸易实证研究时主要采用出口贸易额作为被解释变量，而不是出口贸易量，这是由于出口贸易量剔除了价格的变动对贸易规模的影响，而一国的实际贸易规模与市场汇率的变动有较大的联系，因此选择近似的出口贸易总额替代我国出口贸易规模。

---

① 部分学者将该项命名为非效率项，而本书参考胡浩等人《中国对外直接投资的效率估算及其影响因素分析》中的内容，将该项命名为效率损失项，其原因在于相对于前者而言，后者的命名更加简单易懂，突出了出口贸易存在不足的现实情况。

② 在选取变量时，参考 Armstrong 在"Measuring Trade and Potential：A Survey"一文中的研究。短期内不易发生改变的自然因素对前沿水平影响显著，短期内容易改变的人为因素放入效率损失项中研究。

(二)解释变量——影响出口贸易的解释变量

我国的经济规模(lnGDP)和东道国的经济规模(lnHGDP)。经济规模以各国的国内生产总值的对数形式来表示，国内生产总值可以在一定程度上衡量一个国家的总体经济状况。经济规模是引力模型中的核心变量，由理论模型可知，我国和东道国的经济规模与我国出口贸易成正比，当我国的经济规模扩大时，出口能力也随之增强；东道国的经济水平越高，对进口贸易的需求量越大，我国对东道国出口贸易的规模越大。

我国的人口规模(lnPop)和东道国的人口规模(lnHPop)。人口规模是以各国人口总数的对数形式来表示。人口规模代表市场上对产品的供给能力和消费能力，我国作为出口国，当人口规模增加时，劳动力的增加导致市场供给增加，出口增加，与此同时，人口增加还可导致国内市场需求增加，出口减少。东道国作为进口国，当东道国人口规模增加时，东道国市场需求增加，对我国产品进口增加，而劳动力的增加导致市场供给增加，又会减少对我国产品进口，因此人口规模与出口贸易的关系并不明晰。

双边的地理距离(lnDist)。双边地理距离是引力模型的核心变量，选用我国与东道国加权距离的对数形式来衡量①。东道国与我国的地理距离越远，运输成本越高。双边地理距离越远，我国与东道国的文化、语言、制度等方面的差异越大，交易费用越高，经济互动能力越低，越不利于对该东道国进行贸易出口。

双边的共同语言(Lang)和双边的共同边界(Border)。本书选取了双边是否有共同语言和双边是否有共同边界两个虚拟变量，当我国与东道国的共同语言为汉语时，虚拟变量的取值为1，反之为0；当我国与东道国存在共同边界时，虚拟变量取值为1，反之为0。当东道国与我国具有共同语言或共同边界时，说明该东道国与我国的语言交流、文化方式等方面存在相似性，运输存在便利性，有利于减少贸易成本，增加我国的出口贸易。

(三)解释变量——影响出口贸易效率损失项的解释变量

出口贸易效率损失项的影响因素以外在人为因素为主。基于第四章对贸易投资便利化指标体系的构建可知，贸易投资便利化(TIF)主要用于衡量一个国家外在可控可变的因素，而东道国的贸易投资便利化作为影响我国出口贸易效率损失项的重要因素，是本书的主要研究对象。随着东道国贸易投资便利化水平的提升，东道国的市场环境有利于贸易的开展，则我国出口贸易效率损失降低，预期东道国贸易投资便利化与出口贸易效率损失负相关。贸易投资便利化由7个一级指标构成，分别是：基础设施质量、制度环境、海关环境、市场准入、营商环境、科学与技术环境、政治环境，第四章已测算出东道国各个指标的数值，并分别分析了7个一级指标对我国出口贸易的影响。

① 选用法国CEPII数据库中的 *distwces* 数据，法国CEPII数据库关于双边地理距离的注释："For the *distw* calculation, θ is set equal to 1. The *distwces* calculation sets θ equal to-1, which corresponds to the usual coefficient estimated from gravity models of bilateral trade flows."由此可知，法国CEPII数据库中的 *distwces* 加权距离最适合衡量引力模型中作为双边距离。

基础设施质量(Infra)。基础设施质量指标反映了一个国家的铁路、航空、公路和海路运输基础设施、相关服务及通信基础设施的可用性和质量。东道国的基础设施质量越完善，我国出口贸易便利程度越高，则越有利于增加与该国的出口贸易，出口贸易效率损失减少。预期东道国基础设施质量与我国出口贸易效率损失负相关。

制度环境(Ins)。制度环境指标用于评估贸易、投资相关政策的稳定性以及政府行为的规范性。贸易及投资政策朝令夕改、东道国政府对与我国签订的贸易、投资协议的不认可等行为会影响我国出口贸易效率损失。东道国的制度环境改善，将减少我国的出口贸易效率损失。预期东道国制度环境与我国出口贸易效率损失负相关。

海关环境(Cust)。海关环境指标可以衡量一个国家海关边境管理的质量、透明度和效率。完善、高效的海关环境有利于增加通关速度，提高贸易便利性，降低交易成本，提升我国对该东道国的出口贸易效率，减少出口贸易效率损失。预期东道国海关环境与我国出口贸易效率损失负相关。

市场准入(Market)。市场准入指标反映了一个国家允许外国货物、劳务和资本参与国内市场的程度，主要由关税环境和市场规模构成。东道国市场准入分值越高，关税税率和关税复杂度越低，免税配额和市场规模越大，则我国对该东道国的出口贸易越多，贸易效率损失越少。预期东道国市场准入与我国出口贸易效率损失负相关。

营商环境(Busin)。营商环境指标是商品市场、劳动力市场和金融市场环境的综合。东道国良好的营商环境有利于增加我国的出口贸易，则对该国的出口贸易损失效率会减少。预期东道国营商环境与我国出口贸易效率损失负相关。

科学与技术环境(Tech)。科学与技术环境指标反映的是经济采用现有技术提高其工业生产能力的灵活性，特别强调在日常活动中和生产过程中的技术创新和技术应用等。当东道国的科学技术水平增加，基于比较优势，东道国对科学技术水平低的产品进口需求量会增加，则我国对科技附加值较低的产品出口也会增加，因此我国的出口贸易效率损失降低。预期东道国科学与技术环境与我国出口贸易效率损失负相关。

政治环境(Pol)。政治环境指标反映的是一国政府的稳定性以及各种冲突爆发的可能性。东道国政治环境越稳定、政府的管控能力越强，政治环境分值越大，我国的出口贸易规模越大，出口贸易效率损失越低。预期东道国政治环境与我国出口贸易效率损失负相关。

二、数据的说明

本章采用2007—2016年的面板数据进行分析，且尽可能多地选取样本国家。首先选取了第四章贸易投资便利化指标体系构建中所测评的116个国家和地区的数据，但由于部分指标数据的缺失①，删除了其中9个国家和地区，分别是：海地、伊朗、马里、蒙古、塞尔维亚、中国台湾、肯尼亚、委内瑞拉阿拉伯酋长联合国，并最终选取了107个国家和

① 删除某一指标缺失连续3年及以上数值的国家，对于缺失1年或2年数值的指标，选取相邻两年的均值进行填补。

地区，这107个国家和地区包含了我国主要的贸易伙伴国，我国对它们的贸易出口额占我国总出口额的90%以上。107个国家和地区中包括52个发达国家和地区以及55个发展中国家①，涵盖了39个“一带一路”沿线国家②。我国的出口贸易数据主要来源于国家统计局数据库，我国及东道国的经济规模与人口规模数据主要来源于世界银行公布的世界发展指标，双边地理距离、双边共同语言及双边共同边界的数据来源于法国前景研究与国际中心数据库(Research and Expertise on the World Economicy，简称CEPII数据库)公布的数据。贸易投资便利化指标的相关数据来源于第四章的测算，各个变量的描述性统计，见表5-1。

表5-1　　**出口贸易相关变量描述性统计**

变量	变量符号	平均值	标准差	最小值	最大值	数据来源
中国出口贸易规模	lnExtrade	12.59	3.57	1.95	17.53	国家统计局数据库
东道国经济规模	lnHGDP	25.38	3.33	20.49	30.46	世界银行的世界发展指标
中国经济规模	lnGDP	29.55	0.05	29.16	29.88	世界银行的世界发展指标
东道国人口规模	lnHPop	16.34	2.74	11.17	21.00	世界银行的世界发展指标
中国人口规模	lnPop	21.02	0.00	21.00	21.04	世界银行的世界发展指标
双边地理距离	lnDist	9.00	0.30	6.84	9.86	法国CEPII数据库
双边共同边界	Lang	0.03	0.03	0.00	1.00	法国CEPII数据库
双边共同语言	Border	0.05	0.04	0.00	1.00	法国CEPII数据库
贸易投资便利化水平	TIF	8.56	16.62	2.99	23.25	计算整理得出

① 52个发达国家或地区分别是：阿根廷、阿曼、爱尔兰、爱沙尼亚、奥地利、澳大利亚、巴林、保加利亚、比利时、冰岛、波兰、韩国、丹麦、德国、俄罗斯、法国、芬兰、哈萨克斯坦、荷兰、加拿大、捷克、卡塔尔、科威特、克罗地亚、拉脱维亚、立陶宛、卢森堡、罗马尼亚、马耳他、马来西亚、美国、挪威、葡萄牙、日本、瑞典、瑞士、塞浦路斯、沙特阿拉伯、斯洛伐克、斯洛文尼亚、文莱、乌拉圭、西班牙、希腊、新加坡、新西兰、匈牙利、以色列、意大利、英国、智利、中国香港。55个发展中国家分别是：阿尔巴尼亚、阿尔及利亚、埃及、阿塞拜疆、埃塞俄比亚、巴基斯坦、巴拉圭、巴拿马、巴西、玻利维亚、博茨瓦纳、布基纳法索、多米尼加、厄瓜多尔、菲律宾、冈比亚、哥伦比亚、哥斯达黎加、圭亚那、洪都拉斯、加纳、津巴布韦、喀麦隆、科特迪瓦、黎巴嫩、马达加斯加、马拉维、孟加拉国、秘鲁、摩尔多瓦、摩洛哥、莫桑比克、墨西哥、纳米比亚、南非、尼加拉瓜、尼日利亚、萨尔瓦多、塞内加尔、斯里兰卡、泰国、坦桑尼亚、特立尼达和多巴哥、突尼斯、土耳其、危地马拉、乌干达、乌克兰、牙买加、亚美尼亚、印度、印度尼西亚、约旦、越南、赞比亚。

② 按区域划分39个“一带一路”沿线国家，分别是：东南亚的马来西亚、新加坡、印度尼西亚、菲律宾、泰国、越南、文莱；中东欧的波兰、捷克、罗马尼亚、匈牙利、乌克兰、斯洛伐克、克罗地亚、保加利亚、立陶宛、斯洛文尼亚、拉脱维亚、爱沙尼亚、阿尔巴尼亚；东北亚的俄罗斯；中亚的哈萨克斯坦；南亚的印度、巴基斯坦、孟加拉国、斯里兰卡；西亚北非的土耳其、沙特阿拉伯、埃及、以色列、卡塔尔、科威特、阿曼、阿塞拜疆、黎巴嫩、约旦、巴林、亚美尼亚、摩尔多瓦。

续表

变量	变量符号	平均值	标准差	最小值	最大值	数据来源
基础设施质量	Infra	0.51	0.02	0.25	0.78	计算整理得出
制度环境	Ins	3.55	1.26	1.05	5.70	计算整理得出
海关环境	Cust	0.34	0.01	0.20	0.54	计算整理得出
市场准入	Market	0.96	0.28	-0.30	1.79	计算整理得出
营商环境	Busin	0.62	0.01	0.36	0.84	计算整理得出
科学与技术环境	Tech	2.04	7.42	0.47	14.42	计算整理得出
政治环境	Pol	0.54	0.00	0.32	0.72	计算整理得出

第三节　实证分析

一、随机前沿贸易引力模型设定

对随机前沿贸易引力模型进行回归之前，需要对模型的适用性进行检验。采用似然比检验①判断模型是否存在效率损失，若存在效率损失，则选用随机前沿贸易引力模型进行回归分析。再检验效率损失是否随时间变化，若存在时间变化效应，则选择时变模型；若不存在时间变化效应，则选择时不变模型。表5-2呈现了似然比检验的结果，在原假设为不存在贸易效率损失的检验中，*LR*统计量为1177.058，远远大于1%的临界值6.635，因此拒绝不存在贸易效率损失的原假设，接受备择假设，说明采用随机前沿贸易引力模型的方法进行估计是可行的。在原假设为出口贸易效率损失不变化的检验中，*LR*统计量为24.594，大于1%的临界值6.635，因此拒绝贸易效率损失不随时间变化的原假设，接受备择假设，说明模型的出口贸易效率损失项具有时间变化效应，选择时变模型进行研究更加合适。基于此，本书采用时变随机前沿贸易引力模型对我国出口贸易进行研究。

表5-2　　**随机前沿贸易引力模型假设检验结果**

原假设	约束模型	非约束模型	*LR*统计量	1%临界值	检验结论
不存在出口贸易效率损失	-1208.269	-619.740	1177.058	6.635	拒绝
出口贸易效率损失不随时间变化	-619.740	-595.146	24.594	6.635	拒绝

① 似然比检验需要计算*LR*统计量：$LR=-2[L(H_0)-L(H_1)]$，$L(H_0)$、$L(H_1)$分别是零假设和备择假设的对数似然值，*LR*服从$\chi^2(n)$分布，n代表约束条件个数。当*LR*统计量大于1%临界值对应的数值，则拒绝原假设，接受备择假设。

选取时变随机前沿贸易引力模型研究贸易效率损失的影响因素主要有3种方法：混合法、两步法和一步法。其中，混合法是将出口贸易效率损失的影响因素连同出口贸易的影响因素一起作为随机前沿贸易引力模型的解释变量，此方法无法分析出口贸易效率损失的影响因素。两步法是先通过随机前沿贸易引力模型对我国出口贸易的影响因素进行分析，然后估计出口贸易效率损失，再对出口贸易效率损失进行回归分析，然而，第二步回归分析与第一步回归分析的假设前提存在相互矛盾，因此两步法也不是时变随机前沿贸易引力模型的最佳研究方法。一步法是对出口贸易的影响因素和出口贸易效率损失影响因素的联合估计，解决了前面两种方法存在的缺陷，分别可得出对出口贸易的影响因素以及出口贸易效率损失的影响因素。目前，Battese 和 Coelli(1995)提出的一步法实证研究方法被广泛应用于时变随机前沿贸易引力模型。本书将借鉴 Battese 和 Coelli 的研究，采用一步法对我国出口贸易进行分析。

二、中国出口贸易的影响因素分析

在确定模型的具体形式和研究方法后，为体现估计结果的稳健性，在对2007—2016年我国出口贸易影响因素进行估计时，分别采用随机效应模型(RE)、混合回归模型(OLS)、时变随机前沿贸易引力模型(TI)、时不变随机前沿贸易引力模型(TVD)以及一步法时变随机前沿贸易引力模型(BC)进行回归分析。回归结果如表5-3所示。由7个模型可知，变量的回归系数符号均未发生改变，且系数数值差别较小，说明本书的实证结果稳健可靠。

表5-3　**中国出口贸易的影响因素分析**

变量	RE ①	OLS ②	TI ③	TVD ④
lnHGDP	0.844***	0.773***	0.839***	0.875***
	(18.437)	(47.847)	(18.546)	(15.286)
lnGDP	4.811***	4.802***	4.811***	4.822***
	(9.042)	(4.341)	(9.043)	(9.079)
lnHPop	0.095*	0.117***	0.097**	0.067***
	(1.865)	(6.616)	(1.956)	(1.157)
lnPop	-64.707***	-64.188***	-64.673***	-60.951***
	(-7.411)	(-3.538)	(-7.409)	(-6.328)
lnDist	-0.331**	-0.385***	-0.335**	-0.347***
	(-2.332)	(-7.939)	(-2.439)	(-2.502)

续表

变量	RE ①	OLS ②	TI ③	TVD ④
Lang	1.864***	1.864***	1.864***	1.846***
	(4.285)	(12.581)	(4.442)	(4.371)
Border	0.666*	0.672***	0.667**	0.689***
	(1.906)	(5.645)	(1.977)	(2.026)
常数项	1210.607***	1201.895***	1212.849***	1133.872***
	(7.212)	(3.446)	(7.226)	(6.020)
sigma_ u				
sigma_ v				
gamma			0.771	0.788
N	1070	1070	1070	1070
Loglikelihood			-590.971	-590.480

变量	BC					
	⑤		⑥		⑦	
lnHGDP	0.751***	(46.302)	0.774***	(46.339)	0.757***	(48.573)
lnGDP	4.689***	(4.306)	4.673***	(4.127)	4.641***	(4.459)
lnHPop	0.130***	(7.479)	0.087***	(4.759)	0.116***	(6.859)
lnPop	-62.208***	(-3.481)	-62.288***	(-3.352)	-61.802***	(-3.617)
lnDist	-0.478***	(-10.956)	-0.568***	(-12.241)	-0.377***	(-8.495)
Lang	1.983***	(13.369)			1.845***	(13.244)
Border			0.916***	(7.317)	0.710***	(6.269)
常数项	1165.308***	(3.391)	1168.241***	(3.269)	1157.179***	(3.522)
Mu 常数项	-1.084***	(-2.665)	-89.895**	(-2.195)	-72.689**	(-2.282)
Usigma 常数项	-0.077	(-0.377)	3.431***	(7.421)	3.252***	(7.379)
Vsigma 常数项	-1.003***	(-13.458)	-0.779***	(-12.368)	-0.997***	(-14.708)
sigma_ u	0.962		5.559		5.083	
sigma_ v	0.605		0.677		0.607	
gamma	0.717		0.985		0.986	
N	1070		1070		1070	
Loglikelihood	-1175.086		-1221.145		-1134.1803	

注：***、**、*分别表示在1%、5%、10%的统计水平上显著，括号内是估计参数的z值。

由表5-3可知，东道国的经济规模(lnHGDP)和我国的经济规模(lnGDP)变量的估计结果均在1%的显著性水平上统计显著，且弹性系数均为正，这符合传统引力模型的预测，即我国的出口贸易与双边国家的经济规模成正比。东道国的经济规模越大，国内的市场需求越旺盛，越有利于我国对其进行出口贸易。经济规模体现一国市场需求的同时，也代表了一个国家的供给能力，因此，我国的经济规模越大，其出口能力越强。相比较而言，我国的经济规模对出口贸易的影响大于进口国的经济规模。双边地理距离(lnDist)的弹性系数显著为负，这符合传统引力模型的预测，双边地理距离的扩大增加了我国出口贸易的交易成本，尤其是增加了贸易过程中的运输成本，因此双边地理距离与我国的出口贸易呈负相关关系。

东道国的人口规模(lnHPop)和我国的人口规模(lnPop)对我国出口贸易的影响具有较大的差异性。东道国人口规模的弹性系数显著为正，说明东道国的人口数量增加时，我国对该国的出口贸易增加；我国人口规模的弹性系数显著为负，说明我国人口规模越大，反而会抑制我国的出口贸易。进出口国家的人口规模代表消费需求能力和生产供给能力，进口国家的人口规模越大，消费需求能力越高，越有利于我国的出口贸易。然而当出口国(我国)的人口规模越大，生产供给能力越强，我国的出口规模越小。随着我国经济的快速发展和人口的稳定增长，在对劳动密集型产品出口时，我国的劳动力成本不断增加，人口红利逐渐降低。此外，经济的增长导致我国的消费水平超过了同规模人口的生产水平，人口的增加直接导致了国内需求的增加。可见，我国人口规模的增加反而会减少出口贸易规模。双边的共同语言(Lang)和双边的共同边界(Border)变量与我国出口规模呈显著的正相关关系，具有共同语言通常有相似的文化，有利于信息的沟通；具有共同边界一般运输费用较低，二者皆可以有效地降低我国出口贸易的交易成本，有利于我国出口贸易规模的增加。

由表5-3可知，模型③~⑦中gamma值①分别为0.771、0.788、0.717、0.985和0.986，说明出口贸易效率损失项占复合扰动项的比重远远大于随机扰动项，表明我国对东道国的出口贸易存在较大的效率损失，且出口贸易效率损失是影响我国出口贸易潜力实现的重要因素。那么，是哪些变量导致这种现象的产生？贸易投资便利化在我国出口贸易效率损失中产生了怎样的影响？下面将对造成我国出口贸易效率损失的影响因素进行分析。

三、贸易投资便利化对中国出口贸易效率损失的影响

采用Battese和Coelli的一步法，在表5-3模型⑦的基础上研究贸易投资便利化对出口贸易效率损失的影响，结果见表5-4。贸易投资便利化是本书主要的研究对象，为得到稳健的回归结果，在加入贸易投资便利化指标后，又加入了构成贸易投资便利化的7个一级指标进行分析，分别是：基础设施质量(Infra)、制度环境(Ins)、海关环境(Cust)、市场准入(Market)、营商环境(Busin)、科学与技术环境(Tech)、政治环境(Pol)。

---

① $gamma=sigma\_\ \mu^2/(sigma\_\ \mu^2+sigma\_\ v^2)$，即出口贸易效率损失的波动占总波动的比例。gamma越接近0，说明我国出口贸易潜力和出口贸易实际值的差异主要来源于不可避免和不可预测的随机因素；gamma越接近1，说明我国出口贸易潜力和出口贸易实际值的差异主要来源于出口贸易效率损失项。

表 5-4 **出口贸易效率损失的影响因素分析**

Variable	①	②	③	④
lnHGDP	0.798***	0.750***	0.773***	0.721***
	(44.830)	(44.938)	(48.026)	(38.778)
lnGDP	4.506***	4.654***	4.801***	4.351***
	(3.972)	(4.202)	(4.356)	(4.098)
lnHPop	0.102***	0.140***	0.117***	0.166***
	(5.465)	(7.780)	(6.641)	(8.711)
lnPop	−59.606***	−61.734***	−64.173***	−57.743***
	(−3.201)	(−3.396)	(−3.551)	(−3.290)
lnDist	−0.400***	−0.382***	−0.385***	−0.471***
	(−8.076)	(−7.801)	(−7.969)	(−10.462)
Lang	1.871***	1.945***	1.864***	2.099***
	(12.128)	(12.223)	(12.628)	(16.402)
Border	0.638***	0.803***	0.672***	0.667***
	(5.494)	(6.002)	(5.666)	(6.300)
常数项	1160.590***	1155.572***	1201.957***	1083.632***
	(2.818)	(3.306)	(3.459)	(3.209)
Mu	46.513***	0.663***	0.356	2.607***
常数项	(0.229)	(6.079)	(0.012)	(5.931)
Usigma				
TIF	0.0497***			
	(3.701)			
Cust		−22.424***	−0.460	−25.011***
		(−5.904)	(−0.018)	(−4.215)
Pol			−1.620	
			(−0.109)	
Ins			−6.722***	1.436***
			(−3.654)	(4.067)
Market				1.465***
				(4.889)
Tech				
Infra				
Busin				
常数项	−0.983***	5.261***	−4.575	1.326**
	(−8.338)	(4.853)	(−0.542)	(2.290)
Vsigma	−47.531***	−0.887***	−0.631***	−2.139***
常数项	(−44.468)	(−13.815)	(−14.598)	(−5.989)
N	1070	1070	1070	1070
Loglikelihood	−1171.490	−1161.160	−1180.583	−1084.907

续表

Variable	⑤	⑥	⑦	⑧
lnExtrade	0.740***	0.808***	0.808***	0.804***
	(45.428)	(50.547)	(48.407)	(48.760)
lnHGDP	4.817***	4.669***	4.493***	4.370***
	(4.301)	(49.561)	(4.275)	(3.916)
lnGDP	0.130***	0.067***	0.119***	0.126***
	(7.533)	(5.040)	(6.944)	(7.639)
lnHPop	-63.163***	-62.122***	-60.896***	-60.503***
	(-3.397)	(-463.451)	(-3.437)	(-3.199)
lnPop	-0.372***	-0.351***	-0.172***	-0.325***
	(-7.446)	(-7.990)	(-3.632)	(-7.584)
lnDist	1.806***	1.917***	1.951***	2.131***
	(12.930)	(10.210)	(9.351)	(11.971)
Lang	0.868***	1.009***	0.425***	0.763***
	(6.924)	(9.379)	(4.271)	(7.189)
常数项	1181.891***	1164.878	1141.142***	1160.269***
	(3.302)	(0.546)	(3.342)	(3.181)
Mu	1.482***	2.818***	2.203***	24.580
常数项	(8.846)	(81.221)	(18.871)	(0.027)
Usigma				
TIF				
Cust				-14.979***
				(-10.059)
Pol	-49.979***	-16.311***		-8.232
	(-9.379)	(-17.056)		(-9.248)
Ins	-2.973***	0.265***	-0.205	0.449***
	(-6.436)	(3.801)	(-1.247)	(4.149)
Market	17.780***	0.823***		0.725***
	(7.704)	(7.572)		(6.062)
Tech		0.096**	0.027	0.097***
		(2.565)	(0.540)	(3.203)
Infra			33.085***	13.553***
			(15.199)	(14.010)
Busin			-46.505***	-12.166***
			(-17.027)	(-8.298)
常数项	13.424***	6.563***	12.679***	7.519***
	(5.614)	(12.018)	(12.427)	(11.375)
Vsigma	-0.894***	-15.920	-2.422***	-135.018***
常数项	(-18.180)	(-0.525)	(-21.971)	(-132.076)
N	1070	1070	1070	1070
Loglikelihood	-1070.764	-1012.393	-829.564	-813.045

注：***、**、*分别表示在1%、5%、10%的统计水平上显著，括号内是估计参数的z值。

由表5-4可知，东道国贸易投资便利化(TIF)与我国的出口贸易效率损失呈正相关关系，在1%的显著性水平上统计显著，由多个一级指标构成的东道国贸易投资便利化水平每提升1个单位，我国的出口贸易效率损失提升4.97%。贸易投资便利化水平是对贸易和投资便利化的综合测评，东道国贸易投资便利化条件的改善增加了贸易伙伴国对东道国进行出口贸易的便利性，但也会增加东道国贸易市场的竞争性，从而间接增加了我国出口贸易效率损失，效率损失增加导致出口贸易效率降低，则出口贸易潜力增大。

东道国基础设施质量(Infra)、市场准入(Market)和科学与技术环境(Tech)三个一级指标估计系数为正。东道国完善的基础设施质量增加了我国出口贸易效率损失，表明我国对基础设施优良国家的出口贸易效率较低，这可能是由于东道国基础设施质量越完善，各国的出口贸易竞争力水平越高，在我国的出口贸易竞争力水平较低的情况下，对该国的出口贸易效率损失扩大所致。东道国市场准入指标在1%的显著性水平下统计显著为正，东道国市场准入条件越便利，国内贸易市场的竞争性越强，可能会增加我国出口贸易的成本，则我国出口贸易效率损失增加。东道国的科学与技术环境稳健地呈现出与我国出口贸易效率损失的正相关关系，但系数较小，说明东道国的科学与技术环境对我国的出口贸易效率损失并没有较大的影响。

东道国海关环境(Cust)、营商环境(Busin)和政治环境(Pol)三个一级指标估计系数均为负，与预期相符。东道国海关环境指标在1%的显著性水平下统计显著为负，表明东道国海关环境的改善有利于抑制我国出口贸易效率损失，出口贸易效率提升，则我国的出口贸易待开拓空间较小。东道国营商环境指标在1%的显著性水平下统计显著为负，表明东道国的营商环境与我国出口贸易效率损失呈反比，与我国出口贸易实际值成正比，我国对营商环境优越的东道国实际投资规模较大，待开拓的出口贸易潜力较小。东道国政治环境与我国出口贸易呈负相关关系，东道国便利、稳定的政治环境是我国出口贸易的保障，因此东道国政治环境越安全，我国对该东道国的实际出口贸易额越大，出口贸易效率损失越小。除此之外，东道国制度环境(Ins)指标与出口贸易效率损失项的关系并不稳健。

第四节　贸易投资便利化与中国出口贸易潜力分析

一、总样本潜力分析

基于上述模型的参数估计可以计算出2007—2016年我国对107个国家和地区的出口贸易效率，即出口贸易实际值与出口贸易潜力之比，进一步可以预测出我国对各国的出口贸易潜力，即出口贸易前沿值。在控制了其他变量的前提下，我国出口贸易潜力与出口贸易效率呈反比；贸易投资便利化通过影响出口贸易效率损失，间接影响出口贸易效率及潜力。2007—2016年我国对107个国家和地区每年的出口贸易效率走势图，如图5-1所示。由图5-1可知，2007—2016年，我国的年出口贸易效率均值主要分布在0.12~0.17，仍然处于较低的状态，但从整体来看，我国的年出口贸易效率呈上升的趋势。2008年的金融危机使东道国贸易保护主义兴起，东道国的海关环境和营商环境由好转差，导致我国出口贸易效率损失增加，因此2008—2009年我国的出口贸易效率均值大幅度降低，此时我国待开拓的出口贸易潜力较大。2009年后，随着整体经济的复苏以及贸易便利化条件的波动变化，我国出口贸易效率也呈波动变化的状态。

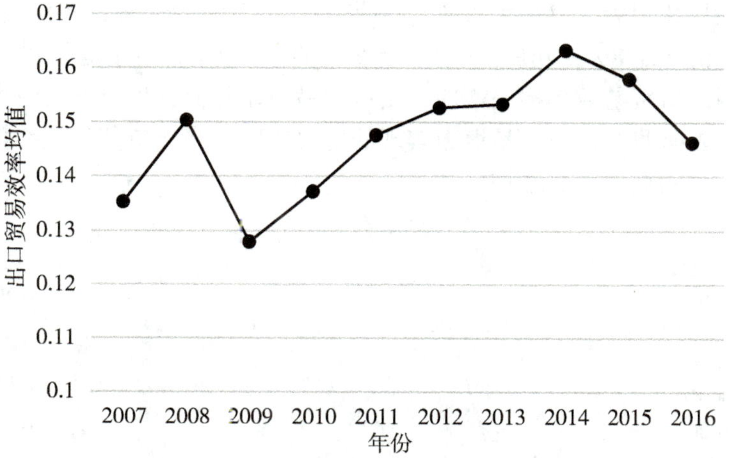

图5-1　2007—2016年中国年出口贸易效率均值走势图

2007—2016年我国对各东道国出口贸易效率均值分布，如图5-2所示。由图5-2可知，我国对107个国家和地区的出口贸易效率均值中不足0.1的占35%，0.5以上的占3%，且我国对107个国家和地区的出口贸易效率均值主要集中在0~0.3，约占94%。由此可知，我国对大部分国家的出口贸易效率较低，本书研究发现与陈琳(2018)等人的研究结论相符，可见，我国的出口贸易效率较低，出口贸易潜力和出口贸易实际值的差异较

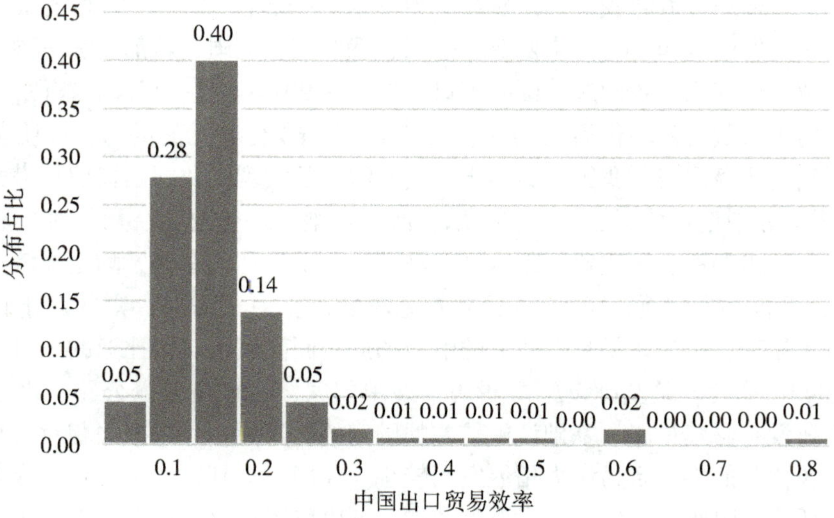

图5-2　中国对各国出口贸易效率均值分布

大，出口贸易还具有较大的拓展空间。

通过对 107 个国家和地区的出口贸易效率可以计算出 2007—2016 年我国对 107 个国家和地区的出口贸易潜力，如图 5-3 所示。由图 5-3 可知，我国的出口贸易潜力整体呈上升的趋势，从 2007 年的 71242.79 亿美元增长至 2016 年的 132503.80 亿美元，年均增长率为 7.14%。我国出口贸易潜力增长率呈现先上升再下降的趋势，2010 年我国出口潜力增长率达到最大值 22.78%，随后又降至 2016 年的-1.67%。当东道国贸易投资便利化水平提升时，我国出口贸易效率损失增加，出口贸易效率降低，出口贸易潜力增加。出口贸易效率损失作为阻碍我国出口贸易潜力实现的主要原因，当出口贸易效率损失增加时，我国出口贸易待开拓的规模也会增加。

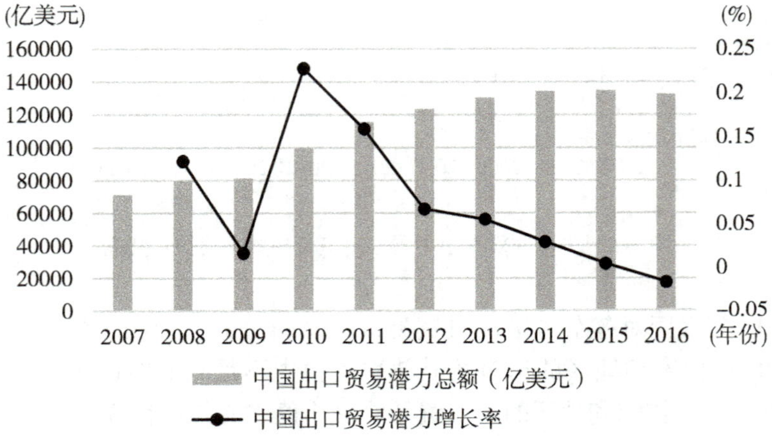

图 5-3　2007—2016 年中国出口贸易潜力走势

从表 5-5 可知，2016 年我国出口贸易潜力高水平排名前 10 的国家和地区分别是：美国、日本、中国香港、印度、马来西亚、德国、俄罗斯、英国、新加坡和法国。美国是我国的第一大贸易伙伴国，我国对美国的出口贸易额从 2014 年起一直位居首位，尽管如此，我国对美国的出口贸易效率仅为 0.1779，具有 21651.64 亿美元的潜力，说明美国目前的贸易投资便利化环境阻碍了我国对美国出口贸易潜力的实现。我国出口贸易潜力低水平排名前 10 的国家分别是：牙买加、尼加拉瓜、博茨瓦纳、亚美尼亚、马拉维、冰岛、马耳他、摩尔多瓦、圭亚那、冈比亚。除冰岛、马耳他两个发达国家外，均是经济发展缓慢的发展中国家。我国对亚美尼亚的出口贸易效率较低，仅为 0.0325，则相对于目前对亚美尼亚的出口贸易额，出口贸易具有较大的潜力拓展空间。我国对冈比亚的出口贸易效率较高，为 0.5948。冈比亚是基础设施薄弱的发展中国家，运输主要以公路、水运和空运为主，冈比亚还没有修建铁路，基础设施较差的国家的出口贸易效率损失相对较小，与此同时，我国对冈比亚的出口贸易潜力拓展空间较小。我国对马耳他的出口贸易效率较高，为 0.5259，马耳他与冈比亚类似，其国内市场小，且出口贸易效率损失较小，所以我国对马耳他的出口贸易潜力拓展空间也较小。无论出口贸易潜力的大小，我国都应该深化与各国的经贸合作，根据东道国的贸易投资便利化环境来了解我国的出口贸易效率损失，从而确定我国出口贸易待开拓的空间。

表 5-5　**2016 年中国出口贸易潜力**

国家(地区)	出口贸易效率	出口贸易潜力(亿美元)	出口贸易实际额(亿美元)	出口贸易拓展值(亿美元)	出口贸易潜力排名
美国	0. 1779	21651. 64	3852. 71	17798. 93	1
日本	0. 1124	11517. 17	1294. 10	10223. 07	2
中国香港	0. 3507	8191. 44	2872. 53	5318. 91	3
印度	0. 0827	7060. 51	584. 15	6476. 36	4
马来西亚	0. 0639	5900. 01	376. 72	5523. 29	5
德国	0. 1128	5786. 37	652. 59	5133. 78	6
俄罗斯联邦	0. 0738	5058. 64	373. 56	4685. 08	7
英国	0. 1288	4327. 50	557. 21	3770. 29	8
新加坡	0. 1037	4292. 10	445. 12	3846. 98	9
法国	0. 0576	4288. 39	246. 86	4041. 53	10
意大利	0. 0774	3408. 79	263. 88	3144. 90	11
韩国	0. 2789	3360. 33	937. 29	2423. 04	12
巴西	0. 0730	3009. 99	219. 79	2790. 20	13
加拿大	0. 1004	2722. 64	273. 39	2449. 25	14
印度尼西亚	0. 1249	2572. 44	321. 26	2251. 18	15
西班牙	0. 0875	2435. 51	213. 20	2222. 31	16
墨西哥	0. 1380	2345. 58	323. 67	2021. 91	17
土耳其	0. 0761	2194. 05	166. 90	2027. 16	18
澳大利亚	0. 1726	2162. 60	373. 27	1789. 33	19
荷兰	0. 3869	1485. 12	574. 59	910. 53	20
沙特阿拉伯	0. 1346	1386. 06	186. 55	1199. 51	21
波兰	0. 1269	1190. 04	151. 00	1039. 04	22
菲律宾	0. 2645	1128. 07	298. 43	829. 64	23
泰国	0. 3316	1121. 83	371. 95	749. 88	24
尼日利亚	0. 0955	1017. 04	97. 15	919. 89	25
比利时	0. 1457	1011. 63	147. 36	864. 27	26

续表

国家(地区)	出口贸易效率	出口贸易潜力(亿美元)	出口贸易实际额(亿美元)	出口贸易拓展值(亿美元)	出口贸易潜力排名
越南	0.6438	949.05	611.04	338.01	27
瑞士	0.0354	895.51	31.69	863.81	28
南非	0.1464	878.21	128.54	749.68	29
巴基斯坦	0.2039	845.35	172.34	673.01	30
阿根廷	0.0875	823.66	72.04	751.62	31
挪威	0.0334	781.15	26.06	755.09	32
瑞典	0.0838	753.74	63.19	690.55	33
奥地利	0.0300	747.46	22.43	725.04	34
哈萨克斯坦	0.1117	742.17	82.93	659.24	35
哥伦比亚	0.0915	738.29	67.56	670.73	36
埃及	0.1469	710.60	104.37	606.23	37
智利	0.1991	643.23	128.07	515.16	38
孟加拉国	0.2286	625.75	143.02	482.72	39
丹麦	0.0882	614.03	54.13	559.90	40
以色列	0.1461	559.84	81.81	478.03	41
爱尔兰	0.0497	559.76	27.80	531.96	42
捷克	0.1585	508.51	80.62	427.90	43
希腊	0.0845	497.45	42.03	455.42	44
阿尔及利亚	0.1616	473.16	76.48	396.68	45
罗马尼亚	0.0748	460.89	34.49	426.40	46
秘鲁	0.1316	455.15	59.92	395.23	47
芬兰	0.0646	445.46	28.79	416.68	48
葡萄牙	0.1044	383.57	40.04	343.53	49
匈牙利	0.1420	381.93	54.25	327.68	50
新西兰	0.1307	364.82	47.68	317.14	51
乌克兰	0.1202	351.09	42.20	308.88	52
科威特	0.1009	297.55	30.02	267.53	53
摩洛哥	0.1038	296.66	30.79	265.87	54
斯里兰卡	0.1476	290.54	42.88	247.65	55

续表

国家(地区)	出口贸易效率	出口贸易潜力(亿美元)	出口贸易实际额(亿美元)	出口贸易拓展值(亿美元)	出口贸易潜力排名
卡塔尔	0.0529	286.67	15.16	271.51	56
斯洛伐克	0.1221	234.49	28.62	205.86	57
厄瓜多尔	0.1141	197.96	22.58	175.38	58
埃塞俄比亚	0.1643	195.68	32.15	163.54	59
阿曼	0.1179	182.21	21.48	160.73	60
坦桑尼亚	0.1983	179.91	35.67	144.24	61
加纳	0.2671	174.75	46.67	128.08	62
阿塞拜疆	0.0216	159.89	3.46	156.43	63
危地马拉	0.1339	138.57	18.56	120.01	64
克罗地亚	0.0738	137.86	10.17	127.69	65
黎巴嫩	0.1540	136.43	21.01	115.42	66
突尼斯	0.0974	133.04	12.96	120.08	67
约旦	0.2285	129.31	29.55	99.76	68
哥斯达黎加	0.1175	127.26	14.95	112.30	69
卢森堡	0.1074	116.88	12.56	104.32	70
保加利亚	0.0908	116.30	10.57	105.73	71
科特迪瓦	0.1371	115.55	15.85	99.71	72
斯洛文尼亚	0.1970	115.23	22.70	92.53	73
立陶宛	0.1151	112.21	12.92	99.29	74
巴拿马	0.5835	108.73	63.44	45.29	75
喀麦隆	0.1435	108.50	15.57	92.93	76
乌拉圭	0.1746	101.57	17.73	83.84	77
乌干达	0.0851	96.79	8.24	88.55	78
多米尼加	0.1650	94.98	15.67	79.31	79
赞比亚	0.0591	82.89	4.90	77.99	80
巴林	0.1017	77.74	7.91	69.83	81
拉脱维亚	0.1434	74.12	10.63	63.49	82
玻利维亚	0.0862	70.79	6.11	64.69	83
巴拉圭	0.1737	67.35	11.70	55.65	84

续表

国家(地区)	出口贸易效率	出口贸易潜力(亿美元)	出口贸易实际额(亿美元)	出口贸易拓展值(亿美元)	出口贸易潜力排名
爱沙尼亚	0. 1514	63. 68	9. 64	54. 04	85
洪都拉斯	0. 1179	61. 11	7. 21	53. 90	86
萨尔瓦多	0. 1292	59. 79	7. 72	52. 07	87
塞内加尔	0. 3837	57. 20	21. 95	35. 25	88
莫桑比克	0. 2308	56. 70	13. 09	43. 62	89
塞浦路斯	0. 0820	56. 39	4. 62	51. 76	90
津巴布韦	0. 0761	50. 94	3. 88	47. 06	91
特立尼达和多巴哥	0. 0711	48. 72	3. 46	45. 26	92
布基纳法索	0. 0316	44. 61	1. 41	43. 19	93
马达加斯加	0. 2275	41. 46	9. 43	32. 03	94
阿尔巴尼亚	0. 1225	41. 35	5. 07	36. 28	95
纳米比亚	0. 0664	40. 47	2. 69	37. 78	96
文莱	0. 1313	38. 91	5. 11	33. 80	97
牙买加	0. 1329	38. 08	5. 06	33. 02	98
尼加拉瓜	0. 1649	37. 85	6. 24	31. 60	99
博茨瓦纳	0. 0570	36. 77	2. 10	34. 68	100
亚美尼亚	0. 0325	34. 16	1. 11	33. 05	101
马拉维	0. 0670	34. 07	2. 28	31. 79	102
冰岛	0. 0443	30. 43	1. 35	29. 08	103
马耳他	0. 5259	29. 78	15. 66	14. 12	104
摩尔多瓦	0. 0583	13. 17	0. 77	12. 40	105
圭亚那	0. 1952	9. 14	1. 78	7. 35	106
冈比亚	0. 5948	5. 30	3. 15	2. 15	107
总额	—	132503. 80	19286. 72	113217. 08	—

二、分样本潜力分析：发达国家和地区及发展中国家

在全样本分析中发现我国对发达国家和地区及发展中国家的出口贸易潜力存在较大的差距。将全样本分为发达国家和地区及发展中国家两类，107 个国家和地区中包括 52 个

发达国家和地区以及55个发展中国家。图5-4为2007—2016年我国对发达国家和地区及发展中国家的出口贸易效率均值分布图。由图5-4可知，无论是发达国家和地区还是发展中国家，我国的出口贸易效率水平均较低。其中，我国对发达国家和地区出口贸易效率低于发展中国家，这是由于发达国家和地区的贸易投资便利化水平整体高于发展中国家，发达国家和地区市场上的贸易竞争程度更大，因此会增加我国出口贸易效率损失，阻碍出口贸易潜力的实现，我国对发达国家和地区的出口贸易潜力拓展空间更大。

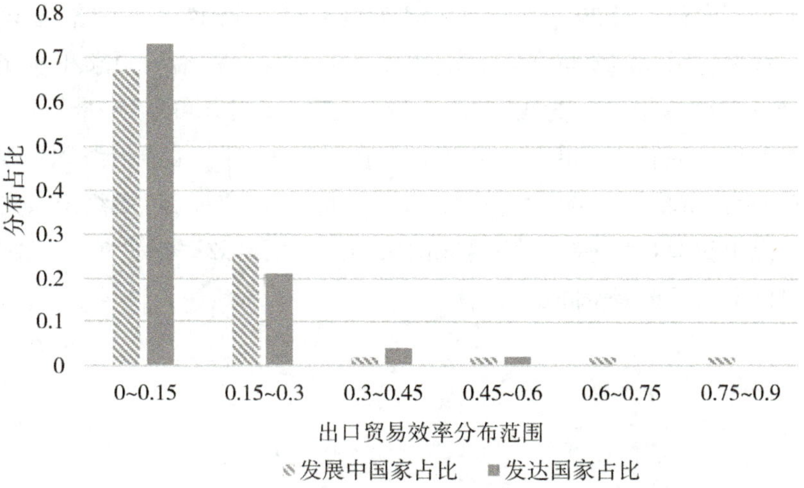

图5-4　2007—2016年中国对发达国家和地区及发展中国家出口贸易效率均值分布

由图5-5可知，2007—2016年，我国对发达国家和地区及发展中国家的出口贸易潜力分别呈上升的趋势，其中，对发达国家和地区的出口贸易潜力从2007年的58445.87亿美

图5-5　2007—2016年中国对发达国家和地区及发展中国家出口贸易潜力走势

元上升至 2016 年的 102411.16 亿美元，年均增长率为 6.43%。我国对发展中国家的出口贸易潜力从 2007 年的 12796.92 亿美元上升至 2016 年的 30092.64 亿美元，年均增长率为 9.97%。2016 年，我国对 52 个发达国家和地区的出口贸易潜力占 117 个国家和地区出口贸易潜力的 77.29%。尽管我国对发达国家和地区的出口贸易潜力更大，但对发展中国家出口贸易潜力增长速率更快。

三、分样本潜力分析："一带一路"沿线国家和非"一带一路"沿线国家

在总样本分析中包含了 39 个"一带一路"沿线国家。我国"一带一路"倡议的提出促进了我国的出口贸易，因此需要将全样本分为 39 个"一带一路"沿线国家和 68 个非"一带一路"国家进行对比分析。图 5-6 为我国对"一带一路"沿线国家和非"一带一路"沿线国家出口贸易效率均值分布对比图。由图 5-6 可知，我国对"一带一路"沿线国家和非"一带一路"沿线国家的出口贸易效率分布相似度较高，但是对"一带一路"沿线国家的出口贸易效率相对较低，说明我国对"一带一路"沿线国家的出口贸易效率损失较大，对"一带一路"沿线国家的出口贸易可拓展空间更大。

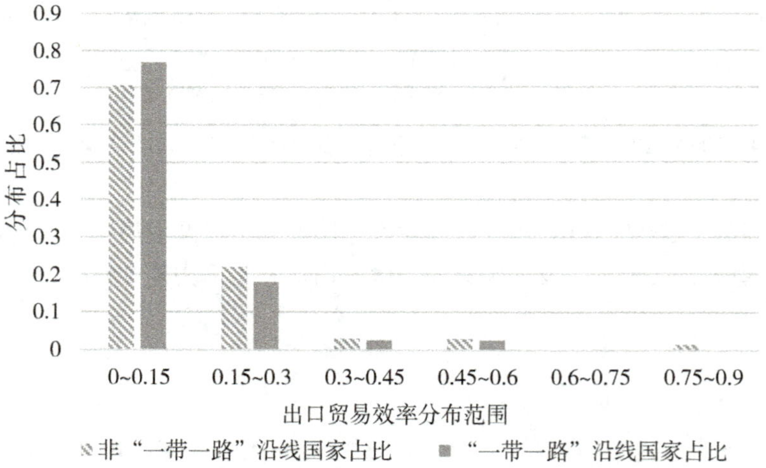

图 5-6　2007—2016 年中国对"一带一路"沿线国家和非"一带一路"沿线国家出口贸易效率均值分布

图 5-7 为 2007—2016 年我国对"一带一路"沿线国家和非"一带一路"沿线国家出口贸易潜力走势图，从出口贸易潜力走势来看，我国对"一带一路"沿线国家的出口贸易潜力呈逐年上升的趋势，从 2007 年的 18554.64 亿美元增长至 2016 年的 40580.75 亿美元，年均增长率为 9.08%。我国对非"一带一路"沿线国家的出口贸易潜力从 2007 年的 52688.15 亿美元增长至 2016 年的 91923.05 亿美元，年均增长率为 6.38%。2016 年，我国对 39 个"一带一路"沿线国家的出口贸易潜力占对 107 个国家和地区出口贸易潜力的 30.63%，且

我国对“一带一路”沿线国家的出口贸易潜力增长率高于对非“一带一路”国家。

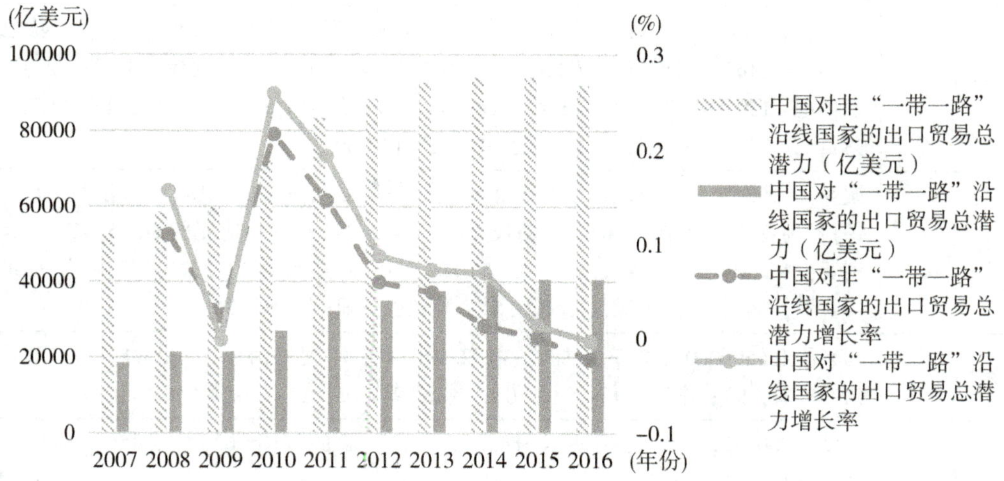

图 5-7　2007—2016 年中国对“一苛一路”沿线国家和非“一带一路”沿线国家出口贸易潜力走势

在“一带一路”倡议的背景下，我国大力支持并投资“一带一路”沿线国家的基础设施建设，帮助改善“一带一路”沿线国家的贸易投资便利化水平，其中亚洲基础设施投资银行和丝路基金均起到了十分重要的作用。而基础设施等贸易投资便利化水平的改善，在给“一带一路”沿线国家的贸易活动带来巨大便利的同时，也使出口“一带一路”沿线国家的贸易竞争者增加，“一带一路”沿线国家贸易市场的竞争更加激烈。这反而增加了我国的出口贸易效率损失，贸易效率损失的增加降低了出口贸易效率，导致我国出口贸易潜力增加，与此同时，效率损失的增加阻碍了我国对“一带一路”沿线国家出口贸易潜力的实现，我国对“一带一路”沿线国家的出口贸易可拓展空间较大。

根据表 5-6 我国对“一带一路”沿线出口贸易潜力状况来看，2016 年，我国对“一带一路”沿线国家的出口贸易潜力水平不均衡。东南亚地区除文莱外，我国的出口贸易潜力均较高；西亚北非地区除土耳其和沙特阿拉伯外，我国的出口贸易潜力均较低。我国出口贸易潜力高水平排名前 3 位的国家分别是：南亚的印度、东南亚的马来西亚和东北亚的俄罗斯。在全球经济增长放缓的背景下，印度经济在 2015—2016 年仍实现了 7. 6%的增长。近年来，印度加大在科技创新领域的投入，并取得了一定的成果，促进了科学与技术水平的提升，而科学与技术水平的进一步提升增加了我国出口贸易效率损失，使得我国对印度现有的出口贸易额远远低于贸易潜力值，说明我国对印度具有较大的出口潜力拓展空间。马来西亚和俄罗斯积极响应我国“一带一路”倡议，与我国有深度的经贸合作，它们完善的基础设施及较先进的科学技术条件，增加了我国对马来西亚和俄罗斯的出口贸易潜力，使得我国对马来西亚和俄罗斯的出口贸易规模仍有待提升。

表 5-6　　2016 年中国对“一带一路”沿线国家出口贸易潜力及排名

区域	所选取的国家
西亚北非	土耳其(2194.05，6)；沙特阿拉伯(1386.06，7)；埃及(710.60，14)；以色列(559.84，16)；科威特(297.55，21)；卡塔尔(286.67，23)；阿曼(182.21，25)；阿塞拜疆(159.89，26)；黎巴嫩(136.43，28)；约旦(129.31，29)；巴林(77.74，33)；亚美尼亚(34.16，38)；摩尔多瓦(13.17，39)
中东欧	波兰(1190.04，8)；捷克(508.51，17)；罗马尼亚(460.89，18)；匈牙利(381.93，19)；乌克兰(351.09，20)；斯洛伐克(234.49，24)；克罗地亚(137.86，27)；保加利亚(116.30，30)；斯洛文尼亚(115.23，31)；立陶宛(112.21，32)；拉脱维亚(74.12，34)；爱沙尼亚(63.68，35)；阿尔巴尼亚(41.35，36)
东南亚	马来西亚(5900.01，2)；新加坡(4292.10，4)；印度尼西亚(2572.44，5)；菲律宾(1128.07，9)；泰国(1121.83，10)；越南(949.05，11)；文莱(38.91，37)
南亚	印度(7060.51，1)；巴基斯坦(845.35，12)；孟加拉国(625.75，15)；斯里兰卡(290.54，22)
中亚	哈萨克斯坦(742.17，13)
东北亚	俄罗斯(5058.64，3)

注：括号内分别是我国对“一带一路”沿线国家的出口贸易潜力(亿美元)及潜力排名。

我国出口贸易潜力低水平排名后 3 位的国家分别是：东南亚的文莱和西亚北非的亚美尼亚、摩尔多瓦。文莱的贸易投资便利化水平减少了我国出口贸易的效率损失，我国对文莱的出口贸易效率相对较高，出口贸易潜力相对较低。在亚美尼亚和摩尔多瓦两个国家中，我国的出口贸易效率均较低，尽管我国对亚美尼亚和摩尔多瓦的出口贸易潜力相较于其他“一带一路”沿线国家较低，但对亚美尼亚的出口贸易潜力是对其实际出口贸易的 30 倍，对摩尔多瓦的出口贸易潜力是对其实际出口贸易的 20 倍，由此可知，相对于亚美尼亚和摩尔多瓦两个国家本身来说，我国的出口贸易潜力仍有较大的提升空间。

第五节　本章小结

本章基于贸易投资便利化的视角，运用随机前沿贸易引力模型对我国的出口贸易效率损失进行了实证分析，然后对我国出口贸易效率及潜力进行预测，最后对我国的出口贸易效率及潜力进行分析。研究发现：

①我国出口贸易存在较大的出口贸易效率损失，且出口贸易效率损失是阻碍出口贸易潜力实现的最主要原因。东道国贸易投资便利化与我国出口贸易效率损失呈正相关关系。通过对 7 个一级指标进行分析可知，东道国制度环境与我国出口贸易效率损失并未表现出稳健的相关关系；东道国的基础设施质量、市场准入和科学与技术环境指标均与我国出口贸易效率损失呈正相关关系；东道国的海关环境、营商环境和政治环境指标与我国出口贸

易效率损失呈负相关关系。

②2007—2016 年，我国出口贸易效率均较低，出口贸易潜力整体呈上升的趋势。从发达国家和地区及发展中国家对比来看，我国对发达国家和地区的出口贸易效率低于对发展中国家，对发达国家和地区的出口贸易潜力高于对发展中国家。

③从“一带一路”沿线国家和非“一带一路”沿线国家对比来看，我国对“一带一路”沿线国家的出口贸易效率相对较低。在“一带一路”沿线国家中，我国出口贸易潜力存在较大的差异，由地区分布来看，我国对东南亚地区的出口贸易潜力相对较高，对西亚北非地区的出口贸易潜力相对较低。因此，相较于西亚北非地区，我国更应该增加对“一带一路”沿线东南亚国家的出口贸易。

第六章　贸易投资便利化影响中国对外直接投资潜力实证分析

21 世纪的经济全球化是以知识为基础，以信息技术为先导，以金融为中心，以跨国公司为依托的全世界范围内的经济整合。我国“走出去”战略及“一带一路”倡议的实施使我国的直接投资走出了“国门”，我国的对外直接投资通过境外资源开拓国际市场，与其他国家建立既竞争又合作的柔性经济关系。目前，我国具备了对外直接投资的有利条件，拥有大量的资本储备，且面临着“产能过剩”的现状，这为扩大我国对外直接投资的规模打下了良好的基础；与此同时，我国在 40 年的改革开放发展进程中吸取了大量的经验教训，不断优化经贸体制改革，在政策上给予国内企业大量的支持，鼓励企业在海外投资建厂。对外直接投资的增加巩固了我国在国际市场的地位，同时还实现了与东道国“双赢”的目标。尽管我国对外直接投资存量呈现出逐年上升的趋势，但相较于其他经济大国，我国的对外直接投资存量规模仍然较小，对外直接投资还具有很大的潜力。

本章实证分析建立在之前第三章作用机理分析和第四章贸易投资便利化水平测算结果的基础上，从贸易投资便利化的视角分析我国对各东道国的直接投资潜力。投资便利化对直接投资影响因素的实证研究较为丰富，但还少有学者从贸易投资便利化的视角对我国对外直接投资潜力进行研究。那么，东道国的贸易投资便利化水平对我国对外直接投资潜力有何影响？我国对发达国家和地区及发展中国家的直接投资潜力是否存在差异？对“一带一路”沿线国家的直接投资潜力现状如何？本书将利用随机前沿投资引力模型来研究贸易投资便利化与我国对外直接投资效率损失的关系，进一步计算出我国对各东道国的对外直接投资效率及潜力，并从总样本、分样本等不同维度进行分析，为我国对外直接投资区位选择提供建议。

第一节　模型的构建

一、投资引力模型

最基础的投资引力模型考察了一国对东道国的对外直接投资与国家经济规模和地理距离的关系，可以表示为如下的投资引力模型：

$$OFDI_{ijt} = \lambda \frac{GDP_{it}^{\alpha} GDP_{jt}^{\beta}}{Dist_{ijt}^{\gamma}} \tag{6-1}$$

其中，$OFDI_{ijt}$为 t 时期 i 国对 j 国的直接投资规模，λ 是比例系数，GDP_{it}和 GDP_{jt}分别代表 t 时期 i 国和 j 国的经济规模，$Dist_{ijt}$代表 t 时期两国之间的地理距离，α、β、γ 分别是各个变量的权重。为研究方便，将非线性的原始模型取对数进行线性转化后进行研究。将式(6-1)转化为对数的线性形式：

$$\ln OFDI_{ijt} = \alpha_0 + \alpha_1 \ln GDP_{it} + \alpha_2 \ln GDP_{jt} + \alpha_3 \ln Dist_{ijt} + \mu_{ijt} \tag{6-2}$$

由于 i 国对 j 国的直接投资不仅与两国的经济规模、双边地理距离有关，还与双边是否有共同语言、是否有共同边界以及自然资源环境等因素有关，因此，需要在基本模型的基础上引入新变量，增加引力模型的应用能力，拓展的投资引力模型，如式(6-3)：

$$\ln OFDI_{ijt} = \alpha_0 + \alpha_1 \ln GDP_{it} + \alpha_2 \ln GDP_{jt} + \alpha_3 \ln Dist_{ijt} + \alpha_4 x_4 + \cdots + \alpha_n x_n + \mu_{jt} \tag{6-3}$$

二、随机前沿投资引力模型

从企业微观的投资视角分析可知，企业在进行投资决策的时候往往会面临融资环境的问题，而这会导致企业的实际投资支出偏离前沿水平。从国家宏观的视角来看，国家对外直接投资受到东道国基础设施、政策、科学与技术环境等的影响，会与前沿水平存在一定的差距。目前，我国对外直接投资不足问题显著，而对东道国的直接投资不足意味着存在直接投资效率损失。对直接投资效率损失的研究可以将投资引力模型和随机前沿模型相结合。随机前沿模型(SFA)主要强调了误差项的重要性，认为误差项分为可控和不可控两个部分。其中，可控部分叫作技术无效率项，通常服从半正态分布；不可控部分即随机误差项，服从标准正态分布。技术无效率项用来估计对外直接投资的效率损失，由 Aigener 等(1977)和 Meeusen 等(1977)所提出的随机前沿模型基础形式可以表示为：

$$y_i = x_i\alpha + (\nu_i - \mu_i) \tag{6-4}$$

其中，y_i表示第 i 个厂商的实际产出，x_i表示第 i 个厂商的投资，α 表示参数，$x_i\alpha$ 为随机前沿模型的前沿水平，误差项为 $\nu_i - \mu_i$，ν_i为服从标准正态分布的随机误差项，μ_i为服从半正态分布的技术无效率项。将拓展的投资引力模型与式(6-4)相结合，得到 t 时期 i 国对 j 国直接投资的前沿水平：

$$\ln OFDI_{ijt}^{*} = \ln f(x_{ijt}\alpha_n) \tag{6-5}$$

其中，x_{ijt}是对外直接投资的一系列影响因素，α 为每个影响因素的估计参数，$OFDI_{ijt}^{*}$为 t 时期 i 国对 j 国的对外直接投资量的前沿水平，即对外直接投资潜力。将式(6-4)和式(6-5)相结合可以得到对外直接投资的实际值：

$$\ln OFDI_{ijt} = \ln OFDI_{ijt}^{*} + (\nu_{ijt} - \mu_{ijt}) = \ln f(x_{ijt}\alpha_n) + (\nu_{ijt} - \mu_{ijt}) \tag{6-6}$$

μ_{ijt}为对外直接投资效率损失项，用来衡量对外直接投资的效率损失，投资实际值主要受到市场、资源和战略寻求动机的影响。而效率损失需要考虑短期内可能发生改变的因素，贸易投资便利化指标即符合上述条件。对外直接投资效率损失项可以表示为：

$$\mu_{ijt} = \beta_m z_{ijt} + \varepsilon_{ijt} \tag{6-7}$$

z_{ijt}为对外直接投资效率损失项的影响因素，β_m为各影响因素的估计参数，ε_{ijt}为随机误差项。对直接投资效率损失项进行回归分析后，可以预测出对外直接投资效率，且对外直接投资效率又等于对外直接投资实际值与对外直接投资潜力(前沿水平)之比。对外直

接投资效率 TE_{ijt} 的表达式为：

$$TE_{ijt} = \frac{\mathrm{OFDI}_{ijt}}{\mathrm{OFDI}_{ijt}^{*}} = \exp(-\mu_{ijt}) \tag{6-8}$$

将影响我国对外直接投资和直接投资效率损失的因素纳入随机前沿模型进行分析研究，并最终得到对外直接投资随机前沿投资引力模型：

$$\ln\mathrm{OFDI}_{ijt} = \ln f(x_{ijt}\alpha_n) + [\nu_{ijt} - (z_{ijt}\beta_m + \varepsilon_{ijt})] \tag{6-9}$$

第二节 变量设定及数据说明

一、变量的设定

(一) 被解释变量

我国对外直接投资规模(ln(OFDI+1))。被解释变量为我国对各东道国直接投资的存量。由于我国对各东道国的直接投资流量数据中存在较多负值，负值会降低模型结果的稳健性，因此本书选取了我国对各东道国的直接投资存量为因变量。鉴于投资引力模型的线性转化，需要对 OFDI 进行对数处理。但由于我国对部分国家的直接投资存量为 0，直接进行对数处理会导致缺失值的产生，因此本书借鉴季凯文和周吉(2018)的方法，将被解释变量加 1 再取对数，即 ln(OFDI+1)，采用此类方法并不会影响估计结果，且原数值为 0 的存量，取对数后数值仍为 0。

(二) 解释变量——影响对外直接投资的解释变量

我国的经济规模(lnGDP)和东道国的经济规模(lnHGDP)。经济规模以各国的国内生产总值的对数形式来表示。国内生产总值既可以在一定程度上衡量一个国家的总体经济状况，又可以评价一个国家的市场规模大小。我国的经济规模越大，对外直接投资的能力越强，越有利于我国对外直接投资的产生。与此同时，东道国的经济规模是我国进入该国进行直接投资的重要因素，东道国的经济规模越大，越有利于我国的直接投资发挥其规模经济的优势。

双边的地理距离(lnDist)。选取加权双边地理距离的对数形式来衡量我国与东道国之间的地理距离。东道国与我国的地理距离越远，文化、语言、制度等方面的差异越大，我国在进行直接投资时越容易产生信息不对称的问题，而信息不对称又会增加直接投资过程中的交易费用，从而减少我国的对外直接投资。

东道国的自然资源(Res)。东道国的自然资源水平以东道国矿石和金属资源出口占商品出口的百分比来衡量。我国的对外直接投资具有资源寻求动机，其中石油、铁矿、天然气、稀有金属等资源为我国经济的发展与进步提供了物质基础，因此我国的对外直接投资会倾向流向矿石和金属资源丰富的国家。

双边的共同语言(Lang)和双边的共同边界(Border)。本书选取了双边是否有共同语言和双边是否有共同边界两个虚拟变量。当我国与东道国的共同语言为汉语时，虚拟变量的取值为 1，反之为 0；当我国与东道国存在共同边界时，虚拟变量取值为 1，反之为 0。当东道国与我国具有共同语言或共同边界时，说明该国与我国的语言交流、文化方式等方面存在相似性，运输存在便利性，投资成本较低，有利于增加我国对该国的直接投资。

(三)解释变量——影响对外直接投资效率损失项的解释变量

对外直接投资效率损失项的影响因素主要以外在人为因素为主。基于第四章对贸易投资便利化指标体系的构建可知，贸易投资便利化主要衡量一个国家的外在可控可变的因素，贸易投资便利化水平是影响我国对外直接投资效率损失项的重要因素，是本书的主要研究对象。贸易投资便利化(TIF)指标由 7 个一级指标构成，分别是基础设施质量、制度环境、海关环境、市场准入、营商环境、科学与技术环境、政治环境。第四章已测算出了东道国中各个指标的数值。

基础设施质量(Infra)。基础设施质量指标反映了一个国家的铁路、航空、公路运输基础设施、相关服务及通信基础设施的可用性和质量。东道国的基础设施质量越完善，东道国的贸易投资便利化水平越高，我国对该东道国的直接投资效率损失越小。预期东道国的基础设施质量与我国对外直接投资效率损失负相关。

制度环境(Ins)。制度环境指标反映了贸易、投资相关政策的稳定性以及政府行为的规范性。东道国拥有良好的制度环境以及签订双边投资协定均能够促进我国对东道国进行直接投资，制度环境可以提升我国的直接投资效率。预期东道国的制度环境与我国的对外直接投资效率损失负相关。

海关环境(Cust)。海关环境指标反映了一个国家海关管理的质量、透明度和效率。海关的工作效率在一定程度上代表了政府的工作效率，当东道国政府工作效率提升时，我国对该东道国的外直接投资效率增加，直接投资效率损失减少。预期东道国的海关环境与我国对外直接投资效率损失负相关。

市场准入(Market)。市场准入指标反映了一个国家允许外国的货物、劳务和资本参与国内市场的程度，主要由关税环境和市场规模构成。当一个国家的关税水平和关税复杂程度越低，免税配额越高时，市场准入水平越高，我国对外直接投资效率损失越小。预期东道国的市场准入与我国对外直接投资效率损失负相关。

营商环境(Busin)。营商环境指标是商品市场、劳动力市场和金融市场环境的综合。东道国优化营商环境可以增加对投资国的吸引力，我国对营商环境良好的国家的直接投资效率更高，则对该国的直接投资效率损失更小。预期东道国的营商环境与我国的对外直接投资效率损失负相关。

科学与技术环境(Tech)。科学与技术环境指标反映的是经济采用现有技术提高其工业生产能力的灵活性，特别强调在日常活动中和生产过程中的技术创新和技术应用等。一般来说，对外直接投资具有技术寻求动机，东道国的技术水平较高，则我国对该国的直接投资效率越高，直接投资效率损失越小。预期东道国的科学技术环境与我国的对外直接投资效率损失负相关。

政治环境(Pol)。政治环境指标反映的是一国政府的稳定性和质量以及各种冲突爆发的可能性。政治环境指标数值越小，东道国的政治环境越混乱、政府的管控能力越差，我国对该国的直接投资效率损失越大。预期东道国的政治环境与我国的对外直接投资效率损失负相关。

二、数据的说明

本章采用2007—2016年的面板数据进行分析，且尽可能多地选取国家。首先选取了第四章贸易投资便利化指标体系构建中所测评的116个国家和地区的数据，但由于部分指标数据的缺失，删除了其中的9个国家和地区，分别是海地、伊朗、马里、蒙古、塞尔维亚、中国台湾、肯尼亚、委内瑞拉和阿拉伯酋长联合国，最终选取了107个国家和地区，包括52个发达国家和地区以及55个发展中国家和地区，涵盖了39个“一带一路”沿线国家(选取标准参考第五章)。我国的对外直接投资存量数据主要来源于商务部发布的《中国对外直接投资统计公报》，国家的经济规模及东道国的自然资源环境数据来源于世界银行公布的世界发展指标，双边地理距离、双边共同语言及双边共同边界的数据来源于法国前景研究与国际中心数据库公布的数据，贸易投资便利化的相关数据来源于第四章的测算，各个变量的描述性统计，见表6-1。

表6-1　**对外直接投资相关变量描述性统计**

变量	变量符号	均值	标准差	最小值	最大值	数据来源
中国对外直接投资规模	ln(OFDI+1)	9.05	10.87	0.00	18.17	中国商务部
中国经济规模	lnGDP	29.55	0.05	29.16	29.88	世界银行的世界发展指标
东道国经济规模	lnHGDP	25.38	3.33	20.49	30.46	世界银行的世界发展指标
双边地理距离	lnDist	9.00	0.30	6.84	9.86	法国CEPII数据库
东道国自然资源	Res	8.37	177.35	0.00	85.97	世界银行的世界发展指标
双边共同边界	Border	0.05	0.04	0.00	1.00	法国CEPII数据库
双边共同语言	Lang	0.03	0.03	0.00	1.00	法国CEPII数据库
贸易投资便利化水平	TIF	8.56	16.62	2.99	23.25	计算整理得出
基础设施质量	Infra	0.51	0.02	0.25	0.78	计算整理得出
制度环境	Ins	3.55	1.26	1.05	5.70	计算整理得出
海关环境	Cust	0.34	0.01	0.20	0.54	计算整理得出
市场准入	Market	0.96	0.28	-0.30	1.79	计算整理得出
营商环境	Busin	0.62	0.01	0.36	0.84	计算整理得出
科学与技术环境	Tech	2.04	7.42	0.47	14.42	计算整理得出
政治环境	Pol	0.54	0.00	0.32	0.72	计算整理得出

第三节　实证分析

一、随机前沿投资引力模型设定的检验

为选择正确的方法对模型进行估计，需要进行可行性检验。采用似然比检验判断模型是否存在对外直接投资效率损失项，若存在对外直接投资效率损失项，则采用随机前沿投资引力模型进行回归分析。然后检验对外直接投资效率损失项是否随时间发生变化，若存在时间变化效应，则选择时变模型；若不存在时间变化效应，则选择时不变模型。表 6-2 呈现了似然比检验的结果，在原假设为不存在对外直接投资效率损失的检验中，*LR* 统计量为 1626.702，远远大于 10%的临界值 2.706，因此拒绝不存在对外直接投资效率损失的原假设，接受备择假设，说明采用随机前沿模型的方法估计投资引力模型是可行的。在原假设为对外直接投资效率损失不随时间变化的检验中，*LR* 统计量为 3.666，大于 10%的临界值 2.706，因此拒绝对外直接投资效率损失不随时间变化的原假设，接受备择假设，说明模型的对外直接投资效率损失项具有时间变化效应，选择时变的随机前沿投资引力模型进行研究更加合适。基于可行性检验的结果和第五章中模型方法的选取，本书将借鉴 Battese 和 Coelli 的研究范式，采用一步法对我国的对外直接投资进行分析。

表 6-2　　随机前沿投资引力模型假设检验结果

原假设	约束模型	非约束模型	*LR* 统计量	10%临界值	检验结论
不存在对外直接投资效率损失	-2413.353	-1610.002	1626.702	2.706	拒绝
对外直接投资效率损失不随时间变化	-1610.002	-1608.169	3.666	2.706	拒绝

二、中国对外直接投资的影响因素分析

在确定模型的具体形式和研究方法后，为体现估计结果的稳健性，在对 2007—2016 年我国对外直接投资的影响因素进行估计时，分别采用随机效应模型(RE)、时变随机前沿投资引力模型(TI)、时不变随机前沿投资引力模型(TVD)以及一步法时变随机前沿投资引力模型(BC)进行回归分析，如表 6-3 所示。模型①~⑨的结果显示，变量的回归系数符号均未发生改变，且系数数值差别较小，说明本书的实证结果稳健可靠。

表 6-3　　**中国对外直接投资的影响因素分析**

变量	RE		TI	TVD
	①	②	③	④
lnGDP	3.965***	3.969***	4.059***	3.663***
	(31.751)	(31.889)	(33.290)	(14.280)
lnHGDP	0.786***	0.813***	0.570***	0.628***
	(6.334)	(6.912)	(6.220)	(5.440)
lnDist	-1.146***	-0.475	-0.543	-0.112
	(-2.642)	(-1.021)	(-1.060)	(-0.210)
Res		0.011	0.013**	0.010*
		(1.437)	(2.000)	(1.650)
Border		2.068*	1.170	1.472
		(1.841)	(0.780)	(1.070)
Lang		3.312**	2.600	3.041**
		(2.348)	(1.610)	(2.070)
常数项	-117.719***	-124.855***	-117.317***	-110.912***
	(-20.106)	(-20.846)	(-18.630)	(-15.870)
sigma_ u	2.347	2.188	10.284	8.804
sigma_ v	0.886	0.887	0.796	0.791
gamma			0.928	0.918
N	1070	1070	1070	1070

变量	BC				
	⑤	⑥	⑦	⑧	⑨
lnGDP	3.821***	3.886***	3.795***	3.740***	3.801***
	(13.060)	(14.350)	(13.640)	(14.060)	(16.080)
lnHGDP	0.746***	0.7730***	0.7190***	0.698***	0.733***
	(17.380)	(19.410)	(17.930)	(16.900)	(21.580)
lnDist	-0.893***	-1.172***	-0.386***	-0.290**	-0.195*
	(-7.150)	(-9.680)	(-3.050)	(-2.430)	(-1.720)
Res		0.050***			0.043***
		(9.940)			(9.690)

续表

变量	BC				
	⑤	⑥	⑦	⑧	⑨
Border			2.738***		1.814***
			(7.540)		(6.400)
Lang				4.264***	3.426***
				(9.520)	(9.450)
常数项	-112.769***	-113.189***	-115.956***	-114.431***	-118.522***
	(-12.830)	(-13.890)	(-13.900)	(-14.210)	(-16.750)
Mu	-88.385	-54.533	-269.800	-28.538	-300.906
常数项	(-0.330)	(-0.490)	(-0.130)	(-0.770)	(-0.160)
Usigma	5.199*	4.788***	6.309	4.300***	6.468
常数项	(1.810)	(2.600)	(0.860)	(4.020)	(1.050)
Vsigma	0.943***	0.657***	0.765***	0.454**	0.181
常数项	(7.930)	(4.890)	(6.220)	(2.460)	(1.300)
sigma_ u	13.458	10.959	23.443	8.584	25.383
sigma_ v	1.603	1.389	1.466	1.255	1.095
gamma	0.986	0.984	0.996	0.979	0.998
N	1070	1070	1070	1070	1070
Loglikelihood	-2449.330	-2395.616	-2416.936	-2396.261	-2316.195

注：***、**、*分别表示在1%、5%、10%的统计水平上显著，括号内是估计参数的z值。

由表6-3可知，我国经济规模(lnGDP)变量的估计结果均在1%显著性水平上统计显著，且弹性系数均为正，说明随着我国经济实力的增强，对外直接投资规模也随之增加。东道国经济规模(lnHGDP)变量的估计结果均在1%显著性水平上统计显著，弹性系数也均为正，表明我国的对外直接投资具有市场寻求动机，东道国规模越大，我国对该东道国的直接投资越多。双边地理距离(lnDist)变量的估计结果均在1%显著性水平上统计显著，且弹性系数均为负，表明当双边地理距离增加时，我国对外直接投资会减少。我国与东道国地理距离的增加必然会增加投资成本，投资成本的增加会减少我国的对外直接投资。

关于其他变量。由表6-3可知，双边是否有共同语言(Lang)和是否有共同边界(Border)稳健地表现出与我国对外直接投资的正相关关系。共同语言可以提升沟通质量，减少由于沟通不畅、信息不对称而产生的投资障碍；共同边界可以降低投资的交易成本，且相邻国家常伴随相似的文化背景，便于进行投资建设。因此，共同语言和共同边界均有利于我国对东道国的直接投资。东道国的自然资源(Res)稳健地表现出与我国对外直接投资的正相关关系，说明我国对外直接投资具有资源寻求动机，在自然资源短缺状况日益突出的情况下，寻求资源型对外直接投资能够在一定程度上缓解我国资源供给短缺的问题。

由表6-3可知，模型⑤~⑨的gamma值分别为0.986、0.984、0.996、0.979和0.998，均接近1，说明投资效率损失项占复合扰动项的比重远远大于随机扰动项，则我国对外直接投资存在较大的效率损失。那么，哪些变量导致这种现象的产生？贸易投资便利化在我国对外直接投资效率损失中产生了怎样的影响？下面将对造成我国对外直接投资效率损失的因素进行分析。

三、贸易投资便利化对中国对外直接投资效率损失的影响

在表6-3模型⑨的基础上研究贸易投资便利化对我国对外直接投资效率损失的影响，将贸易投资便利化指标放入模型进行分析。为更加清楚地了解构成贸易投资便利化指标的各一级指标对我国对外直接投资效率损失的影响，本书在原模型的基础上分别引入基础设施质量(Infra)、制度环境(Ins)、海关环境(Cust)、市场准入(Market)、营商环境(Busin)、科学与技术环境(Tech)、政治环境(Pol)7个一级指标进行研究。

由表6-4可知，贸易投资便利化指标(TIF)的系数为正。当东道国贸易投资便利化条件改善时，对东道国有直接投资意愿的竞争者增多，外来资本的增加导致东道国投资市场的竞争程度增加，则我国对外直接投资效率损失增加，因此东道国的贸易投资便利化会促进我国对外直接投资效率损失。结果并不显著，则说明还未找到合适的数据证明其显著性。继续对7个一级指标进行回归分析，基础设施质量(Infra)、市场准入(Market)与我国对外直接投资效率损失有正相关关系，在1%的显著性水平上统计显著。东道国基础设施质量和市场准入条件的改善会给外国直接投资的进入增加便利性，进而增加国内的直接投资竞争程度，而东道国外来资金的增加导致我国对东道国直接投资相对减少，因此良好的基础设施质量和市场准入环境会促进我国对外直接投资效率损失。

表6-4　　投资效率损失的影响因素分析

Variable	①	②	③	④	⑤	⑥	⑦	⑧
Frontier								
lnGDP	3.809***	3.898***	3.847***	3.823***	4.059***	3.927***	3.811***	4.105***
	(16.053)	(16.194)	(16.390)	(16.210)	(17.016)	(16.724)	(16.045)	(16.597)
lnHGDP	0.747***	0.779***	0.687***	0.710***	0.792***	0.676***	0.740***	0.751***
	(20.835)	(21.099)	(19.663)	(20.884)	(22.485)	(20.526)	(20.791)	(21.396)
lnDist	-0.208*	-0.244**	-0.191*	-0.176	-0.249**	-0.143	-0.204*	-0.209*
	(-1.811)	(-2.063)	(-1.712)	(-1.566)	(-2.162)	(-1.234)	(-1.780)	(-1.771)

续表

Variable	①	②	③	④	⑤	⑥	⑦	⑧
Res	0.043***	0.043***	0.042***	0.042***	0.047***	0.039***	0.043***	0.043***
	(9.737)	(9.858)	(9.381)	(9.524)	(10.270)	(8.302)	(9.708)	(9.505)
Border	1.764***	1.667***	1.897***	1.941***	1.279***	2.111***	1.785***	1.888***
	(6.165)	(5.764)	(6.678)	(6.666)	(4.788)	(6.651)	(6.248)	(6.333)
Lang	3.464***	3.618***	3.263***	3.310***	4.064***	2.823***	3.439***	3.272***
	(9.345)	(9.042)	(9.506)	(9.434)	(9.283)	(8.828)	(9.379)	(9.186)
常数项	-120.000***	-120.000***	-120.000***	-120.000***	-130.000***	-120.000***	-120.000***	-130.000***
	(-16.726)	(-16.906)	(-16.84)	(-16.829)	(-17.726)	(-17.133)	(-16.693)	(-17.178)
Mu	-220.000	-100.000	-36.460	-280.000	-13.465	-2.991	-170.000	-15.176
常数项	(-0.176)	(-0.354).	(-0.574)	(-152.000).	(-1.364)	(-0.782)	(-0.286)	(-0.984)
Usigma								
TIF	0.143							
	(1.418)							
Infra		1.546***						
		(4.574)						
Ins			-0.168***					
			(-3.875)					
Cust				-1.397***				
				(-3.214)				
Market					0.859***			
					(9.024)			
Busin						-5.861***		
						(-4.533)		
Tech							0.036	
							(0.789)	
Pol								-4.000***
								(-4.761)
常数项	5.857	4.635***	5.053	6.878***	2.776***	6.533***	5.888*	5.959***
	(1.051)	(25.970)	(3.525)	(43.950)	(4.850)	(13.238)	(1.740)	(10.351)
Vsigma	0.186	0.199	0.149	0.190	0.198	-0.128	0.183	0.149
常数项	(1.288)	(1.531)	(0.891)	(1.491)	(1.377)	(-0.608)	(1.318)	(0.868)
N	1070	1070	1070	1070	1070	1070	1070	1070
Loglikelihood	-2316.163	-2305.607	-2306.213	-2311.027	-2258.964	-2268.117	-2315.886	-2298.484

续表

变量	⑨	⑩	⑪	⑫	⑬
Frontier					
lnGDP	3.908***	4.339***	4.118***	4.036***	5.499***
	(16.379)	(17.184)	(15.877)	(17.198)	(19.064)
lnHGDP	0.766***	0.809***	0.770***	0.759***	0.813***
	(21.130)	(18.593)	(18.427)	(21.946)	(21.386)
lnDist	-0.212*	-0.667***	-0.258**	-0.195*	-0.542***
	(-1.829)	(-4.212)	(-2.046)	(-1.758)	(-3.031)
Res	0.042***	0.038***	0.041***	0.047***	0.038***
	(9.823)	(8.066)	(9.055)	(10.265)	(8.411)
Border	1.748***	1.698***	1.974***	1.364***	1.317***
	(5.942)	(5.324)	(6.301)	(5.222)	(3.444)
Lang	3.720***	2.889***	3.144***	4.090***	3.615***
	(9.146)	(7.727)	(8.516)	(9.717)	(9.333)
常数项	-122.341***	-130.46***	-128.393***	-126.187***	-166.136***
	(-17.089)	(-17.160)	(-16.286)	(-17.874)	(-19.382)
Mu	-173.449	3.439***	-167.349	-16.224	2.716***
常数项	.(0.000)	(14.014)	.(0.000)	(-1.272)	(14.357)
Usigma					
Infra	3.396***				23.001***
	(6.336)				(10.611)
Ins		-1.402***			-0.988***
		(-12.945)			(-4.907)
Cust			-5.566***		-24.362***
			(-5.122)		(-8.099)
Market				1.01***	2.12***
				(9.699)	(10.065)
Busin					-22.283***
					(-9.408)
Tech	-0.325***	1.527***	0.505***	-0.236***	1.288***
	(-4.536)	(9.991)	(4.601)	(-4.168)	(5.498)
Pol					-10.234***
					(-7.504)
常数项	4.275	6.419	7.653	2.786	19.884***
	(16.080)	(18.297)	(23.692)	(4.369)	(13.091)
Vsigma	0.167	-0.368*	0.472***	0.19	-0.147
常数项	(1.306)	(-1.739)	(2.622)	(1.341)	(-1.277)
N	1070	1070	1070	1070	1070
Loglikelihood	-2295.571	-2255.228	-2293.568	-2250.297	-1908.106

注：***、**、*分别表示在1%、5%、10%的统计水平上显著，括号内是估计参数的z值。

东道国的基础设施环境(Infra)和市场准入(Market)与我国对外直接投资效率损失均呈现出正相关关系，而东道国的制度环境(Ins)、海关环境(Cust)、营商环境(Busin)、政治环境(Pol)与我国直接投资效率损失均呈现出负相关关系，且在1%的显著性水平上统计显著。当东道国拥有良好的政策制度环境时，表明东道国政府对外商直接投资的支持程度较大，此时我国的对外直接投资效率损失较小，对东道国的实际直接投资存量与潜力的差距较小。当东道国海关的工作效率较高时，有利于缩短通关时间，减少投资成本，因此东道国海关环境越好，我国的直接投资效率损失越小。良好的营商环境以及有序稳定的政治环境，是外商直接投资的有力保障，因此营商环境越好，政治环境越稳定，我国的直接投资效率损失越小，对东道国的实际直接投资存量与潜力的差距较小。由于东道国良好的制度环境、海关环境、营商环境和政治环境已经吸引了我国的大量直接投资，因此，我国对此类东道国的直接投资存量潜力可拓展能力会相对较弱。

除此之外，由表6-4中模型⑦可知，科学与技术环境指标(Tech)并未表现出与对外直接投资效率损失的显著性关系，但是在模型⑨~⑬中，科学与技术环境指标的显著性发生了改变。在分别控制了基础设施环境指标和市场准入指标后，科学与技术环境与我国对外直接投资效率损失呈现出显著的负相关关系，说明当一国的基础设施环境或市场准入便利程度较好时，我国对科学技术水平较高国家的直接投资效率损失较小，对外直接投资效率较高。但是在分别控制了制度环境和海关环境指标后，科技环境与我国对外直接投资效率损失呈现出显著的正相关关系，与上述条件下的情况相反。总之，科学与技术环境指标与我国对外直接投资效率损失项的相关关系并不稳健。

第四节 贸易投资便利化与中国对外直接投资潜力分析

一、总样本潜力分析

根据表6-4中模型⑬的参数估计可以预测出2007—2016年我国对107个国家和地区的直接投资效率，即对外直接投资实际值与对外直接投资潜力之比，从而可以进一步计算出我国对各国的直接投资潜力，且我国对外直接投资潜力和直接投资效率呈反比。贸易投资便利化通过影响对外直接投资效率损失，再间接影响对外直接投资效率及潜力。图6-1是2007—2016年我国对107个国家和地区每年的直接投资效率均值走势图，由图6-1可知，我国对外直接投资效率均值呈逐年下降的趋势。图6-2为2007—2016年我国对107个国家和地区直接投资效率均值分布图。由图6-2可知，在107个国家和地区中，只有2%的国家，我国的对外直接投资效率均值达到0.5以上；在60%的国家中，我国对外直接投资效率均值不足0.1；且我国对37%的国家的直接投资效率不足0.05。本书的研究结论与胡浩(2017)等人的研究结论基本相符，即我国对大部分国家的直接投资效率较低，对外直接投资还具有很大的潜力，投资潜力有待深入挖掘。

图6-3为2007—2016年我国对107个国家和地区直接投资潜力走势图。由图6-3可知，我国对外直接投资潜力从2007年的5778.66亿美元增长至2016年的177085.78亿美

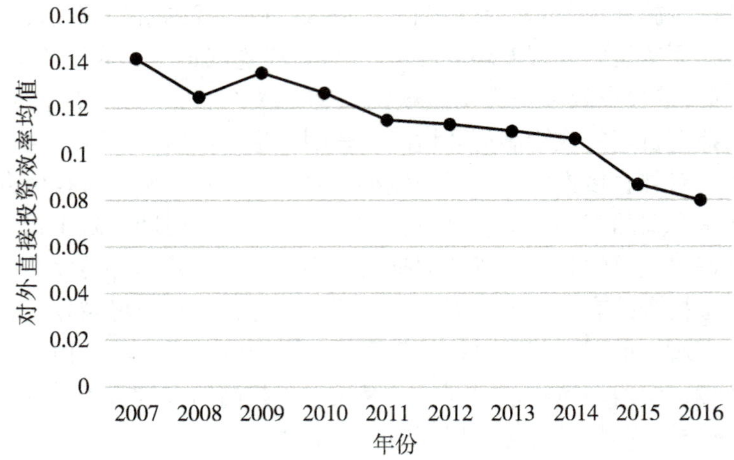

图 6-1　2007—2016 年中国对外直接投资效率均值走势

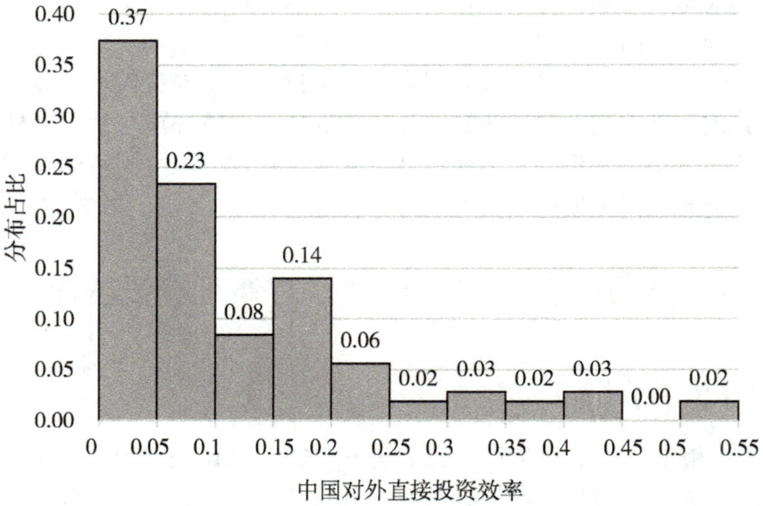

图 6-2　中国对各东道国和地区直接投资效率均值分布

元，年均增长率为 46.27%，我国对外直接投资潜力整体呈上升的状态，但由于贸易投资便利化水平的变化波动性导致了我国对外直接投资潜力增长率呈波动性增长。当东道国的基础设施环境、市场准入指标提升时，会增加我国的对外直接投资效率损失，我国对外直接投资效率降低，对外直接投资潜力相对较大。此外，效率损失的增加又会阻碍我国对外直接投资潜力的实现，因此我国对基础设施环境、市场准入良好国家的直接投资具有较大的开拓空间。当东道国的海关环境、制度环境、营商环境、政治环境指标提升时，则会减少我国对外直接投资效率损失，我国对外直接投资效率提升，对外直接投资潜力相对较小。且投资效率损失较小对我国的对外直接投资潜力的实现有一定的促进作用，因此我国对海关环境、制度环境、营商环境、政治环境良好国家的直接投资效率较高。

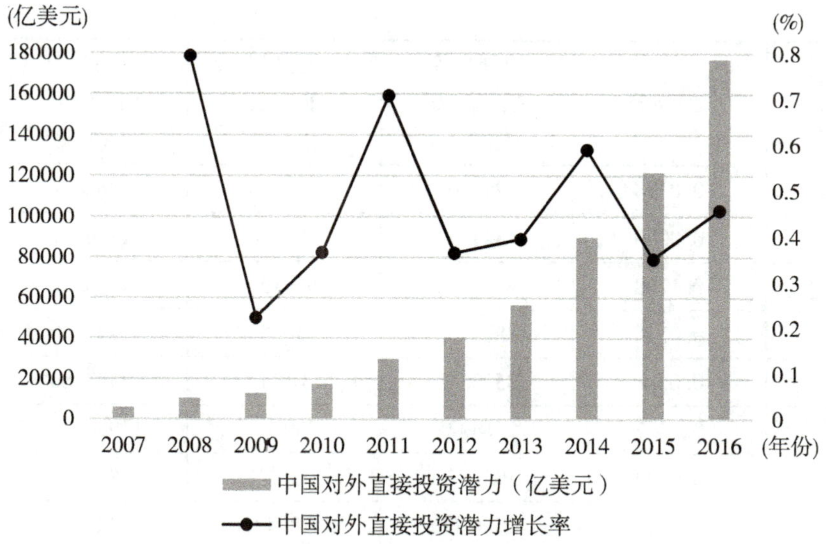

图 6-3　2007—2016 年中国对外直接投资潜力走势

从表 6-5 可知，2016 年我国对外直接投资潜力高水平排名前 10 的国家和地区分别是：中国香港、马来西亚、新加坡、日本、美国、俄罗斯、印度、澳大利亚、韩国和德国。其中，我国香港是我国对外直接投资潜力最大的地区，我国香港的区位优势一直以来都是我国对香港地区进行直接投资的主要原因，此外，便利的基础设施环境、市场准入条件以及高科技水平又使我国香港成为我国对外直接投资潜力最大的地区，我国应继续保持与中国香港之间良好的投资关系。除我国香港外，我国对马来西亚直接投资潜力最强。一直以来，我国对马来西亚的直接投资保持高速增长的状态，且在马来西亚的投资呈现出领域多元化的特点。2016 年，我国对马来西亚的直接投资同比增长了 64.8%。马来西亚与我国的互通互联建设为我国直接投资创造了良好的基础，且马来西亚的电子、互联网、创新研发等科技领域的发展吸引着我国投资上新的台阶。我国对外直接投资潜力低水平排名前 10 的国家分别是：洪都拉斯、爱沙尼亚、马耳他、马拉维、摩尔多瓦、尼加拉瓜、布基纳法索、圭亚那、萨尔瓦多、冈比亚。无论投资潜力的大小，我国都应该加强和巩固与各东道国的投资关系，并根据各国贸易投资便利化水平的特征，制定合理的投资方案，扩大我国的对外直接投资规模，提升对外直接投资效率。

表 6-5　**2016 年中国对外直接投资潜力**

国家(地区)	投资效率	对外直接投资潜力(亿美元)	对外直接投资实际值(亿美元)	对外直接投资拓展值(亿美元)	潜力排名
中国香港	0.0691	112839.06	7800.00	105039.06	1
马来西亚	0.0029	12350.33	36.34	12313.99	2

续表

国家(地区)	投资效率	对外直接投资潜力(亿美元)	对外直接投资实际值(亿美元)	对外直接投资拓展值(亿美元)	潜力排名
新加坡	0.0398	8292.04	330.00	7962.04	3
日本	0.0066	4847.91	31.84	4816.07	4
美国	0.1280	4765.02	610.00	4155.02	5
俄罗斯	0.0336	3863.60	130.00	3733.60	6
印度	0.0088	3513.93	31.08	3482.86	7
澳大利亚	0.1457	2264.25	330.00	1934.25	8
韩国	0.0223	1936.76	43.27	1893.49	9
德国	0.0521	1506.08	78.42	1427.67	10
英国	0.1356	1327.37	180.00	1147.37	11
哈萨克斯坦	0.0469	1158.87	54.32	1104.55	12
加拿大	0.1145	1135.78	130.00	1005.78	13
法国	0.0460	1111.66	51.16	1060.50	14
意大利	0.0175	888.67	15.55	873.12	15
巴西	0.0335	883.24	29.63	853.62	16
印度尼西亚	0.1131	843.85	95.46	748.39	17
越南	0.0619	805.38	49.84	755.54	18
荷兰	0.3174	661.56	210.00	451.56	19
西班牙	0.0113	653.51	7.36	646.14	20
土耳其	0.0169	628.83	10.61	618.22	21
墨西哥	0.0118	489.51	5.79	483.72	22
南非	0.1344	483.72	65.01	418.71	23
秘鲁	0.0169	448.26	7.60	440.66	24
智利	0.0091	442.70	4.04	438.66	25
泰国	0.1060	427.80	45.33	382.47	26
沙特阿拉伯	0.0670	389.19	26.07	363.11	27
瑞典	0.0961	369.64	35.54	334.10	28
菲律宾	0.0195	368.39	7.19	361.20	29
挪威	0.0762	346.60	26.42	320.18	30

续表

国家(地区)	投资效率	对外直接投资潜力(亿美元)	对外直接投资实际值(亿美元)	对外直接投资拓展值(亿美元)	潜力排名
赞比亚	0.0788	341.03	26.87	314.16	31
波兰	0.0109	323.34	3.51	319.82	32
新西兰	0.0684	307.53	21.02	286.50	33
比利时	0.0187	290.67	5.44	285.23	34
瑞士	0.0213	270.18	5.76	264.41	35
奥地利	0.0203	261.35	5.31	256.04	36
巴基斯坦	0.2009	236.90	47.59	189.31	37
尼日利亚	0.1161	218.87	25.42	193.45	38
以色列	0.2029	208.52	42.30	166.22	39
丹麦	0.0109	208.03	2.26	205.77	40
希腊	0.0023	205.29	0.48	204.81	41
孟加拉国	0.0120	187.70	2.25	185.45	42
埃及	0.0480	185.36	8.89	176.47	43
芬兰	0.0115	184.75	2.12	182.64	44
爱尔兰	0.0313	183.08	5.74	177.34	45
阿根廷	0.1098	176.96	19.44	157.52	46
卢森堡	0.5214	168.33	87.77	80.57	47
卡塔尔	0.0676	151.65	10.26	141.40	48
捷克	0.0153	149.29	2.28	147.02	49
哥伦比亚	0.0249	145.47	3.62	141.84	50
罗马尼亚	0.0274	142.85	3.92	138.93	51
葡萄牙	0.0065	135.33	0.88	134.45	52
阿尔及利亚	0.1986	128.55	25.52	103.02	53
乌克兰	0.0054	123.19	0.67	122.52	54
科威特	0.0532	108.76	5.78	102.98	55
匈牙利	0.0300	104.42	3.14	101.28	56
摩洛哥	0.0182	89.16	1.63	87.54	57
斯里兰卡	0.0890	81.94	7.29	74.65	58

续表

国家(地区)	投资效率	对外直接投资潜力(亿美元)	对外直接投资实际值(亿美元)	对外直接投资拓展值(亿美元)	潜力排名
斯洛伐克	0.0102	81.10	0.83	80.27	59
保加利亚	0.0229	72.39	1.66	70.73	60
埃塞俄比亚	0.3116	64.20	20.01	44.19	61
玻利维亚	0.0580	63.94	3.71	60.24	62
坦桑尼亚	0.1919	62.12	11.92	50.20	63
阿曼	0.0141	61.36	0.87	60.50	64
亚美尼亚	0.0013	59.59	0.08	59.52	65
加纳	0.3418	57.29	19.58	37.70	66
巴林	0.0068	55.28	0.37	54.90	67
津巴布韦	0.3346	54.96	18.39	36.57	68
冰岛	0.0002	53.90	0.01	53.88	69
克罗地亚	0.0022	53.39	0.12	53.27	70
阿塞拜疆	0.0054	52.79	0.28	52.51	71
厄瓜多尔	0.2240	52.69	11.80	40.89	72
黎巴嫩	0.0006	51.48	0.03	51.45	73
莫桑比克	0.1601	48.87	7.82	41.05	74
斯洛文尼亚	0.0057	47.43	0.27	47.16	75
立陶宛	0.0036	42.08	0.15	41.93	76
多米尼加	0.0002	40.42	0.01	40.41	77
突尼斯	0.0041	39.78	0.16	39.62	78
约旦	0.0099	39.78	0.39	39.38	79
喀麦隆	0.0993	36.94	3.67	33.27	80
危地马拉	0.0003	32.73	0.01	32.72	81
纳米比亚	0.1392	32.58	4.54	28.04	82
乌干达	0.309	32.57	10.06	22.51	83
巴拿马	0.0909	29.58	2.69	26.89	84
塞浦路斯	0.0377	29.20	1.10	28.10	85
马达加斯加	0.1020	29.17	2.98	26.19	86

续表

国家(地区)	投资效率	对外直接投资潜力（亿美元）	对外直接投资实际值（亿美元）	对外直接投资拓展值（亿美元）	潜力排名
拉脱维亚	0.0003	29.05	0.01	29.04	87
乌拉圭	0.0865	26.08	2.26	23.82	88
哥斯达黎加	0.0032	25.83	0.08	25.74	89
科特迪瓦	0.0700	25.67	1.80	23.87	90
牙买加	0.3455	24.29	8.39	15.90	91
文莱	0.0876	23.26	2.04	21.22	92
博茨瓦纳	0.2056	21.28	4.38	16.90	93
特立尼达和多巴哥	0.2973	20.41	6.07	14.34	94
阿尔巴尼亚	0.0038	19.01	0.07	18.93	95
塞内加尔	0.0827	18.10	1.50	16.60	96
巴拉圭	0.1571	17.11	2.69	14.42	97
洪都拉斯	0.0193	14.38	0.28	14.10	98
爱沙尼亚	0.0024	14.31	0.04	14.28	99
马耳他	0.1276	12.82	1.64	11.18	100
马拉维	0.2323	11.15	2.59	8.56	101
摩尔多瓦	0.0040	9.67	0.04	9.63	102
尼加拉瓜	0.005	9.29	0.05	9.24	103
布基纳法索	0.0002	8.03	0.00	8.03	104
圭亚那	0.3211	7.99	2.57	5.43	105
萨尔瓦多	0.0000	7.46	0.00	7.46	106
冈比亚	0.0374	1.03	0.04	0.99	107
总额	—	177085.78	11015.01	166070.77	—

二、分样本潜力分析：发达国家和地区及发展中国家

在全样本分析中发现我国对发达国家和地区以及发展中国家的直接投资潜力存在较大的差异，将全样本分为发达国家和地区及发展中国家两类，包括52个发达国家和地区和55个发展中国家，分别考察我国对发达国家和地区以及发展中国家的直接投资效率及潜力的变动情况。图6-4为2007—2016年我国对发达国家和地区及发展中国家的直接投资

效率均值分布图。无论是发达国家和地区还是发展中国家，我国的对外直接投资效率均较低。通过对比分析发现，我国对发展中国家的直接投资效率整体水平优于对发达国家和地区，说明对发达国家和地区的直接投资效率有待进一步提升。东道国的贸易投资便利化水平对我国直接投资效率起到了至关重要的作用。一般情况下，发达国家和地区的基础设施环境和科学技术水平提升较快，且发达国家和地区的贸易、投资开放程度更高，市场需求更大，这些都使得我国对发达国家和地区的直接投资潜力更大，而现有的直接投资规模还远达不到东道国的市场需求，因此整体投资效率较低，我国需要快速增加对发达国家和地区的直接投资。

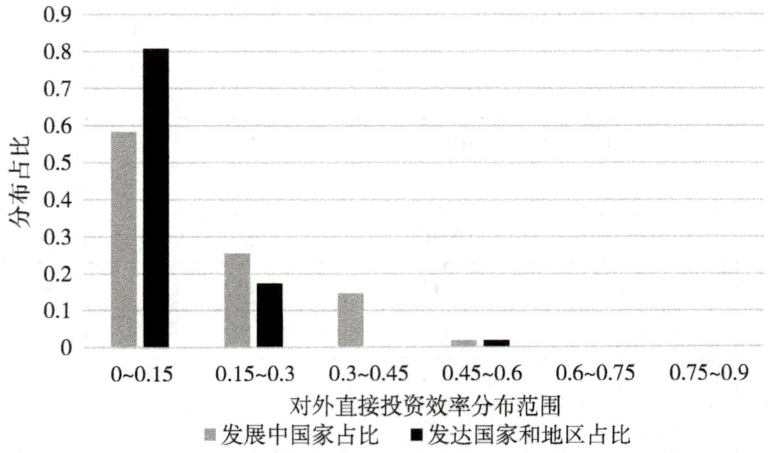

图 6-4　2007—2016 年中国对发达国家和地区及发展中国家直接投资效率均值分布

2007—2016 年，我国对 52 个发达国家和地区及 55 个发展中国家的直接投资潜力均处于上升的状态，如图 6-5 所示。2007 年，我国对发达国家和地区及发展中国家的直接投资潜力分别为 5439. 64 亿美元和 339. 02 亿美元；2016 年，我国对发达国家和地区的直接投资潜力为 165332. 55 亿美元，对发展中国家的直接投资潜力为 11753. 23 亿美元，年均增长率分别为 46. 13%和 48. 29%。由此可知，我国对发达国家和地区的直接投资潜力较大，而对发展中国家的直接投资潜力不到发达国家的十分之一。目前，发展中国家的贸易投资便利化水平在营商环境、制度环境和海关环境等方面得到了较大的改善，营商环境等方面的优化有利于减少我国对发展中国家的直接投资效率损失，而对外直接投资效率损失的减少在提升我国对外直接投资效率的同时也促进了我国对发展中国家直接投资潜力的实现，则我国对发展中国家的直接投资可拓展潜力较小。

三、分样本潜力分析："一带一路"沿线国家和非"一带一路"沿线国家

在总体样本中，包含了 39 个"一带一路"沿线国家和 68 个非"一带一路"沿线国家。由图 6-6 可知，在"一带一路"沿线国家中，我国对外直接投资效率不足 0. 15 的占总体的 87. 18%；在非"一带一路"沿线国家中，我国对外直接投资效率不足 0. 5 的占总体的

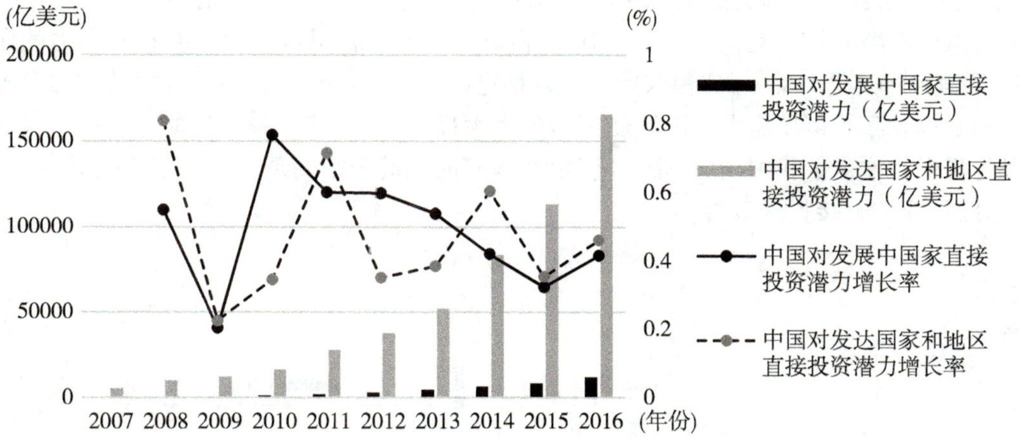

图 6-5 2007—2016 年中国对发达国家和地区及发展中国家直接投资潜力走势

58.82%。对比非“一带一路”沿线国家，“一带一路”沿线国家的投资效率更低，说明我国对“一带一路”沿线国家的直接投资存在较大的效率损失，对“一带一路”沿线国家具有很大的投资潜力。“一带一路”倡议提出后，“一带一路”沿线许多国家在我国对外直接投资的帮助下提升了国内的基础设施质量，带动了当地经济的发展，东道国基础设施质量的改善又促进了我国直接投资潜力的增加。

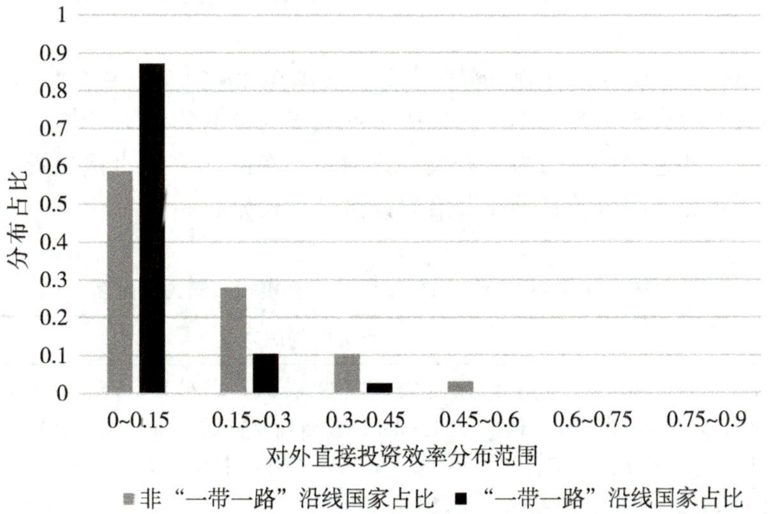

图 6-6 2007—2016 年中国对“一带一路”沿线国家直接投资效率均值分布

由图 6-7 可知，我国对“一带一路”沿线国家的直接投资潜力呈逐年上升的状态。从 2007 年的 626.12 亿美元增长至 2016 年的 35358.08 亿美元，年均增长率为 56.55%。2007 年，我国对“一带一路”沿线国家的直接投资潜力占总样本潜力的 10.84%，占非“一带一路”沿线国家直接投资潜力的 12.15%；2016 年，我国对“一带一路”沿线国家的直接投资潜力占总样本潜力的比例上升至 19.97%，占非“一带一路”沿线国家直接投资潜力的比例上升至 24.95%。“一带一路”倡议的提出及推进改善了“一带一路”沿线国家的基础设施环境，同时也刺激了市场需求，市场规模增加大大提升了“一带一路”沿线国家对我国直接投资的吸引，增强了我国与“一带一路”沿线国家的投资合作关系，扩大了我国对“一带一路”沿线国家的直接投资潜力。

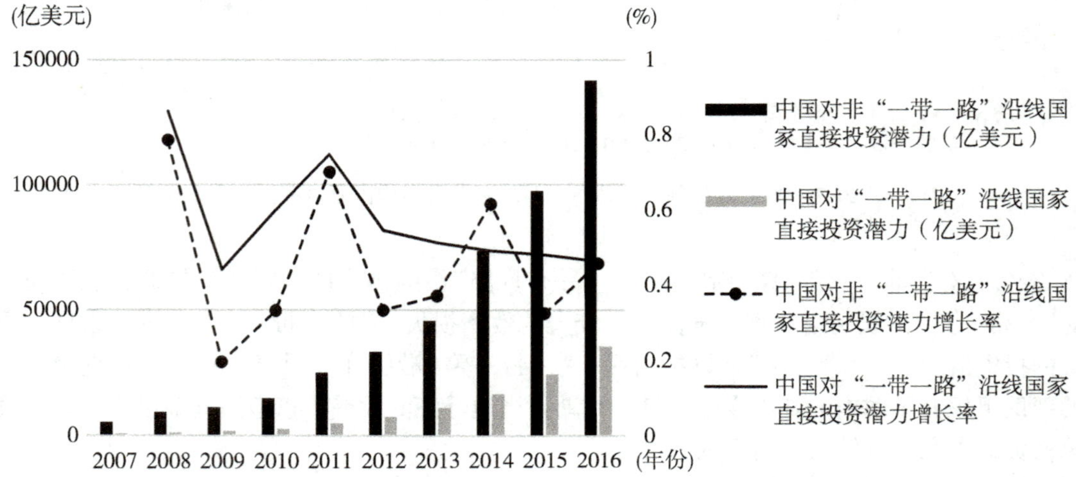

图 6-7　2007—2016 年中国对“一带一路”沿线国家直接投资潜力走势

从表 6-6 中我国对外直接投潜力情况来看，我国在 2016 年对 39 个“一带一路”沿线国家直接投资存量的潜力水平参差不齐，形成了不均衡的投资分布。其中，东南亚国家中除文莱外，我国的对外直接投资潜力均较大；我国对中东欧国家的直接投资潜力普遍较小；我国对南亚及西亚北非国家的直接投资潜力数值分布较分散。

表 6-6　**2016 年中国对“一带一路”沿线国家直接投资潜力及排名**

区域	所选取的国家
西亚北非	亚美尼亚(59.59，27)；阿塞拜疆(52.79，30)；巴林(55.28，28)；埃及(185.36，16)；以色列(208.52，14)；约旦(39.78，34)；科威特(108.76，21)；黎巴嫩(51.48，31)；摩尔多瓦(9.67，39)；阿曼(61.36，26)；卡塔尔(151.65，17)；沙特阿拉伯(389.19，10)；土耳其(628.83，8)
中东欧	阿尔巴尼亚(19.01，37)；保加利亚(72.39，25)；克罗地亚(53.39，29)；捷克(149.29，18)；爱沙尼亚(14.31，38)；匈牙利(104.42，22)；拉脱维亚(29.05，35)；立陶宛(42.08，33)；波兰(323.34，12)；罗马尼亚(142.85，19)；斯洛伐克(81.10，24)；斯洛文尼亚(47.43，32)；乌克兰(123.19，20)

续表

区域	所选取的国家
东南亚	文莱(23.26，36)；印度尼西亚(843.85，6)；马来西亚(12350.33，1)；菲律宾(368.39，11)；新加坡(8292.04，2)；泰国(427.80，9)；越南(805.38，7)
南亚	孟加拉国(187.70，15)；印度(3513.93，4)；巴基斯坦(236.90，13)；斯里兰卡(81.94，23)
中亚	哈萨克斯坦(1158.87，5)
东北亚	俄罗斯(3863.60，3)

注：括号内分别是中国对“一带一路”沿线国家的直接投资潜力(亿美元)及潜力排名。

具体而言，我国对“一带一路”沿线国家直接投资潜力处于高水平前3名的分别是马来西亚、新加坡和俄罗斯，这三个国家均与我国地理距离较近，具有运输便利、基础设施完善和科学技术先进的特点；排名后3位的国家分别是中东欧的阿尔巴尼亚、爱沙尼亚和西亚北非的摩尔多瓦。我国与爱沙尼亚之间的投资关系有待提高，尽管爱沙尼亚政府对与我国开展各领域合作表现出浓厚的兴趣，十分欢迎我国的直接投资，且经过长时间的积累建立了便利、快捷和低成本的网络体系，营造了良好的营商环境，但是由于爱沙尼亚市场规模较小，与我国的地理距离相对遥远，目前我国对发达国家爱沙尼亚直接投资潜力并不大。我国与摩尔多瓦建交以来，在摩尔多瓦的直接投资几乎为空白且潜力较低，这主要是由于投资信息不对称和对市场准入条件了解不全面所引致。

第五节　本章小结

本章基于贸易投资便利化的视角，运用随机前沿投资引力模型对我国对外直接投资效率损失进行了实证分析，然后对我国对外直接投资效率及潜力进行预测，最后对我国对外直接投资效率及潜力进行分析。研究发现：

①我国对外直接投资存在较大的效率损失，且对外直接投资效率损失是阻碍我国对外直接投资潜力实现的重要因素。通过对我国对外直接投资效率损失影响因素进一步研究发现，贸易投资便利化未表现出与对外直接投资效率损失的显著性关系。对7个一级指标进行分析可知：基础设施环境、市场准入与我国对外直接投资效率损失呈正相关关系；制度环境、海关环境、营商环境和政治环境与我国对外直接投资效率损失呈负相关关系；科学与技术环境和我国对外直接投资效率损失的关系不稳健。

②2007—2016年，我国对外直接投资效率呈逐年下降的趋势，且我国对外直接投资潜力在10年内呈逐年上升的趋势，但增长率波动较大。整体来看，我国对大部分国家的直接投资效率均较低，说明我国对外直接投资还具有很大的拓展空间。将我国对外直接投资潜力和出口贸易潜力对比分析发现，相较于出口贸易，对外直接投资潜力的提升更为迅速。

③从发达国家和地区及发展中国家对比来看，我国对发达国家和地区及发展中国家的直接投资效率及潜力存在较大的差距。尽管我国对外直接投资效率整体较低，但相较于发展中国家，对发达国家和地区的直接投资效率更低。

④从“一带一路”沿线国家和非“一带一路”沿线国家对比来看，我国对“一带一路”沿线国家的直接投资潜力更为突出，然而，对“一带一路”沿线国家的直接投资潜力水平参差不齐，其中，对东南亚国家直接投资潜力相对较大；对中东欧国家的直接投资潜力相对较小。

第七章　研究结论与对策建议

本书基于贸易投资便利化视角对我国的出口贸易潜力和对外直接投资潜力进行了系统的研究。本章将阐明主要的研究结论，并提出相应的对策建议。

第一节　主要研究结论

本书首先使用主成分分析法构建了贸易投资便利化指标体系，对东道国贸易投资便利化及 7 个一级构成指标进行了测算与分析；然后分别研究了东道国贸易投资便利化对我国出口贸易及对外直接投资效率损失的影响；进而再对我国出口贸易及对外直接投资的效率和潜力进行预测与分析，得出了如下结论。

一、贸易投资便利化测度的主要结论

(一)东道国贸易投资便利化整体水平较低

在贸易投资便利化指标体系构建的过程中，选取了基础设施质量、制度环境、海关环境、市场准入、营商环境、科学与技术环境和政治环境 7 个一级指标和 30 个二级指标。其中，制度环境的权重最大，其次是科学与技术环境、营商环境、基础设施质量、海关环境、政治环境，而市场准入的权重最小。这说明良好的制度环境对东道国贸易投资便利化水平的提升有十分重要的作用。市场准入指标占东道国贸易投资便利化的权重最小，这可能是由于所选取的研究对象大部分是经济较开放的国家和地区，以至于市场准入的进一步完善已无法在改变东道国贸易投资便利化水平方面发挥重要作用。

基于对贸易投资便利化构成指标权重的计算，继续研究发现东道国的贸易投资便利化水平在 2007—2016 年整体呈上升趋势，但水平较低。这主要是因为 2008 年金融危机后，受全球经济增长乏力、贸易保护主义抬头和贸易自由化进程缓慢等因素的影响，世界各国的贸易投资便利化水平增速逐渐放缓，虽然 2014 年随着全球经济的复苏，制度、海关和市场准入等环境得到改善，各国的贸易投资便利化水平又出现了较快速的增长，且世界各国为扩大贸易规模、吸引外商直接投资，也开始致力于改善本国的贸易投资便利化水平，但是大部分国家的贸易投资便利化水平仍然处于较低的状态。2016 年，处于贸易投资便利化水平低档的国家达到 87 个，占总体的 75.00%，而处于

贸易投资便利化水平高档的国家仅有 13 个，占总体的 11.21%。可见，各国的贸易投资便利化水平仍有待提升。

(二)贸易投资便利化水平国别及区域差异较大

按国别对东道国贸易投资便利化水平进行分析发现，发展中国家贸易投资便利化水平在 2007—2016 年的变化趋势较小，发达国家和地区的贸易投资便利化水平在 2007—2016 年呈上升的趋势，且发达国家和地区的贸易投资便利化水平高于发展中国家。相较于发达国家和地区，发展中国家在基础设施质量、制度环境、海关环境、营商环境和科学与技术环境等方面的发展均较缓慢，而市场准入和政治环境条件与发达国家和地区相似。落后的经济现状使发展中国家无法快速发展和改善本国的贸易投资便利化水平，发展中国家若想提高贸易投资便利化水平，应该主要从基础设施质量、制度环境、海关环境、营商环境和科学与技术环境等方面进行改善和调整。

从"一带一路"沿线国家贸易投资便利化水平的研究来看，"一带一路"沿线国家的贸易投资便利化水平在 2007—2016 年呈上升的趋势，但由于"一带一路"沿线国家大多是经济发展水平较落后的发展中国家，使得"一带一路"沿线国家贸易投资便利化整体水平低于非"一带一路"沿线国家。除此之外，"一带一路"沿线各个区域的贸易投资便利化水平差异非常显著。具体来看，东南亚地区的贸易投资便利化水平最高，其次依次是中东欧地区、西亚北非地区、中亚地区、东北亚地区和南亚地区。东南亚、中东欧和南亚地区的贸易投资便利化整体水平从 2013 年始逐渐上升，这主要是由于这些地区的国家参与"一带一路"倡议的程度较深。与此同时，在一定程度上说明"一带一路"倡议为"一带一路"沿线国家贸易投资便利化水平的改善提供了有益的动力。

(三)贸易投资便利化构成指标国别及区域差异较大

从贸易投资便利化的构成指标来看，2007—2016 年，基础设施质量、市场准入、科学与技术环境指标呈现上升的趋势；营商环境和政治环境指标呈现下降的趋势；制度环境和海关环境指标处于小范围波动的状态。将发达国家和地区以及发展中国家对比分析发现，发达国家和地区在基础设施质量、制度环境、海关环境、营商环境、科学与技术环境方面明显高于发展中国家，但在市场准入和政治环境方面的优势较小。

"一带一路"沿线国家贸易投资便利化构成指标具有明显的区域差异。在基础设施质量、制度环境和营商环境方面，新加坡、马来西亚等东南亚国家的基础设施质量、制度环境、营商环境水平相对较高，斯里兰卡、孟加拉国和巴基斯坦等南亚国家的基础设施质量、制度环境、营商环境水平相对较低。在海关环境方面，中东欧、东南亚和西亚北非区域的海关环境比较优越。在市场准入方面，最为便利的国家主要集中于中东欧地区，东北亚和南亚地区的市场准入条件处于较低的水平。在科学与技术环境方面，东南亚地区的科学与技术环境明显优于东北亚、南亚和中亚地区。在政治环境方面，南亚的孟加拉国和西亚北非的伊朗、埃及等国的政治环境最差。

二、中国出口贸易潜力实证研究的主要结论

(一)东道国贸易投资便利化对中国出口贸易效率损失有显著影响

从我国出口贸易影响因素来看，东道国的经济规模和我国的经济规模对我国出口贸易有促进作用；东道国的人口规模促进我国出口贸易，而我国的人口规模抑制我国出口贸易；双边地理距离与我国出口贸易呈负相关关系；当我国与贸易国具有共同语言和共同边界时，均有利于我国出口贸易发展。东道国的经济规模和人口规模在一定程度上反映了东道国对产品的总需求，且规模越大，需求越高，越有利于我国的出口。我国的经济规模代表了供给能力，经济规模的不断扩大为我国的出口贸易奠定了基础；我国的人口规模同时代表了供给能力和需求能力，而人口规模对出口贸易有抑制作用，主要是由近年来人口红利降低造成的。双边地理距离的增加会提升出口贸易的交易费用，而共同语言与共同边界可降低我国出口贸易的交易费用。

我国出口贸易存在较大的出口贸易效率损失，且出口贸易效率损失是阻碍出口贸易潜力实现的最主要原因。借鉴 Battese & Coelli(1995)的随机前沿模型研究方法分析贸易投资便利化对出口贸易效率损失的影响，发现东道国贸易投资便利化与我国出口贸易效率损失呈正相关关系，说明我国对贸易投资便利化水平较高国家的出口贸易效率较低，且由于出口贸易效率与我国出口贸易潜力呈反比，表明我国对贸易投资便利化水平较高国家的出口潜力更大。通过对 7 个一级指标进行分析可知，东道国的制度环境与我国出口贸易效率损失并未表现出稳健的相关关系；东道国的基础设施质量、市场准入和科学与技术环境指标均与我国出口贸易效率损失呈正相关关系，说明我国对基础设施质量优良、市场准入便利和科学与技术环境指标高的国家出口贸易效率较低，出口贸易可拓展空间更大。东道国的海关环境、营商环境和政治环境指标与我国出口贸易效率损失呈负相关关系，说明在良好的海关环境、营商环境和低政治风险的国家，我国出口贸易效率较高，出口贸易规模再增长的空间相对较小。

(二)中国的出口贸易潜力呈上升的趋势

基于模型的参数估计可以计算出我国对 107 个国家和地区的出口贸易效率和出口贸易潜力。2007—2016 年，我国年出口贸易效率均值波动分布在 0.12~0.17。2008 年的金融危机使东道国贸易保护主义兴起，恶劣的海关环境和营商环境导致出口贸易效率损失增加。在金融危机滞后效应的影响下，2009 年我国的出口贸易效率损失继续增加，出口贸易效率大幅度降低。直到 2016 年，出口贸易效率才有了小幅度的上涨趋势。从我国对 107 个国家和地区 2007—2016 年出口贸易效率均值分布来看，不足 0.1 的占 35%，而大于 0.5 的却仅占 3%，说明我国出口贸易具有很大的潜力。我国出口贸易潜力在 2007—2016 年呈上升的趋势，但增长率在 2010 年达到最大值 21.39%后逐年降低至 2016 年的-0.66%，这主要与东道国的贸易投资便利化水平增长速率放缓有关。由此可知，我国虽然已经成为贸易出口大国，但出口贸易效率仍然较低，出口贸易规模还有进一步拓展的

空间。

（三）中国对发达国家和地区的出口贸易潜力大于发展中国家

从发达国家和地区与发展中国家对比来看，我国对发达国家和地区的出口贸易效率低于对发展中国家，发达国家和地区的贸易投资便利化水平高于发展中国家。这主要是由于发达国家和地区高水平的贸易投资便利化条件致使其国内贸易市场竞争激烈，当我国出口产品的竞争优势较低时，发达国家和地区高水平的贸易投资便利化条件会增加我国的出口贸易效率损失，阻碍我国出口贸易潜力的实现。此外，当我国对发达国家和地区的出口贸易效率损失增加时，我国出口贸易效率降低，出口贸易潜力大幅度提升。尽管我国对发达国家和地区的出口贸易潜力更大，但是对发展中国家的出口贸易潜力增长速率更高。因此，我国在主要面向发达国家和地区进行出口贸易时不能忽视发展中国家出口贸易市场的地位和作用。

（四）中国对“一带一路”沿线国家的出口贸易潜力存在区域差异

从“一带一路”沿线国家和非“一带一路”沿线国家对比来看，我国对“一带一路”沿线国家的出口贸易效率更低，出口贸易潜力更大。2016 年，我国对 39 个“一带一路”沿线国家的出口贸易潜力占对 107 个国家和地区出口贸易潜力的 30.63%，且我国对“一带一路”沿线国家的出口贸易潜力增长率高于非“一带一路”沿线国家。在“一带一路”倡议下，我国大力支持并投资“一带一路”沿线国家的基础设施建设，帮助“一带一路”沿线国家改善贸易投资便利化水平，而亚洲基础设施投资银行和丝路基金在其中起到了十分重要的作用。基础设施水平的改善进一步提升了我国对“一带一路”沿线国家出口贸易潜力。从“一带一路”沿线国家的地区分布来看，我国出口贸易潜力水平分布并不均衡，东南亚地区除文莱外，我国出口贸易潜力均较高；西亚北非地区除土耳其和沙特阿拉伯外，我国出口贸易潜力均较低。可见，相较于西亚北非地区，我国更应该增加对“一带一路”沿线东南亚国家的出口贸易。

三、中国对外直接投资潜力实证研究的主要结论

（一）贸易投资便利化的构成要素影响中国对外直接投资效率损失

从我国对外直接投资的影响因素来看，我国和东道国的经济规模与我国对外直接投资呈正比，双边地理距离与我国对外直接投资呈反比，这符合投资引力模型的基本假设。除此之外，双边是否有共同语言、双边是否有共同边界以及东道国的自然资源环境与我国对外直接投资呈正比。我国对经济规模大和自然资源丰富的国家的直接投资更多，说明我国对外直接投资具有市场寻求动机和资源寻求动机。我国的经济规模代表了经济实力，强大的经济实力是我国对外直接投资的保障，此外，双边具有共同语言、共同边界以及双边地理距离都会在一定程度上影响对外直接投资的交易费用，进而影响我国的对外直接投资规模。

我国对外直接投资存在较大的效率损失，而对外直接投资效率损失是阻碍对外直接投资潜力实现的最主要原因。对直接投资效率损失影响因素的进一步研究发现，贸易投资便利化并未表现出与对外直接投资效率损失的显著性关系，说明还未找到合适的数据证明二者的显著性关系。通过研究7个一级指标发现：基础设施环境、市场准入指标与我国对外直接投资效率损失呈正相关关系；制度环境、海关环境、营商环境和政治环境指标与我国对外直接投资效率损失呈负相关关系；科学与技术环境指标和我国对外直接投资效率损失的关系并不稳健。总之，除制度环境和科学与技术环境指标外，其他各指标变动对我国出口贸易效率损失和直接投资效率损失的影响方向一致，说明我国对拥有良好基础设施和便利市场准入条件国家的出口贸易及直接投资效率损失均较大，出口贸易效率和对外直接投资效率均较小，出口贸易潜力和对外直接投资潜力均较大。海关环境、营商环境和政治环境的优化能提升我国出口贸易和对外直接投资效率，进一步扩大我国出口贸易及对外直接投资规模。

(二)中国对外直接投资潜力高于中国的出口贸易潜力

基于随机前沿投资引力模型的参数估计可以计算出2007—2016年我国对107个国家和地区的直接效率及潜力。结果显示，我国对外直接效率呈逐年下降的趋势。从我国对107个国家和地区直接投资效率的分析来看，不足0.1的占60%，而大于0.5的仅占2%。进一步研究发现，我国对外直接投资潜力在10年内呈逐年上升的趋势，但增长率波动较大，这一方面与我国近年来对外直接投资实际额增长较快有关，另一方面是由东道国贸易投资便利化条件的改善所造成的。从整体来看，我国对大部分国家和地区的直接投资效率均较低，说明我国对外直接投资具有很大的潜力，仍需深入挖掘。

将我国对外直接投资潜力和出口贸易潜力对比分析发现，我国对外直接投资潜力从2007年的5778.66亿美元上升至2016年的177085.78亿美元，年均增长率为46.27%；出口贸易潜力从2007年的71242.79亿美元上升至2016年的132503.80亿美元，年均增长率为7.14%。由此可知，相较于出口贸易潜力，我国对外直接投资潜力的发展更为迅速，表明东道国贸易投资便利化条件的变化对我国对外直接投资的影响更大，我国对外直接投资将成为参与国际经济合作的重要方式。另外，我国对发达国家和地区的直接投资和出口贸易潜力年均增长率分别为46.13%和6.43%，对发展中国家的直接投资和出口贸易潜力年均增长率分别为48.29%和9.97%，表明无论是发达国家和地区还是发展中国家，相较于出口贸易，我国都更应快速增加对外直接投资规模。除此之外，我国对"一带一路"沿线国家的直接投资和出口贸易潜力年均增长率分别为56.55%和9.08%，表明在"一带一路"倡议的实施过程中，相较于出口贸易潜力，我国对"一带一路"沿线国家的直接投资潜力更需要进一步深入挖掘。

(三)中国对发达国家和地区及发展中国家的直接投资效率及潜力存在较大的差距

从发达国家和地区与发展中国家的对比来看，我国对发达国家和地区及发展中国家的直接投资效率及潜力存在较大的差距。尽管我国对外直接投资效率整体较低，但相较于发展中国家，对发达国家和地区的直接投资效率更低。在我国对发达国家和地区的直接投资实际值远高于对发展中国家的背景下，对发达国家和地区的直接投资仍具有很大的潜力。目前，发展中国家的贸易投资便利化水平逐渐得到了改善，且主要体现在营商环境、制度环境和海关环境等方面。营商环境等方面的优化有利于减少我国对发展中国家的直接投资效率损失，促进我国对外直接投资的开展，使得我国对外直接投资效率得以提升，进而实现对外直接投资潜力。

(四)中国对"一带一路"沿线国家的直接投资潜力参差不齐

从"一带一路"沿线国家和非"一带一路"沿线国家来看，我国对"一带一路"沿线国家的直接投资效率相对较低，直接投资具有很大的潜力。持续增加对"一带一路"沿线国家的直接投资既可以推进"一带一路"倡议的建设，也符合我国的"走出去"战略。研究发现，我国对"一带一路"沿线国家的直接投资潜力年均增长率为56.55%，对非"一带一路"沿线国家的直接投资潜力年均增长率为44.52%。"一带一路"倡议的提出及推进改善了"一带一路"沿线国家的基础设施环境，同时也刺激了东道国的市场需求。整体条件的改善增加了东道国投资市场的竞争力，并间接增加了我国对外直接投资效率损失，使得我国对"一带一路"沿线国家的直接投资效率降低，直接投资潜力增加。进一步研究发现，我国对"一带一路"沿线国家的直接投资潜力水平参差不齐，这将形成不均衡的投资分布格局。其中，东南亚国家中除文莱外，我国直接投资潜力均较大；对中东欧国家的直接投资潜力普遍较小；对南亚及西亚北非地区的直接投资潜力数值分布较分散。相较于中东欧、西亚北非国家，东南亚国家的贸易投资便利化程度更高，潜力和拓展空间也更大，因此，相较于其他地区，我国更应将对外直接投资集中于东南亚市场。

第二节 对策建议

根据研究结论，结合贸易投资便利化对我国出口贸易及对外直接投资潜力的作用机理，借鉴典型国家出口贸易和对外直接投资发展经验，提出如下对策建议。

一、积极参与并推进东道国贸易投资便利化改革

(一)协助改善东道国的海关环境和营商环境

东道国营商环境和海关环境的改善有利于实现我国出口贸易潜力及对外直接投资潜力。在海关环境方面，应加强同东道国在信息交流、相互监管和执法互助等方面的海关合作，建立起能与东道国海关实现信息和数据快速交换的体制机制，从而间接提高东道国国家的海关工作效率。此外，我国在响应世界海关组织提出的"经认证的经营者"互认工作的同时，还应大力宣传"经认证的经营者"政策的有效性及便利性，积极推进我国与东道国"经认证的经营者"的互认工作，促使东道国的海关管理与国际标准接轨，保障我国的

出口贸易可以基于国际标准实现快速通关、节约贸易时间和成本的目的。

在营商环境方面，可以积极推进我国与东道国展开双边或多边营商规则谈判，协调共同建立国际化、社会化和法制化的高效、透明、安全、公平的营商环境，并在劳工监管、产业竞争、信贷管理等方面进行深度合作探讨。营商规则谈判应参照发达国家营商环境发展模式，努力对接国际通行标准，通过优化办事流程、改革创新政务服务模式、加强市场监管、推进法治环境建设等方式改善各国的营商环境。另外，还可与东道国共同构建金融机构合作平台。金融机构合作平台建设有利于提升金融市场效率，降低投资风险，进而加速我国及东道国完备金融市场的形成，推动我国与东道国共同形成良好的营商环境。

（二）增加对东道国基础设施建设的投资，协助提升基础设施质量

东道国基础设施质量对我国出口贸易潜力和对外直接投资潜力的增加有显著促进作用。在“一带一路”倡议背景下，结合亚洲基础设施投资银行、丝路基金和其他实体的投资，已经提升了相关发展中国家利用本国和外部金融资源进行基础设施建设的热情，但目前部分东道国的基础设施建设仍存在资金缺口较大，建设力度和质量有待加强等问题。东道国基础设施质量的进一步提升，需要东道国和国际社会的共同努力。在基础设施建设过程中，应本着合作共赢的原则，以东道国为主导展开建设合作。由于基础设施建设的周期长、投资收益回报见效慢，从短期来看可能增加东道国的财务负担，但东道国可以结合自身情况合理利用外国直接投资和国际贷款，建立市场化多主体的基础设施建设合作机制，我国在此时可以给予一定的帮助，从而分担和防控风险，促进东道国基础设施建设的健康、有序进行。

在基础设施建设内容方面，东道国应优先提升包括铁路、公路、航空和港口在内的交通基础设施的质量水平。虽然交通基础设施的建设周期长且投资大，但能加速东道国与周边国家及主要贸易国的互联互通，建立更紧密的经贸联系。我国在对东道国进行基础设施投资时，也应特别注意选择一些经济效益好且能促进当地就业和增加出口与税收的基础设施建设项目展开合作，帮助东道国实现经济增长和防范风险。此外，东道国还应加强基于三方及多方主体参与的基础设施合作机制建设，尤其应邀请拥有丰富金融资源和基础设施建设管理能力的发达经济体展开合作，以扩大建设资金的来源和提高使用效率，提升基础设施建设的透明度和管理水平。

（三）与东道国进行合理谈判，创造良好的市场准入条件

东道国市场准入条件的改善可以有效增加我国出口贸易潜力及直接投资潜力。在市场准入方面，我国应与东道国进行合理谈判，促使东道国进一步消除关税、非关税和投资限制等市场准入性壁垒，联合发挥东盟、20 国集团、亚太经合组织等多边合作机制的作用，激发东道国的市场活力和竞争力。面对东道国的贸易、投资保护主义，我国应通过与东道国签订范围更广、层次更高的双边及多边自由贸易协定和自由投资协定，在维持原有协定的基础上进行战略升级，不断优化我国与东道国出口贸易和直接投资的市场准入环境，共同构建透明、合理、互惠共赢的国际经贸规则体。

由于不同东道国市场准入条件内容的设置会存在较大差异，且管理方式及相应法律体系也不尽相同，很容易造成国家间贸易投资的争端和风险。市场准入条件的争端解决应坚持以法律手段为主，政治外交手段为辅的原则，通过法律诉讼和谈判解决。虽然我国已于2018年发布了《关于建立“一带一路”国际商事争端解决机制和机构的意见》，为推进“一带一路”建设和实现开放型世界经济提供了有力的司法保障，但为了防止市场准入条件方面的法律风险和政策风险出现，无论是“一带一路”国家还是其他东道国，我国相关企业在进入东道国市场前还应重点关注东道国对贸易投资等行为的限制和强制法律要求，在受到不法侵害和遭到不公正待遇时应做好相应的调查取证工作，保留相关证据，以维护自身的正当权益。通过贸易投资争端的解决促进国家间形成公平、公正、长期合作的贸易、投资新局面。

二、持续快速增加出口贸易规模和对外直接投资规模

(一)深入了解东道国的贸易投资便利化环境，制定合理的贸易投资规划

尽管我国已成为出口贸易规模最大的发展中国家，且对外直接投资规模仅次于美国、英国、德国、法国和日本等国，但是我国仍具有较大的对外直接投资潜力和出口贸易潜力。相较于出口贸易潜力，我国对外直接投资潜力增长势头更加迅猛。对于出口贸易和对外直接投资相对较高的国家，我国应该积极维系并持续扩大贸易、投资合作规模；对于出口贸易和对外直接投资效率较低且市场需求规模较大的国家，我国应该加强进一步的合作。与此同时，我国应在“走出去”战略的基础上，深入了解各国的贸易投资便利化情况，依据基础设施质量和市场准入便利程度适时调整出口贸易规模和对外直接投资规模。

加快对发达国家和地区的出口贸易和直接投资是加快我国“走出去”战略的重要路径。目前，以美国为代表的西方发达国家与我国存在一定程度的贸易摩擦，我国应积极与美国展开谈判和协商，基于双边利益提出有利于两国共同发展的贸易、投资合作形式。我国在出口贸易规模不断扩大的基础上，还应该适当增加进口规模，平衡贸易顺差。此外，在保障对发达国家出口贸易规模和直接投资规模持续扩大的同时，还应重视对发展中国家的出口贸易与直接投资。

(二)依据中国的供给能力及出口贸易潜力，扩大中国出口贸易规模

长期以来，我国出口贸易主体已经从劳动密集型产品为主逐渐转变为以资本或技术密集型产品为主。随着全球科技水平的不断发展，我国劳动密集型产品的优势逐渐减弱，国际竞争力不断下降，以信息技术为代表的高新技术产品的出口占比不断提升。目前，我国商品出口贸易主要以工业制成品出口为主，其中机械及运输设备产品出口额占工业制成品出口额的50%左右。为扩大出口贸易规模，我国应持续努力发展本国高新技术产业，优化产品结构。

了解我国的产品供给能力及我国对东道国的出口贸易潜力有利于扩大我国的出口贸易规模。现阶段，我国在钢铁、水泥、电解铝、平板玻璃、光伏等产业有较强的供给能力，

且对美国、日本、马来西亚、新加坡等国的出口贸易具有很大的潜力。美国和日本的汽车制造业和建筑业对钢铁产品有较大的需求量，我国可以通过与美、日两国的合作谈判，增加对美、日两国钢铁产品的出口规模，实现对美、日两国的出口贸易潜力。新加坡和马来西亚对机电和化工等产品的需求有较大的拓展空间，但美国、日本等国又是我国强有力的竞争者，那么，我国可以充分利用本国的产品竞争优势和地理优势，增加电解铝、平板玻璃和光伏等产品对马来西亚和新加坡的出口。

(三)依据中国投资能力及直接投资潜力，提升中国对外直接投资规模

为满足我国日益增长的对外直接投资潜力，加快对海外市场的直接投资，不断拓宽国际市场是我国的必然选择。我国政府应该充分发挥宏观调控的作用，鼓励具有较强竞争力的企业走出国门，并为企业提供东道国财政、金融、国家政策等方面的信息，为我国企业在世界范围内进行投资活动提供便利。此外，我国政府还可以通过积极参加国际投资组织、与其他经济体合作组成投资集团等形式增加对东道国的直接投资，此方法在实现我国对外直接投资潜力的同时还能得到东道国及国际社会更多的理解与支持。

加强与东道国的交流合作，并针对东道国的市场优势及本国的投资能力实现我国的对外直接投资潜力。对于欧美等发达国家，我国应该依托欧美等国先进的技术、高素质的劳动力和巨大的需求市场，加强在通信、电力、工程设备领域的直接投资，使我国对外直接投资在欧美高端技术市场占据一席之地，与欧美等国共同发展；对于印度、菲律宾等人口红利较大的发展中国家，我国应该充分利用这些地区相对廉价的劳动力，转移食品生产、纺织服装等低技术附加值的制造产业；对于印度尼西亚、文莱等海洋相关产业发展迅速的国家，则可以加强在海水养殖、海洋生物工程和海上旅游项目等领域的投资与合作。

三、推进“一带一路”倡议建设，形成贸易投资合作新格局

(一)加强“六廊六路多国多港”主体框架建设，形成新的贸易投资格局

目前，“一带一路”沿线区域已经存在东南亚国家联盟(简称“东盟”)、南亚区域合作联盟(简称“南盟”)和海湾阿拉伯国家合作委员会(简称“海合会”)等国际合作组织，其中东盟和南盟分别是以东南亚地区和南亚地区经济合作为基础的政治、经济、安全一体化的合作组织；海合会是为加强阿联酋、沙特阿拉伯等成员国①之间包括贸易、投资在内一切领域协调、合作和一体化而形成的合作组织，其目的是推动海合会内各国的快速发展。我国可以在已有国际合作组织的基础上，通过加强“六廊六路多国多港”②的主体框架建设，形成新的贸易投资格局。

在“六廊六路多国多港”的框架下，我国应围绕六个经济走廊，充分发挥亚洲基础设

---

① 海合会包括阿联酋、沙特阿拉伯、阿曼、巴林、卡塔尔、科威特和也门7国。

② “六廊六路多国多港”为各国参与“一带一路”合作提供了清晰的导向，其中“六廊”是指新亚欧大陆桥、中蒙俄、中国—中亚—西亚、中国—中南半岛、中巴、孟中印缅六大国际经济合作走廊。

施投资银行和丝路基金的重要作用，打造“一带一路”建设支点和标志性合作项目，推动与“一带一路”沿线国家建立更加紧密的贸易、投资关系。其中，在孟中印缅走廊促进形成东亚、南亚、东南亚的贸易投资合作新格局，增加对印度等国的出口贸易与直接投资，促进印度深入了解并积极参与“一带一路”倡议，使其在新的经济合作格局中展现自己的能力。在中巴经济走廊，积极开展和巴基斯坦两国间远景规划工作，同时，应高效落实相关计划安排，通过增加对巴基斯坦的直接投资推动对白沙瓦至卡拉奇高速公路及瓜达尔港自由区的顺利建设。在中国—中南半岛经济走廊，我国对马来西亚及新加坡有较大的出口贸易和直接投资潜力。其中，马来西亚和我国都处于经济转型升级的关键阶段，两国近期和远期规划都高度契合，双方应进一步提高务实合作水平。中方应在发展电子、油气和棕油等传统贸易基础上，积极开拓渔业、电子商务和高科技等新型产业的贸易合作。此外，两国还应共同推进互联互通建设，对接东盟的总体规划，打造多元合作平台。对于新加坡，我国应鼓励更多的企业“走出去”，到新加坡进行直接投资。同时，我国应加快与新加坡间自贸协定的升级谈判，为双边贸易合作提供更坚实的制度保障和广阔的发展空间。

在新亚欧大陆桥经济走廊，应促进我国与中亚、俄罗斯、中东欧地区形成新的贸易、投资格局。以中欧班列便利的交通运输体系为依托，大力开展我国与中亚、俄罗斯和中东欧等地经贸合作。在中蒙俄经济走廊，可以将“丝绸之路经济带”同“欧亚经济联盟”、蒙古国“草原之路”倡议对接，积极落实《建设中蒙俄经济走廊规划纲要》内容，完善口岸体系建设，推进中、蒙、俄之间的基础设施互联互通。在中国—中亚—西亚经济走廊，由于中亚和西亚地区的石油资源丰富，可以将能源合作作为走廊建设的着力点，建立以能源为基础发展的全方位合作关系。

(二)增加信息交流，建立“一带一路”沟通对话长效机制

我国对“一带一路”沿线国家的出口贸易和直接投资都具有较大的潜力，应持续推进“一带一路”倡议的实施，建立创新性和包容性的“一带一路”贸易、投资合作机制，而良好的对话机制有利于我国更深入地了解东道国的贸易投资便利化水平。基于此，我国应该与“一带一路”沿线国家建立沟通对话长效机制，以信息交流为依托，积极开展外交活动，组织民间企业与当地政府增加交流沟通；增加与“一带一路”沿线国家的教育人文交流，扩大双边留学生、学者的交流规模；与此同时，还可以定期在“一带一路”主要沿线国家，如新加坡、俄罗斯、巴基斯坦、哈萨克斯坦等国，开展“一带一路”贸易投资洽谈会，在为各国政府机构沟通增加机会的同时，还可以帮助我国优秀企业实现“走出去”的目的。

在信息交流的过程中应该尤其注重国家间贸易、投资政策的有效沟通。政策沟通的主要目的是寻求共识、消除分歧，推动我国与“一带一路”沿线国家的共同发展。我国应该在尊重“一带一路”沿线国家发展模式的基础上，相互借鉴学习，为创建友好的贸易、投资关系奠定基础。通过政策方面的积极沟通，能共同制定发展规划，协调解决合作中存在的问题。我国与“一带一路”沿线国家的信息交流增加了国家间的相互理解和信任，建立沟通对话长效机制既有利于我国熟悉“一带一路”沿线国家的贸易环境和投资环境，同时也为“一带一路”沿线国家了解我国的产业发展优势提供了便利性。

参 考 文 献

[1]蔡锐，刘泉．中国的国际直接投资与贸易是互补的吗？——基于小岛清“边际产业理论”的实证分析[J]．世界经济研究，2004(8)：64-70.

[2]曹安，汪晶晶，黄如梦．中国与“一带一路”沿线国家农产品出口贸易效率及潜力测算[J]．统计与决策，2018(10)：113-117.

[3]陈继勇，李知睿．“中巴经济走廊”周边国家贸易潜力及其影响因素[J]．经济与管理研究，2019，40(1)：14-28.

[4]陈琳，谢学臻，刘琳．中国出口的贸易效率与贸易潜力：1980—2015[J]．国际经贸探索，2018(1)：33-50.

[5]陈伟光，郭晴．中国对“一带一路”沿线国家投资的潜力估计与区位选择[J]．宏观经济研究，2016(9)：148-161.

[6]陈兆源．东道国政治制度与中国对外直接投资的区位选择——基于2000—2012年中国企业对外直接投资的定量研究[J]．世界经济与政治，2016(11)：129-156.

[7]程中海，南楠．“一带一路”框架下东道国制度环境与中国对外直接投资潜力[J]．软科学，2018，32(1)：36-40.

[8]程中海，南楠．中国对“一带一路”国家直接投资的效率及潜力评估[J]．商业研究，2017，8：64-73.

[9]崔娜，柳春，胡春田．中国对外直接投资效率，投资风险与东道国制度——来自“一带一路”沿线投资的经验证据[J]．山西财经大学学报，2017，39(4)：27-38.

[10]崔日明，黄英婉．“一带一路”沿线国家贸易投资便利化评价指标体系研究[J]．国际贸易问题，2016(9)：153-164.

[11]崔日明，黄英婉．“一带一路”沿线国家贸易投资便利化水平及其对中国出口的影响——基于面板数据的实证分析[J]．广东社会科学，2017 (3)：5-13.

[12]范子英，田彬彬．出口退税政策与中国加工贸易的发展[J]．世界经济，2014(4)：49-68.

[13]方世建，付文林．影响我国出口贸易增长的因素分析[J]．上海经济研究，2001(9)：9-13.

[14]冯丹卿，钟昌标，黄远浙．外资进入速度对内资企业出口贸易的影响研究[J]．世界经济，2013(12)：29-52.

[15]付韶军．东道国政府治理水平对中国OFDI区位选择的影响——基于“一带一路”沿

线 59 国数据的实证分析[J]. 经济问题探索, 2018 (1): 70-78.
[16]傅京燕, 赵春梅. 环境规制会影响污染密集型行业出口贸易吗?——基于中国面板数据和贸易引力模型的分析[J]. 经济学家, 2014(2): 47-58.
[17]龚新蜀, 张晓倩. 中国对中亚五国农产品出口贸易影响因素分析——基于 CMS 模型[J]. 国际经贸探索, 2014, 30(8): 77-87.
[18]海闻. 国际贸易理论的新发展[J]. 经济研究, 1995(7): 67-73.
[19]何盛明. 财经大辞典[M]. 北京: 中国财政经济出版社, 1990.
[20]胡浩, 金钊, 谢杰. 中国对外直接投资的效率估算及其影响因素分析[J]. 世界经济研究, 2017(10): 45-54.
[21]胡求光, 李洪英. 金融危机对中国出口贸易影响的实证分析[J]. 国际贸易问题, 2010(3): 3-11.
[22]黄崇杰. 国内外环境规制对中国出口贸易的影响[J]. 世界经济, 2015(5): 59-80.
[23]黄光灿, 王珏. 中国对丝路国家直接投资便利化实施路径研究[J]. 财经理论研究, 2016 (4): 9-18.
[24]季凯文, 周吉. "一带一路"建设下我国对外直接投资效率及其影响因素——基于随机前沿引力模型[J]. 经济与管理评论, 2018(4): 138-148.
[25]蒋冠宏, 蒋殿春. 中国对外投资的区位选择: 基于投资引力模型的面板数据检验[J]. 世界经济, 2012 (9): 21-40.
[26]孔庆峰, 董虹蔚. "一带一路"国家的贸易便利化水平测算与贸易潜力研究[J]. 国际贸易问题, 2015(12): 158-168.
[27]李村璞, 柏琳, 赵娜. 中国与东南亚国家贸易潜力及影响因素研究——基于随机前沿引力模型[J]. 财经理论与实践(双月刊), 2018, 39(5): 122-147.
[28]李计广, 李彦莉. 中国对欧盟直接投资潜力及其影响因素——基于随机前沿模型的估计[J]. 国际商务(对外经济贸易大学学报), 2015(5): 72-83.
[29]李计广, 钊锐, 张彩云. 我国对"一带一路"国家投资潜力分析——基于随机前沿模型[J]. 亚太经济, 2016 (4): 96-103.
[30]李轩. 中国—东盟自由贸易区建设对中国 FDI 的影响效应[J]. 国际贸易问题, 2011, 4: 41-47.
[31]连玉君, 苏治. 融资约束、不确定性与上市公司投资效率[J]. 管理评论, 2009, 21(1): 19-26.
[32]林玲, 闫玉宁, 赵素萍. 中美两国贸易效率及潜力研究[J]. 国际商务(对外经济贸易大学学报), 2018(2): 1-14.
[33]林珊, 林发彬. 贸易投资便利化与全球价值链需求的对接——以福建自贸试验区为例[J]. 亚太经济, 2017 (5): 130-136.
[34]刘洪铎, 陈和. 双边贸易成本抑制了中国制造业企业的对外直接投资吗? [J]. 世界经济研究, 2016(8): 47-58.
[35]刘俊, 张亚斌. 丝绸之路经济带贸易便利化时空差异及其贸易效应——基于空间引力

模型的实证研究[J]. 经济问题探索, 2016 (10): 130-137.
[36]刘倩, 刘清杰, 刘敏. "丝绸之路经济带"背景下新疆与欧亚经济联盟贸易潜力实证研究[J]. 经济地理, 2018(4): 65-72.
[37]刘青峰, 姜书竹. 从贸易引力模型看中国双边贸易安排[J]. 浙江社会科学, 2002(6): 17-20.
[38]刘用明, 朱源秋, 吕一清. "一带一路"背景下中俄双边贸易效率及潜力研究——基于随机前沿引力模型(SFGM)[J]. 经济体制改革, 2018, 39(5): 78-84.
[39]龙海雯, 施本植. 中国与中东欧国家贸易竞争性、互补性及贸易潜力研究——以"一带一路"为背景[J]. 广西社会科学, 2016(2): 78-84.
[40]卢进勇, 杜奇华, 杨立强. 国际经济合作[M]. 北京: 北京大学出版社, 2018.
[41]卢进勇, 杜奇华, 杨立强. 国际投资学[M]. 北京: 北京大学出版社, 2013.
[42]鲁晓璇, 张曙霄. 对马克思主义国际贸易理论和西方国际贸易理论及其关系的思考[J]. 经济学家, 2018(1): 20-28.
[43]罗翊烜, 扈钟方. 贸易便利化与中国"一带一路"建设选择——基于沿线亚洲国家面板数据和引力模型的实证分析[J]. 商业经济研究, 2017 (23): 131-134.
[44]马坤. 中国对外直接投资潜力研究[M]. 北京: 经济科学出版社, 2010.
[45]毛其淋, 盛斌. 贸易自由化与中国制造业企业出口行为: "入世"是否促进了出口参与? [J]. 经济学(季刊), 2014, 13(1): 647-674.
[46]毛艳华, 杨思维. 21 世纪海上丝绸之路贸易便利化合作与能力建设[J]. 国际经贸探索, 2015, 31(4): 101-112.
[47]钱佳珍, 王盛, 夏寅. 替代效应还是互补效应——上海国际投资与国际贸易互补关系的实证研究[J]. 南京航空航天大学学报(社会科学版), 2018, 20(1): 41-46.
[48]强永昌. 汇率变动对出口贸易的作用机制[J]. 世界经济, 1999(4): 40-43.
[49]商务部. 对外直接投资统计制度[R]. 北京: 国家统计局, 2005.
[50]盛斌, 廖明中. 中国的贸易流量与出口潜力: 引力模型的研究[J]. 世界经济, 2004 (2): 3-12.
[51]施炳展, 李坤望. 中国出口贸易增长的可持续性研究——基于贸易随机前沿模型的分析[J]. 数量经济技术经济研究, 2009(6): 64-74.
[52]史晨霞. 贸易投资便利化对我国制成品出口的影响研究——基于"一带一路"沿线国家的面板数据[D]. 山西财经大学, 2018.
[53]宋林, 谢伟, 郑雯. "一带一路"战略背景下我国对外直接投资的效率研究[J]. 西安交通大学学报(社会科学版), 2017, 37(4): 45-54.
[54]宋伟良, 贾秀录. 贸易便利化对中国产品出口的影响研究——基于 G20 国家的计算[J]. 宏观经济研究, 2018(11): 102-115.
[55]孙会敏, 张越杰. 中国—新西兰农产品贸易比较优势及贸易潜力研究[J]. 世界农业, 2015(7): 118-124.
[56]汤春玲, 邵敬岚. 中国对"一带一路"沿线国家货物出口贸易潜力研究[J]. 经济地

理，2018(10)：1-16.
[57]唐礼智，章志华．中国对外直接投资的贸易效应研究[J]．统计与决策，2015，11：145-147.
[58]田原，李建军．中国对“一带一路”沿线国家 OFDI 的区位选择——基于资源与制度视角的经验研究[J]．经济问题探索，2018，39(1)：79-88.
[59]汪发元，郑军，周中林，裴潇，叶云．科技创新、金融发展对区域出口贸易技术水平的影响[J]．科技进步与对策，2018，35(19)：66-73.
[60]汪晶晶，马惠兰，唐洪松，等．中国农业对外直接投资区位选择的影响因素研究[J]．商业经济与管理，2017，37(8)：88-97.
[61]汪戎，李波．贸易便利化与出口多样化：微观机理与跨国证据[J]．国际贸易问题，2015(3)：33-43.
[62]王江，吴莉．中国自贸试验区贸易投资便利化指标体系构建[J]．统计与决策，2018，13(22)：65-67.
[63]王瑞．中国与“丝绸之路经济带”沿线国家农产品贸易潜力研究[D]．杭州：浙江工业大学，2015.
[64]王孝松，施炳展，谢申祥，赵春明．贸易壁垒如何影响了中国的出口边际？——以反倾销为例的经验研究[J]．经济研究，2014(11)：58-71.
[65]温雪，许露元，邹忠全．贸易便利化对广西对外贸易流量影响的实证分析[J]．统计与决策，2019，38(1)：170-173.
[66]小岛清．对外贸易理论[M]．天津：南开大学出版社，1991.
[67]谢孟军．基于制度质量视角的我国出口贸易区位选择影响因素研究——扩展引力模型的面板数据实证检验[J]．国际贸易问题，2013(6)：3-15.
[68]许和连，赖明勇．外商直接投资对中国出口贸易影响的实证分析[J]．预测，2002，21(2)：10-13.
[69]宣善文，邵言波，袁洪飞．中国对外贸易概论[M]．上海：上海交通大学出版社，2016.
[70]杨逢珉，程凯．贸易便利化对出口产品质量的影响研究[J]．世界经济研究，2019(1)：93-104.
[71]杨娇辉，王伟，谭娜．破解中国对外直接投资区位分布的“制度风险偏好”之谜[J]．世界经济，2016 (11)：3-27.
[72]杨立强，周晋竹，余稳策．“一带一路”沿线国家跨境资本流动分析[J]．北方民族大学学报：哲学社会科学版，2016 (4)：119-121.
[73]杨希燕，王笛．中俄贸易互补性分析[J]．世界经济研究，2005(7)：71-77.
[74]叶祥松，李苏苏．中国对外贸易效率及其影响因素分析——基于“一带一路”沿线国家与其他国家的比较[J]．山东社会科学，2018(8)：159-165.
[75]张海波，闫国庆．东亚新兴经济体对外直接投资的贸易效应研究[J]．国际经贸探索，2010 (6)：66-70.

[76]张建平，樊子嫣．“一带一路”国家贸易投资便利化状况及相关措施需求[J]．国家行政学院学报，2016（1）：23-29.

[77]张静，孙乾坤，武拉平．贸易成本能够抑制对外直接投资吗——以“一带一路”沿线国家数据为例[J]．国际经贸探索，2018(6)：93-108.

[78]张俊良，张兴月．人口红利理论与中国人口红利问题研究[J]．社会科学研究，2018，6：114-121.

[79]张瑞良．中国对“一带一路”沿线国家 OFDI 区位选择研究——基于制度距离视角[J]．山西财经大学学报，2018，40(3)：25-38.

[80]张五常．经济组织与交易成本：经济解释[M]．北京：商务印书馆，2000.

[81]张晓静，李梁．“一带一路”与中国出口贸易：基于贸易便利化视角[J]．亚太经济，2015(3)：21-27.

[82]张亚斌．“一带一路”投资便利化与中国对外直接投资选择——基于跨国面板数据及投资引力模型的实证研究[J]．国际贸易问题，2016（9）：165-176.

[83]张艳艳，于津平．交通基础设施、相邻效应与双边贸易——基于中国与“一带一路”国家贸易数据的实证研究[J]．当代财经，2018(3)：98-109.

[84]章启明．基于随机前沿引力模型的中美双边贸易效率和潜力研究[D]．济南：山东大学，2018.

[85]周曙东，郑建．中国与 RCEP 伙伴国的贸易效率与影响因素——基于随机前沿引力模型的实证分析[J]．经济问题探索，2018(7)：89-97.

[86]朱明侠，左思明．“一带一路”沿线国家投资便利化的评价体系研究[J]．广州社会科学，2019(1)：46-53.

[87]Aigner Dennis，C A Knox Lovell，Peter Schmidt. Formulation and Estimation of Stochastic Frontier Production Function Models[J]. Journal of Econometrics，1977，6(1)：21-37.

[88] Armstrong Shiro. Measuring Trade and Trade Potential：A Survey[J]. Asia Pacific Economic Papers，2007(368)：1-19.

[89]Baier S L，Bergstrand J H. Do Free Trade Agreements Actually Increase Members' International Trade?[J]. Journal of International Economics，2007，71(1)：72-95.

[90] Battese George Edward，Tim J Coelli. A Model for Technical Inefficiency Effects in a Stochastic Frontier Production Function for Panel Data[J]. Empirical Economics，1995，20(2)：325-332.

[91]Belkhodja O，Mohiuddin M，Karuranga E. The Determinants of FDI Location Choice in China：A Discrete-Choice Analysis[J]. Applied Economics，2017，49(13)：1241-1254.

[92]Blanc-Brude F，Cockson G，Piesse J，et al. The FDI Location Decision：Distance and the Effects of Spatial Dependence[J]. International Business Review，2014，23(4)：797-810.

[93]Blind K，Jungmittag A. Trade and the Impact of Innovations and Standards：The Case of Germany and the UK[J]. Applied Economics，2005，37(12)：1385-1398.

[94]Bösenberg S，Egger P H，Merlo V，et al. Measure the Interdependence of Multinational

Firms' Foreign Investments[J]. Economic Inquiry, 2018, 56(2): 1064-1088.

[95] Boubacar I. Spatial Determinants of US FDI and Exports in OECD Countries[J]. Economic Systems, 2016, 40(1): 135-144.

[96] Buckley Peter J, Mark Casson. A Long-run Theory of the Multinational Enterprise: The Future of the Multinational Enterprise[M]. London: Palgrave Macmillan, 1991.

[97] Campi M, Dueñas M. Intellectual Property Rights, Trade Agreements and International Trade[J]. Research Policy, 2019, 48(3): 531-545.

[98] Coase R H. The Problem of Social Cost[J]. Journal of Law and Economics, 1960, 3(4): 1-44.

[99] Colen L, Persyn D, Guariso A. Bilateral Investment Treaties and FDI: Does the Sector Matter? [J]. World Development, 2016, 83: 193-206.

[100] Cuervo-Cazurra A. Who Cares About Corruption? [J]. Journal of International Business Studies, 2006, 37(6): 807-822.

[101] De Beule F, Somers D, Zhang H. Who Follows Whom? A Location Study of Chinese Private and State-owned Companies in the European Union[J]. Management International Review, 2018, 58(1): 43-84.

[102] De Simone E, D'Uva M. Social Support, Industrial Parks and FDI Location Choice Across Hungarian Counties[J]. Social Indicators Research, 2017, 133(3): 1031-1045.

[103] Dhanaraj C, Beamish P W. A Resource-Based Approach to the Study of Export Performance[J]. Journal of Small Business Management, 2003, 41(3): 242-261.

[104] Dijkstra B R, Mathew A J, Mukherjee A. Environmental Regulation: An Incentive for Foreign Direct Investment[J]. Review of International Economics, 2011, 19(3): 568-578.

[105] Dimitropoulou D, McCann P, Burke S P. The Determinants of the Location of Foreign Direct Investment in UK Regions[J]. Applied Economics, 2013, 45(27): 3853-3862.

[106] Du J, Zhang Y. Does One Belt One Road Initiative Promote Chinese Overseas Direct Investment? [J]. China Economic Review, 2017, 47(8): 189-205.

[107] Dunning J H. Alternative Channels and Modes of International Resource Transmission[J]. Controlling International Technology Transfer, 1981: 3-26.

[108] Dunning J H. Trade Location of Economic Activities and the MNE, a Search for an Eclectic Approach: The International Allocation of Economic Activities[C]. London: MacMillan, 1977.

[109] Fan Zhaobin, et al. China's Outward FDI Efficiency Along the Belt and Road: an Application of Stochastic Frontier Gravity Model[J]. China Agricultural Economic Review, 2016, 8(3): 455-479.

[110] Farrell M J, Pearson E S. The Measurement of Productive Efficiency[J]. Journal of the Royal Statistical Society. Series A (General), 1957, 120(3): 29-253.

[111] Freund C L, Weinhold D. The Effect of the Internet on International Trade[J]. Journal of International Economics, 2004, 62(1): 171-189.

[112] Godine J R, Liu L. Corruption Distance and FDI Flows into Latin America [J]. International Business Review, 2015, 24(1): 33-42.

[113] Gruber W, Mehta D, Vernon R. The R&D Factor in International Trade and International Investment of United States Industries[J]. Journal of Political Economy, 1967, 75(1): 20-37.

[114] Head K, Ries J. Overseas Investment and Firm Exports [J]. Review of International Economics, 2001, 9(1): 108-122.

[115] Helpman E, Melitz M J, Yeaple S R. Export Versus FDI with Heterogeneous Firms[J]. American Economic Review, 2004, 94(1): 300-316.

[116] Jáč I, Vondráčková M. The Perception of Selected Aspects of Investment Attractiveness by Businesses Making Investments in the Czech Republic [J]. Economics and Management, 2017(3): 118-132.

[117] Jones J, Serwicka I, Wren C. Economic Integration, Border Costs and FDI Location: Evidence from the Fifth European Union Enlargement [J]. International Review of Economics & Finance, 2017, 54(12): 193-205.

[118] Jones J. Agglomeration Economies and the Location of Foreign Direct Investment: a Meta-Analysis[J]. Journal of Regional Science, 2017, 57(5): 731-757.

[119] Keeley A R, Ikeda Y. Determinants of Foreign Direct Investment in Wind Energy in Developing Countries[J]. Journal of Cleaner Production, 2017, 161: 1451-1458.

[120] Kindleberger C P. Origins of United States Direct Investment in France[J]. Business History Review, 1974, 48(3): 382-413.

[121] Kiyoshi Kojima. Japanese-Style Direct Foreign Investment[J]. Japanese Economy, 1986, 14(3): 52-82.

[122] Kumar N, Siddharthan N S. Technology, Firm Size and Export Behaviour in Developing Countries: the Case of Indian Enterprises[J]. The Journal of Development Studies, 1994, 31(2): 289-309.

[123] Lee I H I, Hong E, Makino S. Location Decisions of Inward FDI in Sub-National Regions of a Host Country: Service Versus Manufacturing Industries[J]. Asia Pacific Journal of Management, 2016, 33(2): 343-370.

[124] Linnemann Hans. An Econometric Study of World Trade Flows[M]. Amsterdam: North Holland Publishing Company, 1966.

[125] Markusen J R, Svensson L. Trade in Goods and Factors with International Differences in Technology[J]. International Economic Review, 1985, 26(1): 175-192.

[126] Markusen J R. Factor Movements and Commodity Trade as Complements[J]. Journal of International Economics, 1983, 14(3): 341-356.

[127]Mataloni Jr R J. The Structure of Location Choice for New US Manufacturing Investments in Asia-Pacific[J]. Journal of World Business, 2011, 46(2): 154-165.

[128]Meeusen Wim, Jurgen van den Broeck. Technical Efficiency and Dimension of the Firm: Some Results on the Use of Frontier Production Functions[J]. Empirical Economics, 1977, 2(2): 109-122.

[129]Melane-Lavado A, Álvarez-Herranz A, Gonzɑ́lez-Gonzɑ́lez I. Foreign Direct Investment as a Way to Guide the Innovative Process Towards Sustainability[J]. Journal of Cleaner Production, 2018, 17(10): 3578-3590.

[130]Mukim M, Nunnenkamp P. The Location Choices of Foreign Investors: A District-Level Analysis in India[J]. The World Economy, 2012, 35(7): 886-918.

[131]Mundell R A. International Trade and Factor Mobility[J]. The American Economic Review, 1957, 47(3): 321-335.

[132]Nguyen A T, Nguyen T T, Hoang G T. Trade Facilitation in ASEAN Countries: Harmonisation of Logistics Policies[J]. Asian-Pacific Economic Literature, 2016, 30(1): 120-134.

[133]Nilsson L. Trade Integration and the EU Economic Membership Criteria[J]. European Journal of Political Economy, 2000, 16(4): 807-827.

[134]Palmero A J, Herrera J J D, De la Fuente Sabaté J M. The Role of Psychic Distance Stimuli on the East-West FDI Location Structure in the EU. Evidence from Spanish MNEs[J]. Journal for East European Management Studies, 2013, 18(1): 36-65.

[135]Paul A, Popovici O C, Calin C A. The Attractiveness of CEE Countries for FDI. A Public Policy Approach Using the TOPSIS Method[J]. Transylvanian Review of Administrative Sciences, 2014 (42): 156-181.

[136]Pelegrin A, Bolancé C. Regional Foreign Direct Investment in Manufacturing. Do Agglomeration Economies Matter? [J]. Regional Studies, 2008, 42(4): 505-522.

[137]Ramasamy B, Yeung M, Laforet S. China's Outward Foreign Direct Investment: Location Choice and Firm Ownership[J]. Journal of World Business, 2012, 47(1): 17-25.

[138]Rasciute S, Downward P. Explaining Variability in the Investment Location Choices of MNEs: An Exploration of Country, Industry and Firm Effects[J]. International Business Review, 2017, 26(4): 605-613.

[139]Rasciute S, Pentecost E J. A Nested Logit Approach to Modelling the Location of Foreign Direct Investment in the Central and Eastern European Countries[J]. Economic Modelling, 2010, 27(1): 32-39.

[140]Rugman A M. Internalization as a General Theory of Foreign Direct Investment[M]. New York: Palgrave Macmillan, 2006.

[141]Sahoo P, Goswami N, Mazumdar R. Trade Facilitation: Must for India's Trade Competitiveness[J]. Journal of World Trade, 2017, 51(2): 285-307.

[142]Samford S, Gómez P O. Subnational Politics and Foreign Direct Investment in Mexico[J]. Review of International Political Economy, 2014, 21(2): 467-549.

[143] Sauvant K P. Investment Promotion and Facilitation in a Broader Context[R]. Paris: OECD. 2016: 18-21.

[144] Schäffler J, Hecht V, Moritz M. Regional Determinants of German FDI in the Czech Republic: New Evidence on the Role of Border Regions[J]. Regional Studies, 2017, 51(9): 1399-1411.

[145] Seyoum M, Lin J. Private Chinese Investment in Ethiopia: Determinants and Location Decisions[J]. Journal of International Development, 2015, 27(7): 1223-1242.

[146]Shen Z, Puig F. Spatial Dependence of the FDI Entry Mode Decision: Empirical Evidence from Emerging Market Enterprises[J]. Management International Review, 2018: 1-23.

[147] Stack Marie M, Geetha Ravishankar, Eric J Pentecost. FDI Performance: A Stochastic Frontier Analysis of Location and Variance Determinants[J]. Applied Economics, 2015, 47(30): 3229-3242.

[148]Tadesse B, Ryan M. Export Platforms and the Industry-Specific FDI-Trade Relationship [J]. Journal of Economic Integration, 2005: 644-671.

[149]Tinbergen J. Shaping the World Economy, An Analysis of World Trade Flows [M]. New York: Twentieth Century Fund, 1962.

[150] Vernon R. International Investment and International Trade in the Product Cycle[J]. Economic Analyses and the Multinational Enterprise, 1966, 89(114): 255-67.

[151] Williamson O E. The Economic Institutions of Capitalism: Firms, Markets, Relational Contracting[J]. Das Summa Summarum des Management, 2007: 61-75.

[152]Wilson J S, Mann C L, Otsuki T. Trade Facilitation and Economic Development: A new Approach to Quantifying the Impact[J]. The World Bank Economic Review, 2003, 17(3): 367-389.

[153] Wisniewski T P, Pathan S K. Political Environment and Foreign Direct Investment: Evidence from OECD Countries[J]. European Journal of Political Economy, 2014, 36: 13-23.

[154] Xu X, Voon J P, Shang Y. Unbundling Institutional Determinants of Multinational Investments[J]. Applied Economics, 2017, 49(23): 2269-2285.

[155] Yoo D, Reimann F. Internationalization of Developing Country Firms into Developed Countries: The Role of Host Country Knowledge-Based Assets and IPR Protection in FDI Location Choice[J]. Journal of International Management, 2017, 23(3): 242-254.

附　　录

表附-1　　2007—2016 年中国对各国家和地区的出口贸易效率

国家(地区)	2007 年	2008 年	2009 年	2010 年	2011 年	2012 年	2013 年	2014 年	2015 年	2016 年
阿尔巴尼亚	0.0891	0.0999	0.0883	0.0669	0.0782	0.0965	0.0822	0.0929	0.1047	0.1225
阿尔及利亚	0.1220	0.1496	0.1484	0.1174	0.1138	0.1282	0.1343	0.1584	0.1588	0.1616
阿根廷	0.0818	0.1012	0.0661	0.0914	0.1076	0.0961	0.1011	0.0897	0.1015	0.0875
埃及	0.1330	0.1597	0.1252	0.1208	0.1265	0.1301	0.1283	0.1490	0.1511	0.1469
阿曼	0.0876	0.0967	0.0805	0.0804	0.0750	0.1168	0.1134	0.1187	0.1174	0.1179
阿塞拜疆	0.0667	0.0784	0.0532	0.0664	0.0621	0.0700	0.0524	0.0379	0.0258	0.0216
埃塞俄比亚	0.1305	0.1270	0.1611	0.1207	0.0754	0.1117	0.1202	0.1728	0.1869	0.1643
爱尔兰	0.1181	0.1219	0.0790	0.0948	0.0862	0.0549	0.0591	0.0608	0.0506	0.0497
爱沙尼亚	0.1207	0.1193	0.1076	0.1228	0.1593	0.1731	0.1474	0.1789	0.1505	0.1514
奥地利	0.0376	0.0380	0.0283	0.0309	0.0321	0.0280	0.0270	0.0311	0.0326	0.0300
澳大利亚	0.1715	0.1857	0.1536	0.1697	0.1835	0.1873	0.1761	0.1794	0.1820	0.1726
巴基斯坦	0.1160	0.1174	0.1150	0.1285	0.1368	0.1294	0.1366	0.1783	0.2041	0.2039
巴拉圭	0.1460	0.1705	0.1434	0.2169	0.2134	0.2354	0.2083	0.2095	0.1874	0.1737
巴林	0.1124	0.1467	0.1067	0.1302	0.1237	0.1324	0.1610	0.1554	0.1271	0.1017
巴拿马	0.7276	0.8468	0.8414	0.8845	0.8834	0.8877	0.8086	0.7559	0.6740	0.5835
巴西	0.1018	0.0959	0.0779	0.0935	0.1036	0.0914	0.0921	0.0924	0.0808	0.0730
保加利亚	0.1067	0.1218	0.0712	0.0704	0.1003	0.0929	0.0901	0.0948	0.0932	0.0908
比利时	0.2070	0.2129	0.1579	0.1695	0.1751	0.1652	0.1482	0.1708	0.1645	0.1457
冰岛	0.1042	0.0887	0.0469	0.0454	0.0441	0.0394	0.0568	0.0425	0.0373	0.0443
波兰	0.1116	0.1167	0.1079	0.1097	0.1090	0.1142	0.1119	0.1229	0.1201	0.1269
玻利维亚	0.0494	0.0773	0.0000	0.0390	0.0721	0.0673	0.0839	0.1010	0.0819	0.0862
博茨瓦纳	0.0644	0.0769	0.0728	0.1214	0.1460	0.0658	0.0712	0.0485	0.0543	0.0570
布基纳法索	0.0286	0.0226	0.0182	0.0166	0.0162	0.0192	0.0252	0.0274	0.0281	0.0316

续表

国家(地区)	2007 年	2008 年	2009 年	2010 年	2011 年	2012 年	2013 年	2014 年	2015 年	2016 年
韩国	0. 2386	0. 3131	0. 1927	0. 2386	0. 2646	0. 2710	0. 2678	0. 2952	0. 2982	0. 2789
丹麦	0. 1211	0. 1293	0. 1023	0. 1049	0. 1145	0. 1110	0. 0930	0. 1043	0. 0978	0. 0882
德国	0. 1273	0. 1552	0. 1320	0. 1481	0. 1449	0. 1254	0. 1172	0. 1235	0. 1169	0. 1128
多米尼加	0. 1210	0. 1375	0. 1178	0. 1434	0. 1329	0. 1326	0. 1251	0. 1422	0. 1659	0. 1650
俄罗斯	0. 1023	0. 1029	0. 0527	0. 0732	0. 0821	0. 0869	0. 0926	0. 0987	0. 0660	0. 0738
厄瓜多尔	0. 1041	0. 1438	0. 0855	0. 1050	0. 1303	0. 1401	0. 1474	0. 1549	0. 1390	0. 1141
法国	0. 1053	0. 1082	0. 0879	0. 0820	0. 0782	0. 0639	0. 0614	0. 0643	0. 0613	0. 0576
菲律宾	0. 1489	0. 1947	0. 1809	0. 1933	0. 2003	0. 1997	0. 1831	0. 2589	0. 2570	0. 2645
芬兰	0. 1922	0. 1929	0. 1217	0. 1262	0. 1362	0. 1499	0. 1162	0. 1035	0. 0809	0. 0646
冈比亚	0. 6076	0. 6212	0. 5266	0. 5035	0. 6480	0. 5548	0. 6160	0. 6710	0. 6226	0. 5948
哥伦比亚	0. 0683	0. 0791	0. 0565	0. 0742	0. 0956	0. 0945	0. 0961	0. 1084	0. 1005	0. 0915
哥斯达黎加	0. 1117	0. 1103	0. 1060	0. 1024	0. 1063	0. 1012	0. 0976	0. 1069	0. 1209	0. 1175
圭亚那	0. 1596	0. 1547	0. 1132	0. 1319	0. 1787	0. 2468	0. 1837	0. 1846	0. 1725	0. 1952
哈萨克斯坦	0. 1268	0. 1304	0. 1174	0. 1290	0. 1231	0. 1240	0. 1386	0. 1612	0. 1109	0. 1117
荷兰	0. 4865	0. 4819	0. 3616	0. 4122	0. 4323	0. 4135	0. 4093	0. 4317	0. 3923	0. 3869
洪都拉斯	0. 1063	0. 1076	0. 0827	0. 0850	0. 0975	0. 1721	0. 1308	0. 1135	0. 1173	0. 1179
加拿大	0. 1167	0. 1239	0. 1012	0. 1054	0. 1059	0. 1098	0. 1077	0. 1101	0. 1099	0. 1004
加纳	0. 1389	0. 2517	0. 2201	0. 2149	0. 2605	0. 3331	0. 2004	0. 2040	0. 2350	0. 2671
捷克	0. 1224	0. 1373	0. 1308	0. 1711	0. 1632	0. 1341	0. 1424	0. 1657	0. 1651	0. 1585
津巴布韦	0. 0953	0. 0665	0. 0649	0. 0994	0. 1019	0. 0914	0. 0811	0. 0769	0. 1026	0. 0761
喀麦隆	0. 0937	0. 0751	0. 0709	0. 0761	0. 1053	0. 1181	0. 1545	0. 1809	0. 1694	0. 1435
卡塔尔	0. 0957	0. 1064	0. 0935	0. 0687	0. 0722	0. 0508	0. 0566	0. 0697	0. 0699	0. 0529
科特迪瓦	0. 1097	0. 1101	0. 1014	0. 0835	0. 0762	0. 0978	0. 1042	0. 1214	0. 1434	0. 1371
科威特	0. 1057	0. 1037	0. 0866	0. 0894	0. 0846	0. 0753	0. 0914	0. 1140	0. 1247	0. 1009
克罗地亚	0. 1445	0. 1524	0. 1064	0. 1096	0. 1124	0. 0927	0. 0962	0. 0706	0. 0684	0. 0738
拉脱维亚	0. 1485	0. 1715	0. 0939	0. 1454	0. 1851	0. 1893	0. 1879	0. 1761	0. 1350	0. 1434
黎巴嫩	0. 1327	0. 1553	0. 1496	0. 1490	0. 1436	0. 1505	0. 1904	0. 1764	0. 1414	0. 1540
立陶宛	0. 1268	0. 1478	0. 0952	0. 1199	0. 1385	0. 1575	0. 1532	0. 1455	0. 1057	0. 1151
卢森堡	0. 1981	0. 3366	0. 4097	0. 1151	0. 1592	0. 1858	0. 1602	0. 1654	0. 1912	0. 1074
罗马尼亚	0. 0978	0. 1037	0. 0799	0. 0881	0. 0887	0. 0700	0. 0666	0. 0726	0. 0693	0. 0748

续表

国家(地区)	2007年	2008年	2009年	2010年	2011年	2012年	2013年	2014年	2015年	2016年
马达加斯加	0.1600	0.2511	0.1539	0.1309	0.1455	0.1461	0.1637	0.1845	0.2083	0.2275
马耳他	0.1273	0.3251	0.4218	0.6593	0.7820	0.7627	0.7827	0.8277	0.7181	0.5259
马拉维	0.0544	0.0545	0.0340	0.0347	0.0447	0.0865	0.0731	0.0483	0.0712	0.0670
马来西亚	0.0782	0.0813	0.0709	0.0656	0.0653	0.0729	0.0844	0.0808	0.0759	0.0639
美国	0.1853	0.1922	0.1589	0.1695	0.1703	0.1738	0.1725	0.1811	0.1843	0.1779
孟加拉国	0.1434	0.1597	0.1425	0.1767	0.1718	0.1586	0.1753	0.1995	0.2238	0.2286
秘鲁	0.1055	0.1206	0.0958	0.1250	0.1354	0.1227	0.1257	0.1295	0.1259	0.1316
摩尔多瓦	0.1075	0.1077	0.1066	0.0906	0.0833	0.0931	0.0883	0.0840	0.0639	0.0583
摩洛哥	0.1282	0.1348	0.1201	0.1157	0.1205	0.1157	0.1125	0.1020	0.0962	0.1038
莫桑比克	0.0816	0.1248	0.1227	0.1443	0.1686	0.2043	0.2381	0.3652	0.3373	0.2308
墨西哥	0.1036	0.1065	0.0882	0.1045	0.1203	0.1276	0.1287	0.1391	0.1425	0.1380
纳米比亚	0.1296	0.1213	0.1194	0.0850	0.0892	0.1256	0.1261	0.1357	0.1171	0.0664
南非	0.1538	0.1634	0.1302	0.1588	0.1694	0.1833	0.1901	0.1735	0.1749	0.1464
尼加拉瓜	0.1229	0.1272	0.0987	0.1217	0.1437	0.1355	0.1294	0.1526	0.1713	0.1649
尼日利亚	0.1012	0.1132	0.1080	0.1001	0.1049	0.1020	0.1126	0.1331	0.1181	0.0955
挪威	0.0530	0.0541	0.0514	0.0461	0.0543	0.0404	0.0350	0.0340	0.0354	0.0334
葡萄牙	0.0905	0.0970	0.0770	0.0776	0.0879	0.0836	0.0948	0.0994	0.1015	0.1044
日本	0.1275	0.1351	0.1245	0.1272	0.1361	0.1324	0.1264	0.1256	0.1142	0.1124
瑞典	0.1102	0.1097	0.1020	0.0984	0.1016	0.0990	0.1026	0.0904	0.0886	0.0838
瑞士	0.0735	0.0677	0.0488	0.0416	0.0439	0.0398	0.0382	0.0413	0.0480	0.0354
萨尔瓦多	0.1111	0.1100	0.0923	0.0838	0.0895	0.0952	0.0911	0.1000	0.1195	0.1292
塞内加尔	0.1338	0.1383	0.1281	0.1323	0.1558	0.1662	0.1933	0.3155	0.3994	0.3837
塞浦路斯	0.1275	0.1950	0.2227	0.2486	0.1784	0.1677	0.1574	0.1674	0.0990	0.0820
沙特阿拉伯	0.1218	0.1401	0.1187	0.1134	0.1219	0.1402	0.1387	0.1485	0.1487	0.1346
斯里兰卡	0.1126	0.1127	0.1130	0.1160	0.1239	0.1161	0.1209	0.1381	0.1376	0.1476
斯洛伐克	0.1152	0.1394	0.0985	0.1116	0.1199	0.1123	0.1231	0.1194	0.1171	0.1221
斯洛文尼亚	0.1051	0.1204	0.1019	0.1431	0.1519	0.1434	0.1614	0.1732	0.1800	0.1970
泰国	0.2166	0.2573	0.1993	0.2380	0.2734	0.3003	0.2974	0.3066	0.3373	0.3316
坦桑尼亚	0.1090	0.1148	0.1113	0.1235	0.1220	0.1367	0.1732	0.2189	0.2454	0.1983
特立尼达和多巴哥	0.0927	0.1065	0.0704	0.0686	0.0603	0.0622	0.0625	0.0816	0.0897	0.0711

续表

国家(地区)	2007 年	2008 年	2009 年	2010 年	2011 年	2012 年	2013 年	2014 年	2015 年	2016 年
突尼斯	0. 0795	0. 0926	0. 0826	0. 0955	0. 0963	0. 1117	0. 0956	0. 0904	0. 0904	0. 0974
土耳其	0. 1122	0. 1075	0. 0934	0. 0979	0. 0972	0. 0870	0. 0885	0. 0906	0. 0839	0. 0761
危地马拉	0. 1205	0. 1257	0. 0854	0. 1070	0. 1117	0. 1089	0. 1131	0. 1273	0. 1406	0. 1339
文莱	0. 0931	0. 0991	0. 0857	0. 1127	0. 1769	0. 2585	0. 3556	0. 3654	0. 2853	0. 1313
乌干达	0. 0871	0. 0699	0. 0463	0. 0417	0. 0474	0. 0604	0. 0517	0. 0524	0. 0577	0. 0851
乌克兰	0. 2260	0. 2606	0. 1346	0. 1715	0. 1877	0. 1836	0. 1904	0. 1299	0. 0981	0. 1202
乌拉圭	0. 1143	0. 1179	0. 1165	0. 1392	0. 1478	0. 2525	0. 1860	0. 2324	0. 1842	0. 1746
西班牙	0. 1141	0. 1283	0. 0807	0. 0888	0. 0863	0. 0783	0. 0796	0. 0887	0. 0886	0. 0875
希腊	0. 1003	0. 1014	0. 0936	0. 0839	0. 0791	0. 0772	0. 0677	0. 0799	0. 0708	0. 0845
新加坡	0. 1606	0. 1548	0. 1313	0. 1078	0. 1002	0. 1066	0. 1101	0. 1128	0. 1185	0. 1037
新西兰	0. 1202	0. 1311	0. 1037	0. 1132	0. 1281	0. 1273	0. 1275	0. 1404	0. 1389	0. 1307
匈牙利	0. 1235	0. 1154	0. 1315	0. 1806	0. 1450	0. 1175	0. 1198	0. 1608	0. 1457	0. 1420
牙买加	0. 1092	0. 1131	0. 0781	0. 0791	0. 1047	0. 1966	0. 1580	0. 1329	0. 1590	0. 1329
亚美尼亚	0. 0337	0. 0380	0. 0468	0. 0466	0. 0450	0. 0356	0. 0355	0. 0331	0. 0306	0. 0325
以色列	0. 1290	0. 1292	0. 1116	0. 1258	0. 1443	0. 1405	0. 1435	0. 1401	0. 1533	0. 1461
意大利	0. 0993	0. 1130	0. 0819	0. 1052	0. 1010	0. 0754	0. 0739	0. 0816	0. 0791	0. 0774
印度	0. 0903	0. 1057	0. 1076	0. 1052	0. 1057	0. 0998	0. 0984	0. 0785	0. 0851	0. 0827
印度尼西亚	0. 1206	0. 1424	0. 1077	0. 1301	0. 1462	0. 1565	0. 1556	0. 1567	0. 1338	0. 1249
英国	0. 1279	0. 1371	0. 1119	0. 1164	0. 1162	0. 1154	0. 1205	0. 1307	0. 1345	0. 1288
约旦	0. 2131	0. 2992	0. 3356	0. 2645	0. 2994	0. 3420	0. 3668	0. 3445	0. 3381	0. 2285
越南	0. 2757	0. 2715	0. 3336	0. 4021	0. 4298	0. 4518	0. 5644	0. 6906	0. 6822	0. 6438
赞比亚	0. 0950	0. 0967	0. 0553	0. 0560	0. 0943	0. 0963	0. 0930	0. 0878	0. 0661	0. 0591
智利	0. 1158	0. 1130	0. 1132	0. 1330	0. 1222	0. 1163	0. 1161	0. 1595	0. 1952	0. 1991
中国香港	0. 4415	0. 3660	0. 2971	0. 3273	0. 3562	0. 4179	0. 4778	0. 4426	0. 3976	0. 3507

表附-2　　**2007—2016 年中国对各国家和地区的直接投资效率**

国家(地区)	2007 年	2008 年	2009 年	2010 年	2011 年	2012 年	2013 年	2014 年	2015 年	2016 年
阿尔巴尼亚	0. 0495	0. 0171	0. 0499	0. 0253	0. 0153	0. 0105	0. 0113	0. 0094	0. 0057	0. 0038
阿尔及利亚	0. 4861	0. 5595	0. 5382	0. 4881	0. 4179	0. 3722	0. 3152	0. 3313	0. 2620	0. 1986
阿根廷	0. 3555	0. 2791	0. 1951	0. 1391	0. 1495	0. 2056	0. 2426	0. 3721	0. 1525	0. 1098

续表

国家(地区)	2007年	2008年	2009年	2010年	2011年	2012年	2013年	2014年	2015年	2016年
阿曼	0.0714	0.0666	0.0650	0.0605	0.0547	0.0490	0.0688	0.0559	0.0398	0.0141
阿塞拜疆	0.1033	0.0675	0.0495	0.0285	0.0413	0.0294	0.0228	0.0207	0.0164	0.0054
埃及	0.2575	0.2056	0.2577	0.1964	0.1495	0.1142	0.0868	0.0770	0.0517	0.0480
埃塞俄比亚	0.5641	0.5091	0.5325	0.5044	0.4496	0.4404	0.3987	0.3305	0.2779	0.3116
爱尔兰	0.0712	0.0941	0.1271	0.1126	0.0771	0.0639	0.0694	0.0357	0.0213	0.0313
爱沙尼亚	0.0383	0.0253	0.0680	0.0405	0.0243	0.0128	0.0119	0.0042	0.0054	0.0024
奥地利	0.0137	0.0080	0.0025	0.0012	0.0069	0.0142	0.0093	0.0163	0.0182	0.0203
澳大利亚	0.1211	0.1303	0.1411	0.2463	0.2560	0.2415	0.1820	0.1791	0.1751	0.1457
巴基斯坦	0.6290	0.6038	0.5605	0.5060	0.4459	0.3657	0.2887	0.2988	0.2414	0.2009
巴拉圭	0.0008	0.1257	0.1762	0.2705	0.1961	0.1502	0.0945	0.0653	0.1880	0.1571
巴林	0.0642	0.0603	0.0445	0.0579	0.0374	0.0136	0.0023	0.0031	0.0017	0.0068
巴拿马	0.0967	0.2238	0.2362	0.4253	0.4310	0.2548	0.3533	0.1500	0.1085	0.0909
巴西	0.0857	0.0735	0.0793	0.0830	0.0609	0.0604	0.0465	0.0533	0.0349	0.0335
保加利亚	0.0449	0.0194	0.0063	0.0268	0.0569	0.0692	0.0568	0.0456	0.0436	0.0229
比利时	0.0640	0.0398	0.0424	0.0407	0.0333	0.0361	0.0335	0.0354	0.0256	0.0187
冰岛	0.0078	0.0006	0.0003	0.0000	0.0000	0.0000	0.0000	0.0000	0.0003	0.0002
波兰	0.1539	0.0908	0.0719	0.0558	0.0473	0.0308	0.0261	0.0204	0.0152	0.0109
玻利维亚	0.3013	0.2427	0.2247	0.1580	0.0911	0.1887	0.1096	0.0785	0.1052	0.0580
博茨瓦纳	0.1286	0.1437	0.1819	0.3079	0.3696	0.3280	0.2301	0.2348	0.2042	0.2056
布基纳法索	0.0220	0.0050	0.0009	0.0004	0.0002	0.0001	0.0130	0.0148	0.0000	0.0002
丹麦	0.0773	0.0631	0.0449	0.0288	0.0174	0.0121	0.0128	0.0208	0.0058	0.0109
德国	0.2413	0.1695	0.1482	0.1165	0.1092	0.0945	0.0814	0.0795	0.0562	0.0521
多米尼加	0.0381	0.0042	0.0009	0.0005	0.0003	0.0014	0.0008	0.0005	0.0004	0.0002
俄罗斯	0.1174	0.1511	0.1262	0.0906	0.0736	0.0605	0.0627	0.0486	0.0528	0.0336
厄瓜多尔	0.4227	0.4302	0.3731	0.2978	0.1540	0.3199	0.4050	0.3142	0.2652	0.2240
法国	0.0622	0.0503	0.0425	0.0260	0.2066	0.1548	0.1192	0.1489	0.0734	0.0460
菲律宾	0.0857	0.1010	0.1054	0.1486	0.1073	0.0841	0.0605	0.0424	0.0279	0.0195
芬兰	0.0105	0.0139	0.0246	0.0208	0.0146	0.0128	0.0091	0.0068	0.0082	0.0115
冈比亚	0.0993	0.0761	0.0699	0.0684	0.0580	0.0508	0.0341	0.0221	0.0144	0.0374
哥伦比亚	0.0434	0.0451	0.0362	0.0252	0.0374	0.1095	0.0779	0.0765	0.0527	0.0249

续表

国家(地区)	2007 年	2008 年	2009 年	2010 年	2011 年	2012 年	2013 年	2014 年	2015 年	2016 年
哥斯达黎加	0.0054	0.0016	0.0205	0.0116	0.0072	0.0055	0.0052	0.0031	0.0043	0.0032
圭亚那	0.6924	0.6484	0.7061	0.6521	0.5478	0.4782	0.4974	0.3724	0.2996	0.3211
哈萨克斯坦	0.2483	0.3012	0.2911	0.1861	0.1818	0.2361	0.1983	0.1523	0.0695	0.0469
韩国	0.2887	0.1611	0.1450	0.0434	0.0627	0.0791	0.0332	0.0309	0.0280	0.0223
荷兰	0.1451	0.1457	0.1389	0.1198	0.0986	0.1112	0.1974	0.1756	0.3825	0.3174
洪都拉斯	0.0407	0.0005	0.0002	0.0001	0.0001	0.0000	0.0000	0.0000	0.0000	0.0193
加拿大	0.3843	0.2707	0.2457	0.2188	0.1463	0.1855	0.1660	0.1677	0.1291	0.1145
加纳	0.2127	0.1869	0.2262	0.2972	0.3066	0.3634	0.3915	0.3581	0.3274	0.3418
捷克	0.0720	0.0708	0.0703	0.0422	0.0320	0.0634	0.0432	0.0347	0.0221	0.0153
津巴布韦	0.5471	0.4874	0.4616	0.2993	0.4275	0.3537	0.4456	0.4880	0.4318	0.3346
喀麦隆	0.1237	0.1189	0.1453	0.1774	0.1224	0.1407	0.1598	0.1133	0.0928	0.0993
卡塔尔	0.0682	0.0667	0.0663	0.0666	0.0665	0.0688	0.0660	0.0656	0.0642	0.0676
科特迪瓦	0.4431	0.2891	0.3019	0.1830	0.1272	0.0902	0.0529	0.0598	0.0745	0.0700
科威特	0.0617	0.0440	0.0400	0.0648	0.0654	0.0397	0.0288	0.0671	0.0721	0.0532
克罗地亚	0.0705	0.0429	0.0295	0.0167	0.0099	0.0070	0.0046	0.0046	0.0032	0.0022
拉脱维亚	0.0117	0.0069	0.0041	0.0024	0.0014	0.0011	0.0008	0.0004	0.0005	0.0003
黎巴嫩	0.0049	0.0031	0.0073	0.0045	0.0024	0.0024	0.0019	0.0015	0.0011	0.0006
立陶宛	0.0533	0.0320	0.0227	0.0129	0.0073	0.0083	0.0100	0.0064	0.0044	0.0036
卢森堡	0.2777	0.1374	0.5644	0.6327	0.6752	0.6361	0.6156	0.6601	0.5344	0.5214
罗马尼亚	0.1987	0.1579	0.1291	0.1032	0.0639	0.0543	0.0326	0.0289	0.0373	0.0274
马达加斯加	0.6217	0.5161	0.6454	0.5803	0.5037	0.3743	0.2266	0.1630	0.1228	0.1020
马耳他	0.1024	0.1447	0.1020	0.0337	0.0257	0.0164	0.0110	0.0107	0.0131	0.1276
马拉维	0.0902	0.1501	0.1430	0.2485	0.1741	0.1727	0.3799	0.3584	0.3098	0.2323
马来西亚	0.0366	0.0173	0.0118	0.0101	0.0062	0.0050	0.0057	0.0037	0.0028	0.0029
美国	0.2137	0.1700	0.1550	0.1296	0.1393	0.1704	0.1485	0.1683	0.1278	0.1280
孟加拉国	0.1593	0.1089	0.0830	0.0550	0.0361	0.0339	0.0293	0.0192	0.0150	0.0120
秘鲁	0.0702	0.0722	0.1170	0.1223	0.0986	0.0706	0.0564	0.0447	0.0234	0.0169
摩尔多瓦	0.0445	0.0255	0.0202	0.0102	0.0054	0.0107	0.0117	0.0082	0.0032	0.0040
摩洛哥	0.0840	0.0897	0.1158	0.0690	0.0611	0.0438	0.0340	0.0262	0.0235	0.0182
莫桑比克	0.0989	0.0906	0.4941	0.1040	0.0937	0.2096	0.2408	0.2462	0.1716	0.1601

续表

国家(地区)	2007年	2008年	2009年	2010年	2011年	2012年	2013年	2014年	2015年	2016年
墨西哥	0.1282	0.0881	0.0837	0.0406	0.0401	0.0359	0.0270	0.0236	0.0157	0.0118
纳米比亚	0.0810	0.1136	0.1723	0.1114	0.1105	0.1225	0.2542	0.3895	0.1409	0.1392
南非	0.1006	0.2826	0.1928	0.2739	0.2290	0.3084	0.1935	0.2138	0.1362	0.1344
尼加拉瓜	0.0018	0.0006	0.0003	0.0002	0.0001	0.0001	0.0080	0.0074	0.0057	0.0050
尼日利亚	0.2906	0.3286	0.4507	0.4066	0.3360	0.3115	0.2457	0.2002	0.1486	0.1161
挪威	0.0168	0.0091	0.0184	0.0565	0.0396	0.0331	0.2799	0.1746	0.1055	0.0762
葡萄牙	0.0124	0.0052	0.0081	0.0169	0.0161	0.0135	0.0127	0.0094	0.0076	0.0065
日本	0.0627	0.0354	0.0304	0.0270	0.0203	0.0154	0.0118	0.0108	0.0089	0.0066
瑞典	0.1859	0.1219	0.0710	0.2283	0.2284	0.2127	0.1925	0.1640	0.1300	0.0961
瑞士	0.0551	0.0178	0.0234	0.0237	0.0215	0.0150	0.0279	0.0258	0.0291	0.0213
萨尔瓦多	0.0152	0.0043	0.0006	0.0001	0.0001	0.0000	0.0000	0.0000	0.0000	0.0000
塞内加尔	0.1408	0.2006	0.2503	0.2455	0.1627	0.2178	0.1416	0.1551	0.0964	0.0827
塞浦路斯	0.0289	0.0244	0.0279	0.0141	0.1192	0.0889	0.1345	0.0654	0.0518	0.0377
沙特阿拉伯	0.0930	0.0792	0.0753	0.0727	0.0768	0.0910	0.0928	0.1009	0.0854	0.0670
斯里兰卡	0.0737	0.0906	0.0539	0.1285	0.1601	0.1126	0.1192	0.0984	0.1356	0.0890
斯洛伐克	0.0520	0.0316	0.0287	0.0166	0.0241	0.0505	0.0332	0.0338	0.0230	0.0102
斯洛文尼亚	0.0264	0.0185	0.0251	0.0128	0.0074	0.0051	0.0034	0.0022	0.0015	0.0057
泰国	0.2651	0.2661	0.2143	0.2638	0.2093	0.2083	0.1706	0.1501	0.1173	0.1060
坦桑尼亚	0.3480	0.3347	0.3470	0.2771	0.2109	0.2438	0.2786	0.2437	0.2444	0.1919
特立尼达和多巴哥	0.0276	0.0167	0.0112	0.0066	0.0045	0.0035	0.0077	0.5211	0.3371	0.2973
突尼斯	0.0659	0.0649	0.0315	0.0117	0.0124	0.0070	0.0111	0.0077	0.0076	0.0041
土耳其	0.0172	0.0169	0.1678	0.0957	0.0549	0.0431	0.0340	0.0308	0.0309	0.0169
危地马拉	0.0018	0.0013	0.0001	0.0000	0.0000	0.0000	0.0000	0.0005	0.0004	0.0003
文莱	0.0870	0.0789	0.1011	0.1167	0.1057	0.0883	0.0864	0.0628	0.0470	0.0876
乌干达	0.3613	0.1844	0.2793	0.3591	0.2928	0.2460	0.3548	0.3161	0.3165	0.3090
乌克兰	0.0541	0.0370	0.0335	0.0190	0.0141	0.0110	0.0109	0.0092	0.0077	0.0054
乌拉圭	0.0633	0.0479	0.0693	0.0437	0.0303	0.0396	0.0369	0.1522	0.0977	0.0865
西班牙	0.1129	0.0723	0.0648	0.0438	0.0415	0.0317	0.0156	0.0141	0.0136	0.0113
希腊	0.0009	0.0022	0.0014	0.0020	0.0014	0.0014	0.0187	0.0125	0.0083	0.0023
新加坡	0.0769	0.0769	0.0799	0.0763	0.0775	0.0645	0.0512	0.0495	0.0516	0.0398

续表

国家(地区)	2007 年	2008 年	2009 年	2010 年	2011 年	2012 年	2013 年	2014 年	2015 年	2016 年
新西兰	0.0904	0.0809	0.0728	0.0716	0.0707	0.0734	0.0745	0.0691	0.0682	0.0684
匈牙利	0.2845	0.2356	0.1829	0.3561	0.2644	0.2083	0.1526	0.1096	0.0777	0.0300
牙买加	0.0018	0.0533	0.0308	0.0311	0.1577	0.2046	0.1459	0.2042	0.1705	0.3455
亚美尼亚	0.0170	0.0105	0.0038	0.0017	0.0011	0.0009	0.0038	0.0027	0.0015	0.0013
以色列	0.0408	0.0217	0.0153	0.0159	0.0101	0.0106	0.0061	0.0102	0.0255	0.2029
意大利	0.0725	0.0469	0.0434	0.0282	0.0339	0.0295	0.0211	0.0169	0.0151	0.0175
印度	0.0437	0.0334	0.0298	0.0218	0.0151	0.0121	0.0156	0.0159	0.0150	0.0088
印度尼西亚	0.2722	0.2098	0.1969	0.1653	0.1530	0.1814	0.1703	0.1763	0.1414	0.1131
英国	0.2757	0.2013	0.1778	0.1335	0.1439	0.2802	0.2532	0.2001	0.1782	0.1356
约旦	0.0791	0.0752	0.0605	0.0423	0.0222	0.0275	0.0223	0.0170	0.0118	0.0099
越南	0.1447	0.1030	0.1963	0.1676	0.1337	0.1081	0.0937	0.0808	0.0629	0.0619
赞比亚	0.3714	0.1746	0.2046	0.2057	0.1853	0.1948	0.1790	0.1154	0.0836	0.0788
智利	0.0654	0.0624	0.0506	0.0455	0.0301	0.0186	0.0231	0.0082	0.0061	0.0091
中国香港	0.1570	0.1505	0.1743	0.1688	0.1272	0.1162	0.1064	0.0866	0.0856	0.0691

本书的顺利出版获得了“东华理工大学学术专著出版基金”的资助，作为东华理工大学的一名教师，对学校的大力支持表示衷心的感谢。此外，还要感谢朱延福教授、熊国保教授及张启尧老师，衷心感谢他们在本书撰写和出版过程中提供的帮助。本书作为我的第一部学术专著，难免会存在一些不足和疏漏之处，希望各位读者批评指正。